REGIMES DE TRIBUTAÇÃO

WAGNER MENDES
EDINO RIBEIRO GARCIA

REGIMES DE TRIBUTAÇÃO

2ª Edição

Freitas Bastos Editora

Copyright © 2022 by Wagner Mendes e Edino Ribeiro Garcia.
Todos os direitos reservados e protegidos pela Lei 9.610, de 19.2.1998.
É proibida a reprodução total ou parcial, por quaisquer meios,
bem como a produção de apostilas, sem autorização prévia,
por escrito, da Editora.

Direitos exclusivos da edição e distribuição em língua portuguesa:

Maria Augusta Delgado Livraria, Distribuidora e Editora

Editor: *Isaac D. Abulafia*
Capa e Diagramação: *Jair Domingos de Sousa*

DADOS INTERNACIONAIS DE CATALOGAÇÃO NA PUBLICAÇÃO (CIP) DE ACORDO COM ISBD

M538r

Mendes, Wagner

Regimes de Tributação / Wagner Mendes, Edino Ribeiro Garcia. - 2. ed. - Rio de Janeiro : Freitas Bastos, 2022.

380 p. ; 15,5cm x 23cm.

ISBN: 978-65-5675-217-4

1. Contabilidade. 2. Regimes de tributação. I. Garcia, Edino Ribeiro. II. Título.

2022-2991   CDD 657   CDU 657

Elaborado por Vagner Rodolfo da Silva - CRB-8/9410

Índices para catálogo sistemático:
1. Contabilidade 657
2. Contabilidade 657

Freitas Bastos Editora
atendimento@freitasbastos.com
www.freitasbastos.com

SUMÁRIO

Capítulo
LUCRO REAL

1. Conceito 1
2. Empresas obrigadas à tributação pelo lucro real 1
3. Escrituração 2
   - 3.1. Livro Diário 3
      - 3.1.1. Livro Digital 5
   - 3.2. Livro Razão 7
   - 3.3. Livro de Apuração do Lucro Real – e-Lalur 7
   - 3.4. Livro de Apuração da Contribuição Social – e-Lacs 8
   - 3.5. Penalidades 9
   - 3.6. Livro Registro de Inventário 10
4. Período de apuração do IRPJ/CSLL 11
5. Alíquota do IRPJ/CSLL 11
   - 5.1. IRPJ 11
   - 5.2. CSLL 11
6. Relação de Adições e Exclusões ao Lucro Líquido Contábil ... 12
   - 6.1. Adições 12
   - 6.2. Exclusões 53
7. Prejuízo Fiscal 84
   - 7.1. Compensações 84
   - 7.2. Prejuízos não operacionais 84
   - 7.3. Atividade rural 87
   - 7.4. Mudança de controle societário e de ramo de atividade ... 87
   - 7.5. Incorporação, fusão ou cisão 87
   - 7.6. Sociedade em conta de participação 87
8. Base de Cálculo Negativa da CSLL 88
   - 8.1. Compensações 88
   - 8.2. Mudança de Controle Societário e de Ramo de Atividade ... 88
   - 8.3. Incorporação, Fusão e Cisão 88
   - 8.4. Sociedade em Conta de Participação – SCP 89
   - 8.5. Atividade Rural 89

9. Prejuízos Fiscais do Exterior 89
10. Apuração Trimestral do IRPJ e da CSLL 90
    10.1. Base de cálculo 90
    10.2. Deduções dos Incentivos Fiscais 91
    10.3. Cálculo do IRPJ/CSLL 92
    10.4. Prazo de pagamento 93
    10.5. Escolha da forma de pagamento 93
11. Apuração Anual – Estimativas Mensais 94
    11.1. Opção por Receita Bruta 94
    11.2. Base de Cálculo 94
        11.2.1. Percentuais sobre a Receita Bruta 95
        11.2.2. Pessoa jurídica exclusivamente prestadora de serviços 97
        11.2.3. Acréscimos à base de cálculo 99
        11.2.4. Valores que não Integram a Base de Cálculo 103
        11.2.5. Avaliação a valor justo 104
    11.3. Determinação do IRPJ e da CSLL a pagar 105
        11.3.1. IRPJ 105
        11.3.2. CSLL 106
    11.4. Suspensão ou redução do pagamento mensal 106
        11.4.1. Deduções do IRPJ/CSLL 107
        11.4.2. Prazo de pagamento 110
        11.4.3. Escolha da forma de pagamento 110
12. Apuração anual do IRPJ e da CSLL – Estimativas Mensais 110
    12.1. Base de cálculo 111
        12.1.1. Adições 111
        12.1.2. Exclusões 112
        12.1.3. Compensações 112
    12.2. Deduções permitidas pela legislação 113
13. Despesas Necessárias 113
14. Provisões 113
15. Perdas no recebimento de créditos 114
    15.1. Contratos Inadimplidos até 7/10/2014 116
    15.2. Registro Contábil das Perdas 117
    15.3. Encargos Financeiros de Créditos Vencidos 118
    15.4. Créditos Recuperados 118
16. Juros sobre o capital próprio 119
    16.1. Juros sobre o Capital Social das Cooperativas 121
17. Retiradas de Administradores 121

18. Multas por Rescisão de Contrato 122
19. Gratificação a empregados 122
20. Pagamentos a Sociedades Simples 122
21. Alienações de participações do ativo circulante ou
realizável a longo prazo.. 122
22. Bens Intrinsecamente Relacionados com a Produção
ou Comercialização... 123
23. Aluguéis, Royalties e Assistência Técnica 123
    23.1. Aluguel 123
    23.2. Royalties 124
    23.3. Assistência Técnica, Científica ou Administrativa 125
    23.4. Limite de Dedutibilidade 126
24 Ajuste a Valor Presente – AVP 127
    24.1. Ativo 128
    24.2. Passivo 130
    24.3. Casos do Ajuste a Valor Presente 133
    24.4. Variação Cambial – Juros a Apropriar 133
25. Avaliação a Valor Justo – AVJ 134
    25.1. Ganho 135
    25.2. Perda 138
    25.3. Títulos e Valores Mobiliários 138
26. Aquisição de Bens – Imobilizado/Intangível 140
27. Depreciação de bens 140
    27.1. Bens não Depreciáveis 141
    27.2. Dedutibilidade da Depreciação 141
    27.3. Taxa Anual de Depreciação 141
28. Gastos de Desmontagem – Ativo Imobilizado 171
29. Amortização do Intangível 172
30. Despesas Pré-Operacionais ou Pré-Industriais 173
31. Teste de recuperabilidade 173
32. Benefícios a Empregados e Dirigentes 174
    32.1. Serviços Assistenciais 174
    32.2. Benefícios Previdenciários 175
33. Remuneração indireta a administradores e terceiros 175
34. Contribuições e doações 176
    34.1. OSCIP 177
35. Despesas com alimentação 177
36. Receitas e despesas financeiras 178
    36.1. Receitas Financeiras 178

36.2. Despesas Financeiras..178
37. Variações Monetárias..179
    37.1. Do Lucro Real..183
    37.2. Lucro da Exploração..184
    37.3. e-Lalur e e-Lacs...184
    37.4. Alteração do Critério de Reconhecimento das
    Variações Monetárias..185
38. Contratos a longo prazo..185
    38.1. Apuração IRPJ/CSLL..186
39. Contratos de concessão de serviços público........................187
    39.1. Ativos Intangíveis..188
    39.2. Ativos Financeiros...188
40. Arrendamento mercantil...189
    40.1. Arrendadora...189
        40.1.1. Operações não sujeitas a Lei 6.099/1974..............190
        40.1.2. Indedutibilidade...192
    40.2. Arrendatária..192
        40.2.1. Depreciação..194
        40.2.2. Descaracterização..195
        40.2.3. Ganho de Capital...196
41. Participações em Coligadas e Controladas........................198
    41.1. Controladas..198
    41.2. Coligadas...198
    41.3. Desdobramento do Custo de Aquisição com Base
    em Laudo..199
        41.3.1. Custo de Aquisição..199
        41.3.2. Laudo..199
        41.3.3. Descumprimento..200
        41.3.4. Exigência para a Equivalência Patrimonial............201
        41.3.5. Compra Vantajosa...202
        41.3.6. Composição do Custo..203
    41.4. Avaliação do Investimento...203
        41.4.1. Disposições Gerais...203
        41.4.2. Ajuste do Valor Contábil do Investimento.............205
    41.5. Da Aquisição de Participação Societária em Estágios.....208
    41.6. Resultado na Alienação do Investimento.......................214
42. Subvenções para investimentos..215
43. Prêmio na emissão de debêntures..217
44. Ganhos e perdas de capital...221

45. Lucro da Exploração 221
    45.1. Composição do Lucro da Exploração 221
    45.2. Tabela para o Cálculo 222
46. Juros sobre o Capital Próprio 233

Capítulo
LUCRO PRESUMIDO

1. Conceito 236
2. Opção pelo Lucro Presumido 236
3. Pessoas Jurídicas que podem optar pela Tributação do
Lucro Presumido 236
    3.1. Operações Imobiliárias 237
4. Regime de Caixa e de Competência 237
    4.1. Regime de Caixa 238
5. Período de Apuração 238
6. Determinação do Lucro Presumido 238
    6.1. Valores Acrescidos a Base de Cálculo do IRPJ 242
    6.2. Alíquota 244
    6.3. Deduções do Imposto Devido 244
    6.4. Compensação do IRPJ Devido 245
    6.5. Pagamento do Imposto 245
    6.6. Saldo Negativo do Imposto 246
7. Determinação do Resultado Presumido (CSLL) 246
    7.1. Valores Acrescidos a Base de Cálculo da CSLL 248
    7.2. Alíquota 250
    7.3. Deduções da contribuição devida 250
    7.4. Compensação da CSLL devida 250
    7.5. Pagamento da CSLL 250
    7.6. Saldo negativo da CSLL 251
8. Ganho de Capital 251
9. Rendimento de Aplicação Financeira 254
10. Receitas e Rendimentos Não Tributáveis 254
11. Avaliação a Valor Justo – AVJ 255
12. Ajuste a Valor Presente – AVP 256
13. Arrendamento Mercantil – Arrendadora 258
14. Mudança de Lucro Real para o Lucro Presumido 258
15. Mudança de Lucro Presumido para o Lucro Real 259
16. Obrigações Acessórias 259

17. Distribuição de Lucros 260
    17.1. Lucros antecipados 262

Capítulo
LUCRO ARBITRADO
1. Hipóteses de Arbitramento 263
2. Regime de Competência 264
3. Arbitramento Efetuado pelo Contribuinte – Receita Bruta Conhecida 264
    3.1. Apuração do imposto de renda 265
        3.1.1. Atividade imobiliária 267
        3.1.2. Valores acrescidos a base de cálculo do IRPJ 267
    3.2. Apuração da CSLL 269
        3.2.1. Valores acrescidos a base de cálculo da CSLL 271
    3.3. Avaliação a valor justo – AVJ 273
    3.4. Ajuste a valor justo – AVP 273
    3.5. Arrendamento mercantil 275
    3.6. Mudança de lucro real para o lucro arbitrado 276
4. Arbitramento Efetuado pela Autoridade Tributária – Receita Bruta Desconhecida 276
5. Cálculo do Imposto e da Contribuição 277
    5.1. CSLL 278
6. Pagamento 278
    6.1. IRPJ 278
    6.2. CSLL 279
7. Saldo Negativo do IRPJ e da CSLL 280
8. Período de Abrangência 280

Capítulo
REGIME ESPECIAL DE TRIBUTAÇÃO – RET
1. Regime Especial Aplicável às Incorporações Imobiliárias 282
    1.1. Opção pelo RET 283
    1.2. Dívidas tributárias 284
    1.3. Base de cálculo e alíquota 284
    1.4. Pagamento definitivo 285
    1.5. Imóveis residenciais de interesse social 285
    1.6. Repartição da receita tributária 285
    1.7. Pagamento do imposto e das contribuições 286

1.8. Débito com exigibilidade suspensa..................................286
1.9. Escrituração contábil..287
1.10. Falência ou insolvência do incorporador.........................287
1.11. Vigência..288
2. Regime Especial Aplicável às Construções no
Âmbito do PMCMV 288
   2.1. Obras contratadas ou iniciadas até 31 de dezembro
   de 2018...288
   2.2. A partir de 1º de janeiro de 2020 289
   2.3. Débitos com exigibilidade suspensa................................291
   2.4. Escrituração contábil..291
   2.5. Vigência...292
   2.6. Programa Casa Verde e Amarela 292
3. Regime Especial Aplicável a Construções ou Reformas de
Estabelecimentos de Educação Infantil..................................292
   3.1. Opção pelo RET..292
   3.2. Base de cálculo e alíquota 293
   3.3. Repartição da receita tributária......................................293
   3.4. Pagamento unificado do imposto e das contribuições........294
   3.5. Débitos com exigibilidade suspensa................................294
   3.6. Escrituração contábil..295
4. Tributação pelo Lucro Presumido......................................295
5. Prestação de Informações e Penalidades............................295

Capítulo
SIMPLES NACIONAL

1. Conceito 297
2. Definição de ME e EPP...297
3. Para Fins de Opção e Permanência do Simples Nacional..........297
4. Conceito de Receita Bruta..298
5. Empresas em Início de Atividade..299
6. Tributos Abrangidos pelo Simples Nacional 300
7. Tributos não Abrangidos pelo Simples Nacional....................300
8. Dispensa de Pagamento...304
9. Opção pelo Regime...304
   9.1. Empresa em início de atividade 305
   9.2. Escritórios de serviços contábeis 306
   9.3. Resultado do pedido de formalização da opção
   pelo Simples Nacional..306

10. Vedação ao Simples Nacional 307
11. Regime de Caixa ou Competência 311
12. Base de Cálculo 312
   12.1. Devolução das mercadorias vendidas 312
   12.2. Documento fiscal cancelado 313
13. Alíquotas 313
   13.1. Valor devido mensalmente 314
   13.2. Início de atividade 314
14. Cálculo do Simples Nacional 315
15. Ultrapassagem de Limites e Sublimites 316
   15.1. Início de atividade 317
   15.2. Parcela da receita bruta mensal que não exceder sublimite 317
   15.3. Parcela da receita bruta mensal que exceder sublimite 318
16. Segregação de Receitas 319
   16.1. Medicamentos e produtos magistrais 323
   16.2. Receita de exportação 323
   16.3. Tributação concentrada ou substituição tributária 324
   16.4. Escritório de contabilidade 324
   16.5. Agência de viagem e turismo 324
   16.6. Construção civil 325
   16.7. Fator "R" 325
      16.7.1. Início de atividade 326
      16.7.2. Apuração posterior ao início de atividade 327
17. Retenção na Fonte do ISS 327
18. Substituição Tributária 328
19. Benefícios Fiscais 328
   19.1. Valores fixos 329
   19.2. Escritórios de contabilidade 330
20. Cálculo do Valor Devido 331
   20.1. Retificação no PGDAS-D 331
21. Prazo de Recolhimento 331
22. Forma de Recolhimento 332
23. Parcelamento de Débitos Tributários 332
   23.1. Pedido 333
   23.2. Consolidação 333
   23.3. Pagamento 334
   23.4. Reparcelamento 334
   23.5. Rescisão 334

24. Créditos 335
25. Obrigações Acessórias 336
    25.1. Livros fiscais e contábeis 337
        25.1.1. Livro caixa 338
    25.2. Contabilidade simplificada 338
    25.3. Prazo decadencial 338
    25.4. Empresário individual 339
26. Declarações 339
    26.1. DCTF 340
    26.2. DIRF 341
    26.3. ECD 341
    26.4. ECF 342
27. Registro dos Valores a Receber no Regime de Caixa 342
28. Certificação Digital 343
29. Exclusão 344
    29.1. Exclusão por comunicação 344
        29.1.1. Alteração de dados no CNPJ 346
    29.2. Exclusão de ofício 346
        29.2.1. Efeitos da exclusão de ofício 348
30. Omissão de Receita 350
31. Microempreendedor Individual (MEI) 350
    31.1. Início de atividade 351
    31.2. Simei 351
        31.2.1. Opção pelo Simei 353
        31.2.2. Documento de arrecadação (DAS) 354
        31.2.3. Contratação de empregado 354
    31.3. Obrigações acessórias 354
        31.3.1. DASN-Simei 356
        31.3.2. Certificado digital para o MEI 357
    31.4. Desenquadramento 357
        31.4.1. De comunicação 357
        31.4.2. De ofício 359
    31.5. Infrações e penalidades 359
32. Valores Pagos a Titular ou Sócio 360
33. Tabelas 361

Capítulo

LUCRO REAL

1. Conceito

Lucro Real é uma forma de tributação que consiste em ajustar o lucro líquido contábil por meio de adições, exclusões e compensações de acordo com as normas legais vigentes (art. 258 do RIR/2018).

O lucro líquido insumo para efetuar a apuração do lucro real e aquele determinado pelos arts. 1.179 a 1.195 do código civil e pela Lei 6.404/1976 (Lei das S/A), bem como dos Pronunciamentos Técnicos do Comitê de Pronunciamentos Técnicos – CPC (contabilidade internacional)

Os valores que, por competirem a outro período de apuração, forem, para efeito de determinação do lucro real, adicionados ao lucro líquido do período de apuração, ou dele excluídos, serão, na determinação do lucro real e da base de cálculo da CSLL do período de apuração competente, excluídos do lucro líquido ou a ele adicionados, respectivamente.

2. Empresas obrigadas à tributação pelo lucro real

Está obrigada a apuração com base no lucro real as seguintes pessoas jurídicas:

   a) cuja receita total no ano-calendário anterior tenha excedido o limite de R$ 78.000.000,00 ou de R$ 6.500.000,00 multiplicado pelo número de meses de atividade no período, quando inferior a 12 meses;
   b) cujas atividades sejam de bancos comerciais, bancos de investimentos, bancos de desenvolvimento, agências de fomento, caixas econômicas, sociedades de crédito, financiamento e investimento, sociedades de crédito imobiliário, sociedades corretoras de títulos, valores mobiliários

e câmbio, distribuidoras de títulos e valores mobiliários, empresas de arrendamento mercantil, cooperativas de crédito, empresas de seguros privados e de capitalização e entidades de previdência privada aberta;

c) que tiverem lucros, rendimentos ou ganhos de capital oriundos do exterior;

d) que, autorizadas pela legislação tributária, usufruem de benefícios fiscais relativos à isenção ou redução do imposto;

e) que, no decorrer do ano-calendário, tenham efetuado pagamento mensal pelo regime de estimativa;

f) que exploram as atividades de prestação cumulativa e contínua de serviços de assessoria creditícia, mercadológica, gestão de crédito, seleção e riscos, administração de contas a pagar e a receber, compras de direitos creditórios resultantes de vendas mercantis a prazo ou de prestação de serviços (*factoring*); ou

g) que exploram as atividades de securitização de créditos imobiliários, financeiros e do agronegócio.

3. Escrituração

A pessoa jurídica sujeita à tributação do IRPJ com base no lucro real deverá manter escrituração com observância das leis comerciais e fiscais, ou seja, deve escriturar o livro Diário, o Livro Razão, o Livro Registro de Inventário, o e-Lalur e e-Lacs.

As empresas submetidas à lei das S/A (Lei 6.404/1976) devem seguir as normas constantes dos arts. 178 a 182 desta lei.

As demais sociedades devem seguir o disposto nos arts. 1.179 e 1.195 do Código Civil que trata do capitulo das empresas.

Com a obrigatoriedade da entrega da Escrituração Contábil Digital – ECD, esta passa a ser considerado o livro contábil Diário e Razão.

ECD compreenderá a versão digital dos seguintes livros:

a) Diário e seus auxiliares, se houver;

b) Razão e seus auxiliares, se houver; e

c) Balancetes Diários e Balanços, e fichas de lançamento comprobatórias dos assentamentos neles transcritos.

3.1. Livro Diário

No Diário serão lançadas, com individuação, clareza e caracterização do documento respectivo, dia a dia, por escrita direta ou reprodução, todas as operações relativas ao exercício da empresa.

Admite-se a escrituração resumida do Diário, com totais que não excedam o período de trinta dias, relativamente a contas cujas operações sejam numerosas ou realizadas fora da sede do estabelecimento, desde que utilizados livros auxiliares regularmente autenticados, para registro individualizado, e conservados os documentos que permitam a sua perfeita verificação.

Serão lançados no Diário o balanço patrimonial e o de resultado econômico, devendo ambos assinados por Contador ou técnico em Ciências Contábil legalmente habilitado e pelo empresário ou sociedade empresária.

A pessoa jurídica que adotar o sistema de fichas de lançamentos poderá substituir o livro Diário pelo livro Balancetes Diário e Balanços.

O livro Balancetes Diários e Balanços será escriturado de modo que registre:

a) a posição diária de cada uma das contas ou títulos contábeis, pelo respectivo saldo, em forma de balancetes diários;

b) o balanço patrimonial e o de resultado econômico, no encerramento do exercício.

As demonstrações contábeis lançadas no livro diário devem seguir as seguintes regras:

a) no caso de livro em papel, serem assinadas pelas pessoas físicas a quem os atos constitutivos ou atos específicos atribuírem tal poder e pelo contador ou técnico em contabilidade legalmente habilitado;

b) em se tratando de livro digital, as assinaturas digitais das pessoas acima citadas, nele lançadas, serão efetuadas utilizando-se qualquer certificado digital emitido por entidade credenciada pela Infraestrutura de Chaves Públicas Brasileira – ICP-Brasil ou qualquer outro meio de comprovação da autoria e integridade de documentos em forma eletrônica, e suprem as exigências da letra "c" e, ainda, quando couber identificação de auditores independentes e o registro na CVM.

A adoção de fichas de escrituração não dispensa o uso de livro diário para o lançamento das demonstrações contábeis, ao qual deve ser atribuído o número subsequente ao do livro diário escriturado em fichas.

O livro conterá, no máximo, um exercício social, podendo, em relação a um mesmo exercício, ser escriturados mais de um livro, observado períodos parciais e numeração sequencial, constante dos respectivos Termos de Encerramento, de acordo com a necessidade.

A numeração das folhas ou páginas de cada livro em papel ou microficha observará ordem sequencial única, iniciando-se pelo numeral um, incluído na sequência da escrituração as demonstrações contábeis, quando for o caso.

Quando escriturados apenas no anverso, os livros em papel ou em fichas conterão, no máximo, 500 (quinhentas) folhas, incluídos as folhas em que foram lavrados os termos de abertura e encerramento.

Quando escriturados no anverso e no verso, os livros em papel ou em fichas conterão, no máximo, 1.000 páginas, incluídos as folhas em que foram lavrados os termos de abertura e encerramento.

Os livros digitais, quando relativos a mais de um mês, obedecerão aos seguintes limites:

    a) o tamanho não pode ultrapassar 1 (um) gigabyte;

    b) todos os meses devem estar contidos no mesmo ano civil.

Na escrituração, quando utilizados códigos de números ou de abreviaturas, esses deverão constar:

    a) de livro próprio, regularmente autenticado, no caso de livro em papel;

    b) do próprio instrumento de escrituração, observado o Leiaute da Escrituração Contábil Digital – ECD.

O código de histórico padronizado deverá ser único para o período da escrituração, não podendo ser alterado no mesmo período.

Quando adotada a escrituração resumida do Diário, com totais que não excedam o período de trinta dias, relativamente a contas cujas operações sejam numerosas ou realizadas fora da sede, deverão ser utilizados livros auxiliares do Diário, regularmente autenticados, para registro individualizado, e conservados os documentos que permitam a sua perfeita verificação.

Os livros auxiliares observarão o mesmo meio, digital ou papel, do Livro Diário com Escrituração Resumida.

Quando o Livro Diário com Escrituração Resumida na forma digital, os livros auxiliares correspondentes deverão se referir ao mesmo período de escrituração e constar de arquivos independentes, observadas as formalidades quanto aos Termos de Abertura e de Encerramento e a ECD.

As fichas que substituírem os livros, para o caso de escrituração mecanizada ou eletrônica, poderão ser:

a) contínuas, em forma de sanfona, em blocos, com subdivisões numeradas mecânica ou tipograficamente por dobras, sendo vedado o destaque ou ruptura das mesmas;

b) avulsas, as quais serão numeradas tipograficamente.

3.1.1. Livro Digital

A geração do livro digital deverá observar quanto à:

a) escrituração e incorporação dos Termos de Abertura e de Encerramento, as disposições contidas no Manual de Orientação do Leiaute da Escrituração Contábil Digital – ECD.

b) incorporação das assinaturas digitais, a utilização de software oficial denominado Programa Validador e Assinador (PVA), a ser disponibilizado, gratuitamente, no sítio da RFB/Sped na Internet, para download pelos interessados.

O PVA deverá possibilitar a execução das funções abaixo, dentre outras, em relação ao livro digital:

a) validação da escrituração;

b) visualização do livro, segundo formatos tradicionais do livro em papel;

c) geração do requerimento próprio para o caso, dirigido à Junta Comercial;

d) assinatura digital do livro e do requerimento pertinente;

e) transmissão para o Sped;

f) consulta para fins de acompanhamento do processo de autenticação, inclusive conhecimento de exigências em decorrência de deficiências identificadas no instrumento;

g) download do Termo de Autenticação do livro.

O livro digital será enviado pelo empresário individual, pela Sociedade Limitada Unipessoal – SLU, sociedade empresária, cooperativa, consórcio, grupo de sociedades ao Sped com o respectivo requerimento de autenticação à Junta Comercial, ficando o livro disponível naquele Serviço para ser visualizado pelo autenticador da Junta Comercial.

O livro digital, mediante solicitação do autenticador ao Sped, será disponibilizado para ser visualizado, por tempo suficiente para esse procedimento, sendo vedado o acesso à visualização após a sua autenticação;

O Sped remeterá à Junta Comercial arquivo contendo os Termos de Abertura e de Encerramento do livro digital, o respectivo Requerimento, assim como outros dados necessários à análise daqueles instrumentos pelo mencionado Órgão, complementado pela visualização do livro no ambiente daquele Serviço.

A autenticação dos livros digitais será efetuada pelas Juntas Comerciais com utilização de software específico, o qual deve ser integrado por aqueles órgãos aos seus sistemas informatizados de apoio ao processo operacional.

A validade do livro digital dependerá da sua existência e do respectivo Termo de Autenticação, mantida a inviolabilidade de seus conteúdos.

Para efeito de prova em juízo ou fora dele, o empresário ou a sociedade deverá utilizar-se do PVA para demonstração visual do conteúdo do livro digital e de seu Termo de Autenticação, assim como para geração e emissão de documentos probantes.

Este livro não precisa ser registrado ou autenticado em qualquer repartição, mas é de uso obrigatório.

3.2. Livro Razão

O Livro Razão é utilizado para resumir e totalizar, por conta ou subconta, os lançamentos efetuados no Livro Diário, mantidas as demais exigências e condições prevista na legislação vigente. A escrituração deverá ser individualizada, obedecendo a ordem cronológica das operações.

3.3. Livro de Apuração do Lucro Real – e-Lalur

O Livro de Apuração do Lucro Real – Lalur é de escrituração obrigatória em formato digital, passando a ser chamado de e-Lalur, no qual:

    a) serão lançados os ajustes do lucro líquido Contábil do exercício;

    b) será transcrita a demonstração do lucro real e a apuração do Imposto sobre a Renda;

    c) serão mantidos os registros de controle de prejuízos a compensar em exercícios futuros, de depreciação acelerada, de exaustão mineral com base na receita bruta, de exclusão por investimento das pessoas jurídicas que explorem atividades agrícolas ou pastoris e de outros valores que devam influenciar a determinação do lucro real de exercício futuro e não constem de escrituração comercial.

Completada a ocorrência de cada fato gerador do imposto, o contribuinte deverá elaborar o e-Lalur, de forma integrada às escriturações comercial e fiscal, que discriminará:

    a) o lucro líquido do exercício do período-base de incidência;

    b) os registros de ajuste do lucro líquido, com identificação das contas analíticas do plano de contas e indicação discriminada por lançamento correspondente na escrituração comercial, quando presentes;

    c) o lucro real;

d) a apuração do IRPJ devido, com a discriminação das deduções, quando aplicáveis; e

e) demais informações econômico-fiscais da pessoa jurídica.

NOTA:
Considera-se conta analítica aquela que registra em último nível os lançamentos contábeis.

O e-Lalur é composto de duas partes:

- Parte "A" que escritura o lucro líquido e os ajustes de adições ou exclusão conforme a determinação da legislação vigente, bem como as compensações de prejuízos.

- Parte "B" que escritura os valores que terão influência no exercício futuro, que foram adicionados ou excluídos na parte "A", como por exemplo, as provisões temporárias.

Para fins da escrituração contábil, inclusive no caso de S/A os registros contábeis que forem necessários para a observância das disposições tributárias relativos à determinação da base de cálculo do imposto de renda e, também, dos demais tributos, quando não devam, por sua natureza fiscal, constar da escrituração contábil, ou forem diferentes dos lançamentos dessa escrituração, serão efetuados exclusivamente em:

a) livros ou registros contábeis auxiliares; ou

b) livros fiscais (incluídos aqui o e-Lalur)

NOTA:
A companhia observará exclusivamente em livros ou registros auxiliares, sem qualquer modificação da escrituração mercantil e das demonstrações reguladas na lei 6.404/1976, as disposições da lei tributária, ou de legislação especial sobre a atividade que constitui seu objeto, que prescrevam, conduzam ou incentivem a utilização de métodos ou critérios contábeis diferentes ou determinem registros, lançamentos ou ajustes ou a elaboração de outras demonstrações financeiras.

3.4. Livro de Apuração da Contribuição Social – e-Lacs

O e-Lacs tem o mesmo formato do e-Lalur com duas partes "A" e "B" para escriturar a base de cálculo da contribuição e o controle dos fatos futuros.

- **Parte "A"** – Escrituração do lucro líquido contábil apurado no período, os ajustes necessários à apuração definido pela legislação vigente em adições ou exclusões e a compensação da base de cálculo negativa da contribuição apurada em períodos anteriores. Os ajustes devem ser indicados por contas contábeis analíticas, exceto quando dispensadas.

- **Parte "B"** – Escrituração da base de cálculo negativa das contribuições e outros valores que devam influenciar o resultado futuro, como, por exemplo, as provisões temporárias.

NOTA:
O e-Lacs segue a mesma lógica e regras do e-Lalur, salvo algumas exceções previstas na legislação vigente.

3.5. Penalidades

A não escrituração do e-Lalur e e-Lacs implicará nas seguintes multas:

a) equivalente a 0,25%, por mês-calendário ou fração, do lucro líquido antes do Imposto de Renda da pessoa jurídica e da Contribuição Social sobre o Lucro Líquido, no período a que se refere a apuração, limitada a 10% relativamente às pessoas jurídicas que deixarem de apresentar ou apresentarem em atraso o livro; e

b) 3%, não inferior a R$ 100,00, do valor omitido, inexato ou incorreto.

A multa de 0,25% será limitada em:

- R$ 100.000,00 para as pessoas jurídicas que no ano-calendário anterior tiverem auferido receita bruta total, igual ou inferior a R$ 3.600.000,00.
- R$ 5.000.000,00 para as pessoas jurídicas que não se enquadrarem na hipótese de que trata o inciso I deste parágrafo.

A multa de 0,25% será reduzida:

- em 90%, quando o livro for apresentado em até 30 (trinta) dias após o prazo;
- em 75%, quando o livro for apresentado em até 60 (sessenta) dias após o prazo;
- à metade, quando o livro for apresentado depois do prazo, mas antes de qualquer procedimento de ofício; e
- em 25%, se houver a apresentação do livro no prazo fixado em intimação.

A multa de 3%:

- não será devida se o sujeito passivo corrigir as inexatidões, incorreções ou omissões antes de iniciado qualquer procedimento de ofício; e
- será reduzida em 50% se forem corrigidas as inexatidões, incorreções ou omissões no prazo fixado em intimação.

NOTA:

Quando não houver lucro líquido, antes do IRPJ/CSLL no período de apuração a que se refere a escrituração, deverá ser utilizado o lucro líquido do último período de apuração informado, atualizado pela taxa Selic, até o termo final de encerramento do período a que se refere a escrituração.

3.6. Livro Registro de Inventário

A escrituração do livro registro de inventário é obrigatória devendo ser detalhado os estoques de mercadorias, matérias-primas, produtos em fabricação e os bens em almoxarifado, de forma a assegurar os valores informados na data do balanço patrimonial levantado no encerramento de cada período de apuração dos tributos.

Poderá ser criar modelos próprios que satisfaçam às necessidades de seu negócio ou utilizar os livros porventura exigidos por outras leis fiscais, ou, ainda, substituí-los por séries de fichas numeradas.

O livro registro de inventário deve ser autenticado pelo Departamento de Registro Empresarial e Integração – DREI, ou pelas juntas comerciais ou pelas repartições encarregadas do registro de comércio.

Essa obrigatoriedade poderá ser suprida, conforme o caso, por meio do envio dos livros ao SPED, em observância ao disposto no Decreto nº 6.022/2007.

4. Período de apuração do IRPJ/CSLL

a) Trimestral será determinada em 31 de março, 30 de junho, 30 de setembro e 31 de dezembro decada ano calendário.

b) Anual será determinada mensalmente na forma estimada com ajuste em 31 de dezembro de cada ano-calendário.

A opção da forma de tributação trimestral ou anual determina a periodicidade para todo o ano-calendário.

No caso de incorporação, fusão ou cisão o encerramento da apuração se dá na data do evento. O mesmo ocorre com a extinção da pessoa jurídica.

5. Alíquota do IRPJ/CSLL

5.1. IRPJ

A alíquota do Imposto de Renda das Pessoas Jurídicas – IRPJ é de 15% com adicional de 10%.

O adicional é calculado no que exceder a 20.000,00 por mês do lucro real apurado no período.

Mês	Valor
Janeiro	20.000,00
Fevereiro	40.000,00
Março	60.000,00
Abril	80.000,00
Maio	100.000,00
Junho	120.000,00
Julho	140.000,00
Agosto	160.000,00
Setembro	180.000,00
Outubro	200.000,00
Novembro	220.000,00
Dezembro	240.000,00

5.2. CSLL

A alíquota da Contribuição Social sobre o Lucro Líquido é de 9%, exceto para as instituições financeiras.

Instituição Financeira (MP 1.034/2021)	Alíquota	2021	2022
Bancos de qualquer espécie	20%	Janeiro a Junho	A partir de Janeiro
	25%	Julho a Dezembro	
Seguros privados, das de capitalização. Distribuidoras de valores mobiliários Corretoras de câmbio e de valores mobiliários Sociedades de crédito, financiamento e investimentos. Sociedades de crédito imobiliário Administradoras de cartões de crédito Sociedades de arrendamento mercantil Associações de poupança e empréstimo Cooperativas de crédito	15%	Janeiro a Junho	A partir de Janeiro
	20%	Julho a Dezembro	

6. Relação de Adições e Exclusões ao Lucro Líquido Contábil

Quadros com as principais adições e exclusões a serem feitas no lucro real e na base de cálculo da contribuição social sobre o lucro líquido com base nos arts. 258, 260 e 261 do RIR/2018 e IN SRF 1.700/2017.

6.1. Adições

Adição	IRPJ	CSLL	IN RFB 1.700/2017	Controle Parte B
O saldo devedor existente na data de adoção inicial dos arts. 1º ao 71 da Lei nº 12.973, de 2014, na conta de ajustes de avaliação patrimonial a que se refere o § 3º do art. 182 da Lei nº 6.404, de 1976, a ser adicionado no período de apuração em que for reclassificado para o resultado como despesa.	Sim	Sim	Art. 291 art. 309-A, §§ 1º e 2º	Sim(C)

Capítulo – Lucro Real

Adição	IRPJ	CSLL	IN RFB 1.700/2017	Controle Parte B
O valor calculado pela divisão da diferença negativa a que se refere o inciso IV do *caput* do art. 69 da Lei nº 12.973, de 2014, pelo prazo restante, em meses, de vigência do contrato, multiplicado pelo número de meses do período de apuração, no caso de contrato de concessão de serviços públicos vigente na data de adoção inicial dos arts. 1º ao 71 dessa Lei.	Sim	Sim	Arts. 291 e 305, inciso IV	Sim(C)
A diferença positiva entre valores de ativo de que trata o *caput* do art. 66 da Lei nº 12.973, de 2014, a ser adicionada na data de adoção inicial dos arts. 1º ao 71 dessa Lei, caso não tenha sido evidenciada contabilmente em subconta vinculada ao ativo.	Sim	Sim	Art. 291, art. 294, *caput*, e art. 307, § 2º	Não
A diferença positiva entre valores de ativo de que trata o *caput* do art. 66 da Lei nº 12.973, de 2014, a ser adicionada à medida da realização do ativo, caso tenha sido evidenciada contabilmente em subconta a ele vinculada.	Sim	Sim	Art.291, art. 294, *caput*, art. 295 e art. 307, *caput* e § 1º	Não
A diferença negativa entre valores de passivo de que trata o parágrafo único do art. 66 da Lei nº 12.973, de 2014, a ser adicionada na data de adoção inicial dos arts. 1º ao 71 dessa Lei, caso não tenha sido evidenciada contabilmente em subconta vinculada ao passivo.	Sim	Sim	Art. 291, art. 294, parágrafo único e art. 307, § 2º	Não
A diferença negativa entre valores de passivo de que trata o parágrafo único do art. 66 da Lei nº 12.973, de 2014, a ser adicionada à medida da baixa ou liquidação do passivo, caso tenha sido evidenciada contabilmente em subconta a ele vinculada.	Sim	Sim	Art. 291, art. 294, parágrafo único, art. 296 e art. 307, *caput* e § 1º	Não

Adição	IRPJ	CSLL	IN RFB 1.700/2017	Controle Parte B
O valor controlado na parte "B" do e-Lalur e do e-Lacs relativo à diferença negativa na data de adoção inicial dos arts. 1º ao 71 da Lei nº 12.973, de 2014, entre valores de reserva constituída na reavaliação de ativos por coligada ou controlada, a ser adicionado no período de apuração em que o contribuinte alienar ou liquidar o investimento, ou em que utilizar a reserva para aumento do seu capital social.	Sim	Sim	Art. 291 e art. 309, *caput* e §§ 1º e 4º	Sim(C)
O valor controlado na parte "B" do e-Lalur e do e-Lacs relativo à diferença negativa na data de adoção inicial dos arts. 1º ao 71 da Lei nº 12.973, de 2014, entre valores de reserva constituída na subscrição em bens de capital social ou de valores mobiliários emitidos por companhia, a ser adicionado: a) na alienação ou liquidação da participação societária ou dos valores mobiliários, pelo montante realizado; ou b) em cada período de apuração, em montante igual à parte dos lucros, dividendos, juros ou participações recebidos pelo contribuinte, que corresponder à participação ou aos valores mobiliários adquiridos com o aumento do valor dos bens do ativo; ou c) proporcionalmente ao valor realizado, no período de apuração em que a pessoa jurídica que houver recebido os bens reavaliados realizar o valor dos bens mediante depreciação, amortização, exaustão, alienação ou baixa, ou com eles integralizar capital de outra pessoa jurídica.	Sim	Sim	Art. 291 e art. 309, *caput* e §§ 2º e 4º	Sim(C)
O valor controlado na parte "B" do e-Lalur e do e-Lacs relativo à diferença negativa na data de adoção inicial dos arts. 1º ao 71 da Lei nº 12.973, de 2014, entre valores de reserva constituída na reavaliação voluntária de ativos do próprio contribuinte, a ser adicionado à medida que o ativo a que a reserva se referia se realizar por depreciação, amortização, exaustão, alienação ou baixa.	Sim	Sim	Art. 291 e art. 309, *caput* e §§ 3º e 4º	Sim(C)

Adição	IRPJ	CSLL	IN RFB 1.700/2017	Controle Parte B
Os valores decorrentes do ajuste a valor presente de elementos do ativo de que trata o art. 4º da Lei nº 12.973, de 2014, referentes a operação de venda a prazo, a serem adicionados no período de apuração em que a receita ou o resultado da operação deva ser oferecido à tributação.	Sim	Sim	Arts. 90 e 91, § 3º	Sim (D ou C)
Os valores decorrentes do ajuste a valor presente de elementos do ativo de que trata o art. 4º da Lei nº 12.973, de 2014, referentes a operação que não seja venda a prazo, a serem adicionados: (a) no período de apuração em que a receita ou o resultado da operação deva ser oferecido à tributação; (b) à medida que o outro ativo relacionado à operação for realizado; ou (c) no período de apuração em que a despesa ou custo relacionado à operação for incorrido.	Sim	Sim	Arts. 90 e 92, §§ 2º e 3º	Sim (D ou C)
As despesas financeiras decorrentes de ajuste a valor presente de elementos do passivo de que tratam o *caput* e os incisos I, II e III do art. 5º da Lei nº 12.973, de 2014, referentes a operação de aquisição a prazo, a serem adicionadas nos períodos de apuração em que forem apropriadas.	Sim	Sim	Art. 93, incisos I, II e III e §§ 1º e 2º, art. 94, § 2º e art. 96, § 3º	Não
As despesas financeiras decorrentes de ajuste a valor presente de elementos do passivo de que tratam o *caput* e os incisos IV e V do art. 5º da Lei nº 12.973, de 2014, referentes a operação de aquisição a prazo, a serem adicionadas nos períodos de apuração em que forem apropriadas.	Sim	Sim	Art. 93, incisos IV e V e § 2º, art. 94, §§ 2º e 14, e art. 96, § 4º	Sim (D ou C)
As despesas financeiras decorrentes de ajuste a valor presente de elementos do passivo de que trata o *caput* do art. 5º da Lei nº 12.973, de 2014, referentes a operação que não seja aquisição a prazo e que esteja relacionada a um ativo, a serem adicionadas nos períodos de apuração em que forem apropriadas.	Sim	Sim	Art. 93, incisos I, II e III e §§ 1º e 2º, art. 95, § 1º, e art. 96, § 3º	Não

Adição	IRPJ	CSLL	IN RFB 1.700/2017	Controle Parte B
As despesas financeiras decorrentes de ajuste a valor presente de elementos do passivo de que trata o *caput* do art. 5º da Lei nº 12.973, de 2014, referentes a operação que não seja aquisição a prazo e que esteja relacionada a uma despesa ou custo, a serem adicionadas nos períodos de apuração em que forem apropriadas.	Sim	Sim	Art. 93, incisos IV e V e § 2º, art. 95, § 1º, e art. 96, § 4º	Sim (D ou C)
O valor das despesas de aluguéis que não atenderem às condições do *caput* do art. 71 da Lei nº 4.506, de 1964, e a parcela que exceder ao preço ou valor de mercado dos aluguéis pagos a sócios ou dirigentes de empresas e a seus parentes ou dependentes.	Sim	Não	Art. 83, inciso I, e art. 84	Não
O valor do aporte de recursos excluído conforme inciso I do § 3º do art. 6º da Lei nº 11.079, de 2004, dividido pela quantidade de períodos de apuração contidos no prazo restante do contrato, considerado a partir do início da prestação dos serviços públicos.	Sim	Sim	Art. 171, §§ 1º e 2º	Sim(C)
O saldo remanescente do aporte excluído conforme inciso I do § 3º do art. 6º da Lei nº 11.079, de 2004, ainda não adicionado, dividido pela quantidade de períodos de apuração contidos no prazo restante do contrato, no caso em que, na data de adoção inicial dos arts. 1º ao 71 da Lei nº 12.973, de 2014, a concessionária já tenha iniciado a prestação dos serviços públicos.	Sim	Sim	Art. 171, § 3º, e art. 291	Sim(C)
O saldo do aporte excluído conforme inciso I do § 3º do art. 6º da Lei nº 11.079, de 2004, ainda não adicionado, no caso de extinção da concessão antes do advento do termo contratual.	Sim	Sim	Art. 171, § 4º	Sim(C)

Adição	IRPJ	CSLL	IN RFB 1.700/2017	Controle Parte B
O resultado positivo das operações de arrendamento mercantil emque haja transferência substancial dos riscos e benefícios inerentes à propriedade do ativo e que não esteja sujeito ao tratamento tributário previsto pela Lei nº 6.099, de 1974, proporcionalmente ao valor da contraprestação, conforme previsto no *caput* do art. 46 da Lei nº 12.973, de 2014.	Sim	Sim	Art. 173, §§ 1º e 6º	Não
Os ajustes, previstos no § 1º do art. 46 da Lei nº 12.973, de 2014, das operações de arrendamento mercantil em que haja transferência substancial dos riscos e benefícios inerentes à propriedade do ativo e que não esteja sujeito ao tratamento tributário previsto pela Lei nº 6.099, de 1974, decorrentes da neutralização dos novos métodos e critérios contábeis, cuja tributação deva ser o resultado proporcional ao valor da contraprestação.	Sim	Sim	Art. 173, §§ 1º e 9º	Não
O resultado positivo de contrato não tipificado como arrendamento mercantil que contenha elementos contabilizados como arrendamento mercantil por força de normas contábeis e da legislação comercial, em que haja transferência substancial dos riscos e benefícios inerentes à propriedade do ativo, proporcionalmente ao valor da contraprestação, conforme previsto no *caput* do art. 46 e no inciso III do art. 49 da Lei nº 12.973, de 2014.	Sim	Sim	Art. 173, §§ 1º, 3º e 6º	Não

Adição	IRPJ	CSLL	IN RFB 1.700/2017	Controle Parte B
Os ajustes, previstos no § 1º do art. 46 e no inciso III do art. 49 da Lei nº 12.973, de 2014, decorrentes da neutralização dos novos métodos e critérios contábeis, de contrato não tipificado como arrendamento mercantil que contenha elementos contabilizados como arrendamento mercantil por força de normas contábeis e da legislação comercial, em que haja transferência substancial dos riscos e benefícios inerentes à propriedade do ativo, cuja tributação deva ser o resultado proporcional ao valor da contraprestação.	Sim	Sim	Art. 173, §§ 1º, 3º e 9º	Não
A diferença a menor entre o valor contábil residual do bem arrendado e o seu preço de venda, quando do exercício da opção de compra.	Sim	Sim	Art. 174	Não
O valor das despesas de depreciação, amortização e exaustão geradas por bem objeto de arrendamento mercantil na arrendatária, na hipótese em que esta reconheça contabilmente o encargo.	Sim	Sim	Art. 175, inciso III e § 1º	Não
O valor dos encargos de depreciação, amortização ou exaustão apropriado como custo de produção pela pessoa jurídica arrendatária, na hipótese em que esta reconheça contabilmente o encargo.	Sim	Sim	Art. 175, inciso IV e §§ 1º e 2º	Não
O valor da depreciação, amortização e exaustão contabilizado como despesa ou custo, de ativos reconhecidos em função de contratos que, embora não tipificados como arrendamento mercantil, contenham elementos contabilizados como arrendamento mercantil por força de normas contábeis e da legislação comercial.	Sim	Sim	Art. 175, incisos III e IV e §§ 1º a 3º	Não

Adição	IRPJ a	CSLL	IN RFB 1.700/2017	Controle Parte B
As despesas financeiras incorridas, inclusive as decorrentes de ajuste a valor presente, consideradas nas contraprestações pagas ou creditadas pela arrendatária em contratos de arrendamento mercantil e que podem ser excluídas conforme item E.019 do Anexo II desta Instrução Normativa.	Sim	Sim	Art. 175, inciso II e § 1º	Não
As despesas financeiras incorridas, inclusive as decorrentes de ajuste a valor presente, consideradas nas contraprestações pagas ou creditadas em contratos que, embora não tipificados como arrendamento mercantil, contenham elementos contabilizados como arrendamento mercantil por força de normas contábeis e da legislação comercial e que podem ser excluídas.	Sim	Sim	Art. 175, inciso II e §§ 1º e 3º	Não
As variações monetárias passivas decorrentes da atualização em função da taxa de câmbio ou de índices ou coeficientes aplicáveis por disposição legal ou contratual das contraprestações a pagar e respectivos saldos de juros a apropriar decorrentes de ajuste a valor presente que tiverem sido computadas nas contraprestações excluídas.	Sim	Sim	Art. 175, §§ 1º e 8º	Não
As variações monetárias passivas decorrentes da atualização em função da taxa de câmbio ou de índices ou coeficientes aplicáveis por disposição legal ou contratual das contraprestações a pagar e respectivos saldos de juros a apropriar decorrentes de ajuste a valor presente que tiverem sido computadas nas contraprestações excluídas, referentes a contratos que, embora não tipificados como arrendamento mercantil, contenham elementos contabilizados como arrendamento mercantil por força de normas contábeis e da legislação comercial.	Sim	Sim	Art. 175, §§ 1º, 3º e 8º	Não

Adição	IRPJa	CSLL	IN RFB 1.700/2017	Controle Parte B
O valor do bem ou direito adquirido em operação de arrendamento mercantil em que tenha havido transferência substancial dos riscos e benefícios inerentes à sua propriedade, diminuído, se for o caso, da depreciação, amortização ou exaustão acumulada, mas não diminuído das perdas estimadas, a ser adicionado no período de apuração em que ocorrer sua alienação ou baixa.	Sim	Sim	Art. 177, §§ 1º e 2º	Não
O valor do bem ou direito adquirido em contrato que, embora não tipificado como arrendamento mercantil, contenha elementos contabilizados como arrendamento mercantil por força de normas contábeis e da legislação comercial, diminuído, se for o caso, da depreciação, amortização ou exaustão acumulada, mas nãodiminuído das perdas estimadas, a ser adicionado no período de apuração em que ocorrer sua alienação ou baixa.	Sim	Sim	Art. 177, §§ 1º, 2º e 3º	Não
A perda apurada na alienação de bem que vier a ser tomado em arrendamento mercantil pela própria vendedora ou com pessoa jurídica a ela vinculada, conforme disposto no parágrafo único do art. 9º da Lei nº 6.099, de 1974.	Sim	Não	-	Não
A parcela do lucro bruto proporcional à receita recebida no período de apuração, cuja tributação tenha sido diferida nos termos do art. 29 do Decreto-Lei nº 1.598, de 1977.	Sim	Sim	-	Sim(C)

Capítulo – Lucro Real

Adição	IRPJ a	CSLL	IN RFB 1.700/2017	Controle Parte B
O lucro bruto decorrente da avaliação a valor justo de unidades imobiliárias recebidas em operação de permuta, quando o imóvel recebido for alienado, inclusive como parte integrante do custo de outras unidades imobiliárias ou realizado a qualquer título, ouquando, a qualquer tempo, for classificada no ativo não circulante investimentos ou imobilizado, conforme disposto no § 3º do art. 27 do Decreto-Lei nº 1.598, de 1977.	Sim	Sim	-	Sim(C)

Adição	IRPJ a	CSLL	IN RFB 1.700/2017	Controle Parte B
O ganho decorrente de avaliação de ativo ou passivo com base no valor justo controlado por meio de subconta conforme *caput* do art. 13 da Lei nº 12.973, de 2014, a ser adicionado nos períodos de apuração e na proporção em que o ativo for realizado ou o passivo for liquidado ou baixado.	Sim	Sim	Art. 97, §§ 1º, 2º, 11 e 12, art. 98, §§ 5º e 6º, art. 99, §§ 5º e 6º, art. 100, § 4º, art. 101, § 4º, art. 118, § único, e art. 119, §§ 1º, 3º e 4º	Não

Adição	IRPJ a	CSLL	IN RFB 1.700/2017	Controle Parte B
O ganho decorrente de avaliação de ativo ou passivo com base no valor justo não controlado por meio de subconta conforme *caput* do art. 13 da Lei nº 12.973, de 2014, e não registrado em conta de receita do período. Observação. O disposto neste item aplica--se também à: a) operação de permuta que envolva troca de ativo ou passivo; b) pessoa jurídica sucessora por incorporação, fusão ou cisão em relação ao ganho decorrente de avaliação com base no valor justo feita pela sucedida nas condições do art. 13 da Lei nº 12.973, de 2014, e cuja subconta tenha sido transferida para a sucessora conforme parágrafo único do art. 26 da Lei nº 12.973, de 2014, tendo, posteriormente, a sucessora abandonado a evidenciação por meio de subconta; e c) pessoa jurídica que fez avaliação com base no valor justo quando era tributada pelo lucro presumido e optou pelo diferimento da tributação do ganho nos termos e condições do *caput* e §§ 1º e 3º do art. 16 da Lei nº 12.973, de 2014, tendo, posteriormente, abandonado a evidenciação por meio de subconta.	Sim	sim	Art. 97, §§ 3º, 4º, 10, 11 e 12, art. 118, parágrafo único, e art. 119, §§ 1º, 3º e 4º. Anexo IV, Exemplos 4 (b), 5 (c) e 6 (c)	Sim(D)

Capítulo – Lucro Real

Adição	IRPJ a	CSLL	IN RFB 1.700/2017	Controle Parte B
O valor anteriormente excluído, na hipótese de haver lucro real (ou resultado ajustado positivo) antes do cômputo da adição. Observação. O disposto neste item aplica-se também à: a) operação de permuta que envolva troca de ativo ou passivo; b) pessoa jurídica sucessora por incorporação, fusão ou cisão em relação ao ganho decorrente de avaliação com base no valor justo feita pela sucedida nas condições do art. 13 da Lei nº 12.973, de 2014, e cuja subconta tenha sido transferida para a sucessora conforme parágrafo único do art. 26 da Lei nº 12.973, de 2014, tendo, posteriormente, a sucessora abandonado a evidenciação por meio de subconta; e c) pessoa jurídica que fez avaliação com base no valor justo quando era tributada pelo lucro presumido e optou pelo diferimento da tributação do ganho nos termos e condições do *caput* e §§ 1º e 3º do art. 16 da Lei nº 12.973, de 2014, tendo, posteriormente, abandonado a evidenciação por meio de subconta.	Sim	Sim	Art. 97, § 7º, I e II, 'a'; § 9º, I e II, 'a' e §§ 11 e 12, art. 118, parágrafo único, e art. 119, §§ 1º, 3º e 4º. Anexo IV, Exemplos 2 (d), 3 (d), 5 (d) e 6 (d)	Sim(C)
O valor do prejuízo fiscal (ou base de cálculo negativa da CSLL) antes do cômputo do ganho, na hipótese: a) do ganho decorrente de avaliação de ativo ou passivo com base no valor justo não ser controlado por meio de subconta conforme *caput* do art. 13 da Lei nº 12.973, de 2014; b) de haver prejuízo fiscal (ou base de cálculo negativa da CSLL) antes do cômputo do ganho; e c) do prejuízo fiscal (ou base de cálculo negativa da CSLL) antes do cômputo do ganho ser menor que o ganho.	Sim	Sim	Art. 97, § 7º, II, 'b', § 9º, II, 'b' e §§ 11 e 12, art. 118, parágrafo único, e art. 119, §§ 1º, 3º e 4º. Anexo IV, Exemplos 3 (c) e 6 (c)	Sim(D)
A perda decorrente de avaliação de ativo ou passivo com base no valor justo controlada por meio de subconta conforme *caput* do art. 14 da Lei nº 12.973, de 2014, a ser adicionada no período de apuração em que for apropriada como despesa.	Sim	Sim	Art. 102, art. 103, § 2º, art. 104, § 2º, art. 118, parágrafo único, e art. 119, §§ 2º, 3º e 5º	Não

Adição	IRPJa	CSLL	IN RFB 1.700/2017	Controle Parte B
A perda decorrente de avaliação de ativo ou passivo com base no valor justo não controlada por meio de subconta conforme *caput* do art. 14 da Lei nº 12.973, de 2014, a ser adicionada no período de apuração em que for apropriada como despesa.	Sim	Sim	Art. 102, § 2º, art. 118, parágrafo único, e art. 119, §§ 2º, 3º e 5º	Não
O ganho verificado na sucedida, decorrente de avaliação com base no valor justo de ativo incorporado ao patrimônio da sucessora em evento de incorporação, fusão ou cisão, a ser adicionado nos períodos de apuração e na proporção em que o ativo for realizado na pessoa jurídica sucessora, na hipótese da sucedida não ter feito a avaliação com base no valor justo nas condições do art. 13 da Lei nº 12.973, de 2014, ou não ter ocorrida a transferência da subconta conforme parágrafo único do art. 26 da Lei nº 12.973, de 2014.	Sim	Sim	Art. 118, *caput* e parágrafo único	Não
O ganho decorrente de avaliação com base no valor justo de bem do ativo incorporado ao patrimônio de outra pessoa jurídica, na subscrição em bens de capital social ou de valores mobiliários, controlado por meio de subconta nos termos do *caput* do art. 17 da Lei nº 12.973, de 2014, a ser adicionado nos períodos de apuração em que ocorrerem as hipóteses relacionadas no § 1º do mesmo artigo.	Sim	Sim	Art. 110, §§ 1º, 10 e 11; art. 111, §§ 3º e 4º	Não
O ganho decorrente de avaliação com base no valor justo de bem do ativo incorporado ao patrimônio de outra pessoa jurídica, na subscrição em bens de capital social ou de valores mobiliários, não controlado por meio de subconta nos termos do *caput* do art. 17 da Lei nº 12.973, de 2014, e não registrado em conta de receita do período.	Sim	Sim	Art. 110, §§ 2º e 3º	Sim(D)
O valor anteriormente excluído, na hipótese de haver lucro real (ou resultado ajustado positivo) antes do cômputo da adição.	Sim	Sim	Art. 110, § 6º, I e II, 'a', e § 8º, I e II, 'a'	Sim(C)

Adição	IRPJ a	CSLL	IN RFB 1.700/2017	Controle Parte B
O valor do prejuízo fiscal (ou base de cálculo negativa da CSLL) antes do cômputo do ganho, na hipótese: a) do ganho decorrente de avaliação com base no valor justo de bem do ativo incorporado ao patrimônio de outra pessoa jurídica, na subscrição em bens de capital social ou de valores mobiliários, não ser controlado por meio de subconta conforme *caput* do art. 17 da Lei nº 12.973, de 2014; b) de haver prejuízo fiscal (ou base de cálculo negativa da CSLL) antes do cômputo do ganho; e c) do prejuízo fiscal (ou base de cálculo negativa da CSLL) antes do cômputo do ganho ser menor que o ganho.	Sim	Sim	Art. 110, § 6º, II, 'b', § 8º, II, 'b'	Sim(D)
A perda decorrente de avaliação com base no valor justo de bem do ativo incorporado ao patrimônio de outra pessoa jurídica, na subscrição em bens de capital social ou de valores mobiliários, controlada por meio de subconta conforme *caput* do art. 18 da Lei nº 12.973, de 2014, a ser adicionada no período de apuração em que for apropriada como despesa.	Sim	Sim	112 e 113, § 2º	Não
A perda decorrente de avaliação com base no valor justo de bem do ativo incorporado ao patrimônio de outra pessoa jurídica, na subscrição em bens de capital social ou de valores mobiliários, não controlada por meio de subconta conforme *caput* do art. 18 da Lei nº 12.973, de 2014, a ser adicionada no período de apuração em que for apropriada como despesa.	Sim	Sim	Art. 112, § 1º	Não
O valor das despesas de contraprestação de arrendamento mercantil, aluguel, depreciação, amortização, manutenção, reparo, conservação, impostos, taxas, seguros e quaisquer outros gastos com bens móveis ou imóveis, exceto se intrinsecamente relacionados com a produção ou comercialização dos bens e serviços	Sim	Sim	Art. 83	Não

Adição	IRPJ a	CSLL	IN RFB 1.700/2017	Controle Parte B
A contrapartida da redução do ágio por rentabilidade futura (*goodwill*) que não seja oriundo de aquisição de investimento avaliado pelo valor de patrimônio líquido.	Sim	Sim	Art. 194	Não
O ganho proveniente de compra vantajosa que não seja oriundo de aquisição de investimento avaliado pelo valor de patrimônio líquido, anteriormente excluído a ser adicionado à razão de 1/60 (um sessenta avos), no mínimo, para cada mês dos períodos de apuração relativos ao evento de combinação de negócios e posteriores.	Sim	Sim	Art. 195	Sim(C)
O lucro decorrente da receita reconhecida pela construção, recuperação, reforma, ampliação ou melhoramento da infraestrutura, cuja contrapartida tenha sido ativo financeiro, a ser adicionado à medida do efetivo recebimento desse ativo financeiro, no caso de contrato de concessão de serviços públicos de que trata o art. 36 da Lei nº 12.973, de 2014.	Sim	Sim	Art. 168, *caput* e § 2º, inciso II, e § 3º	Sim(C)
Os valores decorrentes do ajuste a valor presente do ativo financeiro de que trata o art. 36 da Lei nº 12.973, de 2014, a serem adicionados na proporção em que o lucro diferido da fase de construção for adicionado.	Sim	Sim	Art. 169, *caput* e § único, inciso II	Sim (D ou C)
O resultado decorrente do reconhecimento como receita do direito de exploração recebido do poder concedente, a ser adicionado proporcionalmente à realização do ativo intangível representativo do direito, no caso de contrato de concessão de serviços públicos de que trata o art. 35 da Lei nº 12.973, de 2014.	Sim	Sim	Art. 167, *caput* e § 2º	Sim(C)
A diferença de resultados decorrente da utilização de critério distinto dos previstos no § 1º do art. 10 do Decreto-Lei nº 1.598, de 1977, para determinação da porcentagem do contrato ou da produção executada.	Sim	Sim	Art. 164, inciso II, alínea "b"	Sim (D ou C)

Adição	IRPJ a	CSLL	IN RFB 1.700/2017	Controle Parte B
A parcela do lucro da empreitada ou fornecimento, contratado com pessoa jurídica de direito público, ou empresa sob seu controle, empresa pública, sociedade de economia mista ou sua subsidiária, anteriormente excluída, cuja respetiva receita tenha sido recebida.	Sim	Sim	-	Sim(C)
O valor da CSLL subtraído do lucro líquido antes da provisão para a CSLL para se obter o lucro líquido antes da provisão para o IRPJ.	Sim	Não	Art. 131. § 3º	Não
O valor dos juros sobre o capital integralizado pago pelas cooperativas a seus associados que exceder a 12% ao ano, no caso do IRPJ, e o valor total destes juros, no caso da CSLL.	Sim	Sim	Art. 77	Não
Os resultados negativos das operações realizadas com seus associados, no caso de sociedades cooperativas que obedecerem ao disposto na legislação específica e que não tenham por objeto a compra e fornecimento de bens aos consumidores.	Sim	Sim	Arts. 23 e 25	Não
A diferença positiva entre a receita que teria sido reconhecida e mensurada conforme a legislação tributária e os critérios contábeis anteriores e a receita reconhecida e mensurada conforme o CPC 47, no caso de a pessoa jurídica adotar procedimento contábil estabelecido do CPC 47 que cause a referida diferença (itens 1, 2, 3 e 13, inciso I, do Anexo IV da Instrução Normativa RFB nº 1.753, de 2017).	Sim	Sim		Sim (D ou C)
A diferença negativa entre o custo ou a despesa que teria sido reconhecida e mensurada conforme a legislação tributária e os critérios contábeis anteriores e o custo ou a despesa reconhecida e mensurada conforme o CPC 47, no caso de a pessoa jurídica adotar procedimento contábil estabelecido do CPC 47 que cause a referida diferença (itens 1, 2, 3 e 17, inciso II, do Anexo IV da Instrução Normativa RFB nº 1.753, de 2017).	Sim	Sim		Sim (D ou C)

Adição	IRPJ a	CSLL	IN RFB 1.700/2017	Controle Parte B
O valor correspondente à depreciação constante da escrituração comercial, a partir do período de apuração em que o total da depreciação acumulada, computado para fins de apuração do lucro real e do resultado ajustado, atingir o custo de aquisição do bem.	Sim	Sim	Art. 124, § 5º	Sim(C)
O saldo da depreciação existente na parte "B" do e-Lalur e do e-Lacs, no caso de alienação ou baixa a qualquer título do bem ou direito.	Sim	Sim	Art. 200, § 3º	Sim(C)
O estorno da remuneração, encargos, despesas e demais custos, referentes a instrumentos de capital ou de dívida subordinada, emitidos pela pessoa jurídica, exceto na forma de ações, quando registrado em contrapartida de conta do patrimônio líquido, na hipótese de valor anteriormente deduzido.	Sim	Sim	Art. 163, § 2º	Não
As despesas com alimentação de sócios, acionistas e administradores, ressalvado o disposto na alínea "a" do inciso II do art. 74 da Lei nº 8.383, de 1991.	Sim	Sim	Art. 143	Não
O valor das despesas de propaganda que não atendam às condições previstas no art. 54 da Lei nº 4.506, de 1964.	Sim	Não	-	Não
Os lucros ou dividendos pagos ou creditados a beneficiários de qualquer espécie de ação prevista no art. 15 da Lei nº 6.404, de 1976, classificados como despesa financeira na escrituração comercial.	Sim	Sim	Art. 238, § 10	Não
As despesas que não sejam consideradas necessárias à atividade da empresa.	Sim	Sim	Arts. 68 e 69	Não
As despesas de organização pré-operacionais ou pré-industriais e de expansão das atividades industriais referidas no art. 11 da Lei nº 12.973, de 2014, no período de apuração em que forem incorridas.	Sim	Sim	Art. 128, caput e § 2º	Sim(D)
A diferença entre o valor de mercado e o valor contábil dos bens e direitos entregues ao titular ou a sócio ou a acionista, a título de devolução de participação no capital social.	Sim	Sim	Art. 244, § 1º	Não

Adição	IRPJ a	CSLL	IN RFB 1.700/2017	Controle Parte B
As doações, exceto as referidas no § 2º do art. 13 da Lei nº 9.249, de 1995.	Sim	Sim	Arts. 139 ao 141	Não
O valor das doações e subvenções para investimentos recebidas do Poder Público, anteriormente excluído conforme item E.047 do Anexo II desta Instrução Normativa, quando descumpridas as condições previstas no art. 30 da Lei nº 12.973, de 2014.	Sim	Sim	Art. 198	Sim(C)
O valor das despesas ou dos custos já considerados na base de cálculo do IRPJ e da CSLL, em períodos anteriores ao do recebimento das subvenções governamentais de que trata o art. 30 da Lei nº 12.350, de 2010.	Sim	Sim	-	Sim(C)
Os recursos decorrentes das subvenções governamentais de que trata o art. 30 da Lei nº 12.350, de 2010, empregados pela pessoa jurídica beneficiária, contabilizados como despesa ou custo do período.	Sim	Sim	-	Sim(C)
O valor correspondente aos prejuízos por desfalque, apropriação indébita e furto, por empregados ou terceiros, quando não houver inquérito instaurado nos termos da legislação trabalhista ou quando não apresentada queixa perante a autoridade policial, conforme disposto no § 3º do art. 47 da Lei nº 4.506, de 1964.	Sim	Sim	-	Não
O lucro proporcional à parcela do preço recebida referente à venda de bens do ativo não circulante classificados como investimentos, imobilizado ou intangível, para recebimento do preço, no todo ou em parte, após o término do ano-calendário seguinte ao da contratação.	Sim	Sim	Art. 200, § 2º	Sim(C)
As despesas com impostos e contribuições cuja exigibilidade esteja suspensa, nos termos dos incisos II a V do art. 151 da Lei nº 5.172, de 1966 – Código Tributário Nacional, haja ou não depósito judicial.	Sim	Sim	Art. 131, § 1º	Sim(D)

Adição	IRPJa	CSLL	IN RFB 1.700/2017	Controle Parte B
O encargo de amortização constante da escrituração comercial de bens intangíveis, vinculados exclusivamente às atividades de pesquisa tecnológica e desenvolvimento de inovação tecnológica, objeto de amortização acelerada incentivada, a partir do período de apuração em que a amortização acumulada, incluindo a contábil e acelerada, atingir o custo de aquisição dos ativos nos termos dos §§ 9º, 10 e 11 do art. 17 da Lei nº 11.196, de 2005.	Sim	Não	-	Sim(C)
O encargo de depreciação constante da escrituração comercial de bem integrante do ativo imobilizado, exceto a terra nua, utilizado na exploração da atividade rural, a partir do ano seguinte ao da aquisição do bem.	Sim	Sim	Art. 260, § 3º	Sim(C)
O saldo da depreciação acelerada de bem integrante do ativo imobilizado, exceto terra nua, utilizado na exploração da atividade rural, existente na parte "B" do e-Lalur e do e-Lacs, no caso de alienação ou baixa a qualquer título do bem ou no caso em que o bem seja desviado exclusivamente para utilização em outras atividades.	Sim	Sim	Art. 260, §§ 5º e 7º	Sim(C)
O encargo de depreciação constante da escrituração comercial de máquinas, equipamentos, aparelhos e instrumentos, novos, destinados à utilização nas atividades de pesquisa tecnológica e desenvolvimento de inovação tecnológica, objeto de depreciação acelerada incentivada, a partir do período de apuração em que a depreciação acumulada, incluindo a contábil e a acelerada, atingir o custo de aquisição dos ativos nos termos dos §§ 9º e 10 do art. 17 da Lei nº 11.196, de 2005.	Sim	Sim	-	Sim(C)

Capítulo – Lucro Real

Adição	IRPJa	CSLL	IN RFB 1.700/2017	Controle Parte B
O encargo de depreciação constante da escrituração comercial de bens integrantes de projeto aprovado para instalação, ampliação, modernização ou diversificação enquadrado em setores da economia considerados prioritários para o desenvolvimento regional, em microrregiões menos desenvolvidas localizadas nas áreas de atuação da Superintendência do Desenvolvimento do Nordeste – Sudene e da Superintendência de Desenvolvimento da Amazônia – Sudam, a partir do período de apuração em que a depreciação acumulada, incluindo a contábil e a acelerada, atingir o custo de aquisição dos bens, conforme disposto nos §§ 5º e 6º do art. 31 da Lei nº 11.196, de 2005.	Sim	Não	-	Sim(C)
O encargo de depreciação constante da escrituração comercial de veículos automóveis para transporte de mercadorias e de vagões, locomotivas, locotratores e tênderes, objeto de depreciação acelerada incentivada, a partir do período de apuração em que a depreciação acumulada, incluindo a contábil e a acelerada, atingir o custo de aquisição dos ativos, conforme disposto nos §§ 3º e 4º doart. 1º da Lei nº 12.788, de 2013.	Sim	Não	-	Sim(C)
O encargo de depreciação ou amortização constante da escrituração comercial em cada período de apuração posterior ao da exclusão.	Sim	Não	-	Sim(C)
O encargo de exaustão constante da escrituração comercial de ativo formado mediante gastos aplicados nas atividades de desenvolvimento para viabilizar a produção de campo de petróleo ou de gás natural, objeto de exaustão acelerada incentivada, a partir do período de apuração em que a exaustão acumulada, incluindo a contábil e a acelerada, atingir o custo do ativo, conforme disposto nos §§ 3º e 4º do art. 1º da Lei nº 13.586, de 2017.	Sim	Sim	-	Sim(C)

Adição	IRPJ a	CSLL	IN RFB 1.700/2017	Controle Parte B
O saldo da depreciação, amortização ou exaustão existente na parte "B" do e-Lalur e do e-Lacs, no caso de alienação ou baixa a qualquer título do bem ou direito.	Sim	Sim	Art. 200, § 3º	Sim(C)
O valor da realização do ativo intangível, inclusive por amortização, alienação ou baixa, na situação a que se refere o parágrafo único do art. 42 da Lei nº 12.973, de 2014.	Sim	Sim	Art. 127, parágrafo único	Sim(C)
Os dispêndios efetuados por microempresa e empresa de pequeno porte com a execução de projeto de pesquisa tecnológica e desenvolvimento de inovação tecnológica por encomenda, nos termos dos §§ 2º e 3º do art.18 da Lei nº 11.196, de 2005.	Sim	Sim	-	Sim (D ou C)
Até 31 de dezembro de 2018, os custos e despesas próprios da construção de unidades habitacionais de valor comercial de até R$ 100.000,00 contratada no âmbito do Programa Minha Casa, Minha Vida – PMCMV, com opção pelo pagamento unificado de tributos de que trata o art. 2º da Lei nº 12.024, de 2009.	Sim	Sim	-	Não
Os custos e as despesas próprios da incorporação imobiliária sujeita ao Regime Especial de Tributação – RET de que trata a Lei nº 10.931, de 2004.	Sim	Sim	-	Não
Até 31 de dezembro de 2018, os custos e despesas próprios da construção ou reforma de estabelecimentos de educação infantil sujeita ao Regime Especial de Tributação – RET de que tratam os arts. 24 ao 27 da Lei nº 12.715, de 2012.	Sim	Sim	-	Não
Até 31 de dezembro de 2018, os custos e as despesas próprios da incorporação imobiliária contratada no âmbito do Programa Minha Casa, Minha Vida – PMCMV, sujeita ao Regime Especial de Tributação – RET de que tratam os §§ 6º e 7º do art. 4º da Lei nº 10.931, de 2004.	Sim	Sim	-	Não

Capítulo – Lucro Real

Adição	IRPJ a	CSLL	IN RFB 1.700/2017	Controle Parte B
Os dispêndios registrados como despesa ou custo operacional realizados em projeto de pesquisa científica e tecnológica e de inovação tecnológica executado por Instituição Científica e Tecnológica – ICT ou por entidades científicas e tecnológicas privadas, sem fins lucrativos, no valor estabelecido pelo art. 19-A da Lei nº 11.196, de 2005.	Sim	Sim	-	Não
O valor da depreciação ou amortização de que trata o § 3º do art. 26 da Lei nº 11.196, de 2005, registrado na escrituração comercial, relativo aos dispêndios excluídos.	Sim	Sim	-	Não
A perda apurada na alienação ou baixa de investimento adquirido mediante dedução do IRPJ devido pela pessoa jurídica, conforme disposto no art. 6º do Decreto-Lei nº 1.648, de 1978.	Sim	Não	-	Não
A contrapartida referente ao ajuste proveniente da redução do valor de investimento avaliado pelo valor de patrimônio líquido, quando registrada em conta de resultado. Observação: este ajuste é realizado de forma independente: a) dos ajustes relativos às contrapartidas das reduções da mais--valia e da menos-valia e b) dos ajustes decorrentes de avaliação a valor justo na investida.	Sim	Sim	Art. 181	Não
O ganho proveniente de compra vantajosa na aquisição de investimento avaliado pelo valor de patrimônio líquido, anteriormente excluído a ser adicionado por ocasião da alienação ou baixa do investimento.	Sim	Sim	Art. 178, §§ 10 e 11	Sim(C)
A contrapartida da redução da mais-valia de investimento avaliado pelo valor de patrimônio líquido.	Sim	Sim	Art. 182 e art. 181, § 2º	Sim(D)
A contrapartida da redução do ágio por rentabilidade futura (*goodwill*) de investimento avaliado pelo valor de patrimônio líquido.	Sim	Sim	Art. 182 e art. 181, § 2º. Anexo X, Exemplo 3	Sim (D ou C)

Adição	IRPJa	CSLL	IN RFB 1.700/2017	Controle Parte B
A contrapartida da redução da menos-valia, anteriormente excluída conforme item E.076 do Anexo II desta Instrução Normativa, a ser adicionada por ocasião da alienação ou liquidação de investimento avaliado pelo valor de patrimônio líquido.	Sim	Sim	Art. 182, art. 181, § 2°, e art. 184	Sim(C)
A perda reconhecida no resultado por variação na porcentagem de participação no capital social da pessoa jurídica investida.	Sim	Sim	Art. 184, § 2°	Não
O ganho na aquisição de participação societária em estágios de que trata o inciso I do art. 37 da Lei n° 12.973, de 2014, anteriormente excluído, a ser adicionado por ocasião da alienação ou baixa do investimento.	Sim	Sim	Art. 183, inciso I e § 4°	Sim(C)
O ganho na aquisição de participação societária em estágios de que trata o inciso III do art. 37 da Lei n° 12.973, de 2014, anteriormente excluído a ser adicionado por ocasião da alienação ou baixa do investimento.	Sim	Sim	Art. 183, inciso III e § 4°	Sim(C)
A perda relacionada à avaliação da participação societária anterior com base no valor justo na aquisição de participação societária em estágios de que trata o inciso II do art. 37 da Lei n° 12.973, de 2014.	Sim	Sim	Art. 183, inciso II e § 4°	Sim(D)
A contrapartida da redução da variação positiva da mais-valia de que trata o inciso II do § 3° do art. 37 da Lei n° 12.973, de 2014.	Sim	Sim	Art. 183, §§ 2° a 4°, art. 182 e art. 181, § 2°	Sim(D)
A contrapartida da redução da variação negativa da mais-valia de que trata o inciso II do § 3° do art. 37 da Lei n° 12.973, de 2014, anteriormente excluída, a ser adicionada por ocasião da alienação ou liquidação do investimento avaliado pelo valor de patrimônio líquido.	Sim	Sim	Art. 183, §§ 2° a 4°, art. 182, art. 181, § 2°, e art. 184	Sim(C)
A contrapartida da redução da variação positiva do ágio por rentabilidade futura (goodwill) de que trata o inciso II do § 3° do art. 37 da Lei n° 12.973, de 2014.	Sim	Sim	Art. 183, §§ 2° a 4°, art. 182 e art. 181, § 2°	Sim(D)

Capítulo – Lucro Real

Adição	IRPJ a	CSLL	IN RFB 1.700/2017	Controle Parte B
A contrapartida da redução da variação negativa do ágio por rentabilidade futura (*goodwill*) de que trata o inciso II do § 3º do art. 37 da Lei nº 12.973, de 2014, anteriormente excluída a ser adicionada por ocasião da alienação ou liquidação do investimento avaliado pelo valor de patrimônio líquido.	Sim	Sim	Art. 183, §§ 2º a 4º, art. 182, art. 181, § 2º, e art. 184	Sim(C)
A contrapartida da redução da variação positiva da menos-valia de que trata o inciso II do § 3º do art. 37 da Lei nº 12.973, de 2014, anteriormente excluída, a ser adicionada por ocasião da alienação ou liquidação do investimento avaliado pelo valor de patrimônio líquido.	Sim	Sim	Art. 183, §§ 2º a 4º, art. 182, art. 181, § 2º, e art. 184	Sim(C)
A contrapartida da redução da variação negativa da menos-valia de que trata o inciso II do § 3º do art. 37 da Lei nº 12.973, de 2014.	Sim	Sim	Art. 183, §§ 2º a 4º, art. 182 e art. 181, § 2º	Sim(D)
O ganho decorrente de avaliação pelo valor justo na investida de que trata o § 1º do art. 24-A do Decreto-Lei nº 1.598, de 1977, anteriormente excluído, a ser adicionado por ocasião da realização do ativo da investida ou liquidação ou baixa do passivo da investida, na hipótese de ter sido evidenciado contabilmente por meio de subconta vinculada à participação societária. A adição não será realizada caso a investida tenha computado o ganho respectivo na determinação do lucro real e do resultado ajustado, ou esteja desobrigada de computá-lo na determinação do lucro real e do resultado ajustado.	Sim	Sim	Art. 114, §§ 1º e 2º, e art. 115, *caput* e §§ 3º e 4º	Não
O ganho decorrente de avaliação pelo valor justo na investida de que trata o § 1º do art. 24-A do Decreto-Lei nº 1.598, de 1977, anteriormente excluído a ser adicionado por ocasião da alienação ou liquidação da participação societária, na hipótese de ter sido evidenciado contabilmente por meio de subconta vinculada à participação societária.	Sim	Sim	Art. 114, §§ 1º e 3º, e art. 115, *caput* e §§ 5º e 6º	Não

Adição	IRPJa	CSLL	IN RFB 1.700/2017	Controle Parte B
O ganho decorrente de avaliação pelo valor justo na investida de que trata o § 1º do art. 24-A do Decreto-Lei nº 1.598, de 1977, anteriormente excluído, a ser adicionado no período de apuração em que deixar de ser evidenciado contabilmente por meio de subconta vinculada à participação societária, na hipótese do ativo da investida ainda não ter sido totalmente realizado ou o passivo da investida ainda não ter sido liquidado ou baixado.	Sim	Sim	Art. 114, § 1º, e art. 115	Não
O ganho decorrente de avaliação pelo valor justo na investida de que trata o § 1º do art. 24-A do Decreto-Lei nº 1.598, de 1977, quando registrado diretamente em conta de patrimônio líquido e tiver sido evidenciado contabilmente por meio de subconta vinculada à participação societária, a ser adicionado por ocasião da realização do ativo da investida ou liquidação ou baixa do passivo da investida. A adição não será realizada caso a investida tenha computado o ganho respectivo na determinação do lucro real e do resultado ajustado, ou esteja desobrigada de computá-lo na determinação do lucro real e do resultado ajustado.	Sim	Sim	Art. 114, §§ 1º e 2º, e art. 115, caput e §§ 3º e 4º	Não
O ganho decorrente de avaliação pelo valor justo na investida de que trata o § 1º do art. 24-A do Decreto-Lei nº 1.598, de 1977, quando registrado diretamente em conta de patrimônio líquido e tiver sido evidenciado contabilmente por meio de subconta vinculada à participação societária, a ser adicionado por ocasião da alienação ou liquidação da participação societária.	Sim	Sim	Art. 114, §§ 1º e 3º, e art. 115, caput e §§ 5º e 6º	Não
O ganho decorrente de avaliação pelo valor justo na investida de que trata o § 1º do art. 24-A do Decreto-Lei nº 1.598, de 1977, quando registrado diretamente em conta de patrimônio líquido e não tiver sido evidenciado contabilmente por meio de subconta vinculada à participação societária.	Sim	Sim	Art. 114, § 1º	Sim(D)

Adição	IRPJ	CSLL	IN RFB 1.700/2017	Controle Parte B
A perda decorrente de avaliação pelo valor justo na investida de que trata o § 1º do art. 24-B do Decreto-Lei nº 1.598, de 1977, quando não registrada diretamente em conta de patrimônio líquido e tiver sido evidenciada contabilmente por meio de subconta vinculada à participação societária.	Sim	Sim	Art. 116, § 1º, e art. 117, *caput* e §§ 1º e 2º	Não
A perda decorrente de avaliação pelo valor justo na investida de que trata o § 1º do art. 24-B do Decreto-Lei nº 1.598, de 1977, quando registrada diretamente em conta de patrimônio líquido e tiver sido evidenciada contabilmente por meio de subconta vinculada à participação societária, a ser adicionada no período de apuração em que for apropriada como despesa pela investidora.	Sim	Sim	Art. 116, § 1º, e art. 117, *caput* e §§ 1º e 2º	Não
A perda decorrente de avaliação pelo valor justo na investida de que trata o § 1º do art. 24-B do Decreto-Lei nº 1.598, de 1977, quando não registrada diretamente em conta de patrimônio líquido e não tiver sido evidenciada contabilmente por meio de subconta vinculada à participação societária.	Sim	Sim	Art. 116, §§ 1º e 4º	Não
A perda decorrente de avaliação pelo valor justo na investida de que trata o § 1º do art. 24-B do Decreto-Lei nº 1.598, de 1977, quando registrada diretamente em conta de patrimônio líquido e não tiver sido evidenciada contabilmente por meio de subconta vinculada à participação societária, a ser adicionada no período de apuração em que for apropriada como despesa pela investidora.	Sim	Sim	Art. 116, §§ 1º e 4º	Não
A realização da mais-valia integrante do custo do bem ou direito que lhe deu causa, após a pessoa jurídica ter absorvido o patrimônio de outra em virtude de incorporação, fusão ou cisão, quando não atendido o disposto nos arts. 20, 24 e 25 da Lei nº 12.973, de 2014.	Sim	Sim	Art. 185, inciso I e § 1º, art. 186, inciso III e §§ 2º e 5º, e art. 189	Sim(C)

Adição	IRPJa	CSLL	IN RFB 1.700/2017	Controle Parte B
A diferença entre o valor da menos-valia registrado contabilmente na data de aquisição da participação societária e o valor lançado em contrapartida à conta que registra o bem ou direito que lhe deu causa, em decorrência do evento de incorporação, fusão ou cisão, anteriormente excluída a ser adicionada à medida que o bem ou direito que deu causa à menos-valia, transferido na incorporação, fusão ou cisão, for realizado, inclusive mediante depreciação, amortização, exaustão, alienação ou baixa, observado o disposto nos §§ 2º a 5º do art. 21 e no art. 24 da Lei nº 12.973, de 2014.	Sim	Sim	Art. 185, inciso II e § 1º, e art. 187, incisos I e III e §§ 1º e 1º-A	Sim(C)
O valor da menos-valia registrado contabilmente na data de aquisição da participação societária, anteriormente excluído a ser adicionado em quotas fixas mensais e no prazo máximo de 5 anos contados da data do evento, no caso do bem ou direito que deu causa à menos-valia não houver sido transferido, na hipótese de cisão, para o patrimônio da sucessora, observado o disposto nos §§ 2º a 5º do art. 21 e no art. 24 da Lei nº 12.973, de 2014.	Sim	Sim	Art. 185, inciso II e § 1º, e art. 187, incisos II e III e §§ 1º e 1º-A	Sim(C)
A contrapartida da redução do ágio por rentabilidade futura (*goodwill*) oriundo de investimento avaliado pelo valor de patrimônio líquido, após a pessoa jurídica ter absorvido o patrimônio de outra em virtude de incorporação, fusão ou cisão, quando o ágio for decorrente deaquisição de participação societária entre partes não dependentes e não ocorrer qualquer das situações previstas nos §§ 1º e 2º do art. 22 da Lei nº 12.973, de 2014.	Sim	Sim	Art. 185, §§ 3º e 4º, Art. 194. Anexo X, Exemplo 3	Sim (D ou C)

Capítulo – Lucro Real

Adição	IRPJ a	CSLL	IN RFB 1.700/2017	Controle Parte B
A contrapartida da redução do ágio por rentabilidade futura (*goodwill*) oriundo de investimento avaliado pelo valor de patrimônio líquido, após a pessoa jurídica ter absorvido o patrimônio de outra em virtude de incorporação, fusão ou cisão, quando o ágio for decorrente de aquisição de participação societária entre partes dependentes ou de ocorrer alguma das situações previstas nos §§ 1º e 2º do art. 22 da Lei nº 12.973, de 2014.	Sim	Sim	Art. 185, §§ 5º e 6º, e art. 194	Não
O ganho proveniente de compra vantajosa na aquisição de investimento avaliado pelo valor de patrimônio líquido, anteriormente excluído, a ser adicionado à razão de 1/60 (um sessenta avos), no mínimo, para cada mês dos períodos de apuração subsequentes ao evento de incorporação, fusão ou cisão.	Sim	Sim	Art. 185, inciso IV e §§ 1º, 7º e 8º	Sim(C)
A realização, baixa ou liquidação da variação positiva da mais-valia de que trata o inciso II do § 3º do art. 37 da Lei nº 12.973, de 2014, considerada contabilmente no custo do ativo ou no valor do passivo que lhe deu causa, após a pessoa jurídica ter absorvido o patrimônio de outra em virtude de incorporação, fusão ou cisão.	Sim	Sim	Art. 190, inciso II, alínea "a" e § 2º	Sim(C)
A contrapartida da redução da variação positiva do ágio por rentabilidade futura (*goodwill*) de que trata o inciso II do § 3º do art. 37 da Lei nº 12.973, de 2014, após a pessoa jurídica ter absorvido o patrimônio de outra em virtude de incorporação, fusão ou cisão.	Sim	Sim	Art. 183, § 2º, art. 190, inciso III e § 3º, e art. 194	Sim(C)
A realização, baixa ou liquidação da variação negativa da menos-valia de que trata o inciso II do § 3º do art. 37 da Lei nº 12.973, de 2014, considerada contabilmente no custo do ativo ou no valor do passivo que lhe deu causa, após a pessoa jurídica ter absorvido o patrimônio de outra em virtude de incorporação, fusão ou cisão.	Sim	Sim	Art. 190, inciso II, alínea "a" e § 2º	Sim(C)

Adição	IRPJ a	CSLL	IN RFB 1.700/2017	Controle Parte B
A perda decorrente de avaliação da participação societária anterior com base no valor justo na situação prevista no inciso I do art. 39 da Lei nº 12.973, de 2014.	Sim	Sim	Art. 191, inciso I	Não
A realização, baixa ou liquidação da variação positiva da mais-valia de que trata o inciso II do § 1º do art. 39 da Lei nº 12.973, de 2014, considerada contabilmente no custo do ativo ou no valor do passivo que lhe deu causa.	Sim	Sim	Art. 191, § 2º, inciso I e § 3º-A	Sim(C)
A contrapartida da redução da variação positiva do ágio por rentabilidade futura (*goodwill*) de que trata o inciso II do § 1º do art. 39 da Lei nº 12.973, de 2014.	Sim	Sim	Art. 191, §§ 3º e 3º-B, e art. 194	Sim(C)
A realização, baixa ou liquidação da variação negativa da menos-valia de que trata o inciso II do § 1º do art. 39 da Lei nº 12.973, de 2014, considerada contabilmente no custo do ativo ou no valor do passivo que lhe deu causa.	Sim	Sim	Art. 191, § 2º, inciso I e § 3º-A	Sim(C)
Ajustes decorrentes da aplicação das disposições contidas no art. 65 da Lei nº 12.973, de 2014, nas operações de incorporação, fusão e cisão ocorridas até 31 de dezembro de 2017, cuja participação societária tenha sido adquirida até 31 de dezembro de 2014.	Sim	Sim	Art. 192	Não
A parcela dos juros e outros encargos, anteriormente contabilizados como custo do ativo, associados a empréstimos contraídos para financiar a aquisição, construção ou produção de bens classificados como estoques de longa maturação, propriedade para investimentos, ativo imobilizado ou ativo intangível, excluídos, a ser adicionada no período de apuração em que o respectivo ativo for realizado, inclusive mediante depreciação, amortização, exaustão, alienação ou baixa.	Sim	Sim	Art. 145, § 4º	Sim(C)

Adição	IRPJa	CSLL	IN RFB 1.700/2017	Controle Parte B
Os juros, decorrentes de empréstimos, pagos ou creditados a empresa controlada ou coligada, independentemente do local de seu domicílio, incidentes sobre valor equivalente aos lucros não disponibilizados por empresas controladas, domiciliadas no exterior.	Sim	Sim	Art. 145, § 5°	Não
Os juros produzidos por Notas do Tesouro Nacional (NTN) emitidas para troca compulsória no âmbito do Programa Nacional de Privatização (PND) anteriormente excluídos Normativa, a serem adicionados no período do seu recebimento.	Sim	Sim	Art. 146, Parágrafo único	Sim(C)
Os juros sobre o capital próprio auferidos, no caso de não terem sido contabilizados como receita.	Sim	Sim	Art. 76, Parágrafo único	Não
O excesso de juros sobre o capital próprio pagos ou creditados de que trata o art. 9° da Lei n° 9.249, de 1995, no caso de terem sidos contabilizados como despesa.	Sim	Sim	Art. 75	Não
Em 31 de dezembro de cada ano, o resultado positivo da consolidação das parcelas de que trata o art. 78 da Lei n° 12.973, de 2014, relativas a filiais, sucursais, controladas e coligadas de investidora equiparada a controladora nos termos do art. 83 da mesma Lei, domiciliadas no exterior, observados os demais termos e condições dos Capítulos VIII e IX da Lei.	Sim	Sim	-	-
Em 31 de dezembro de cada ano, a parcela do ajuste do valor do investimento equivalente aos lucros auferidos pela filial, sucursal, controlada ou coligada de investidora equiparada a controladora nos termos do art. 83 da Lei n° 12.973, de 2014, domiciliadas no exterior, de que tratam os arts. 77 e 79, inciso I, da mesma Lei, que não tenham sido objeto da consolidação prevista no art. 78, observados os demais termos e condições dos Capítulos VIII e IX da Lei.	Sim	Sim	-	-

Adição	IRPJa	CSLL	IN RFB 1.700/2017	Controle Parte B
Em 31 de dezembro de cada ano, os lucros disponibilizados por coligada domiciliada no exterior que atenda aos requisitos estabelecidos no *caput* do art. 81 da Lei nº 12.973, de 2014, no caso da investidora coligada domiciliada no Brasil não ter feito a opção a que se refere o art. 82-A da mesma lei.	Sim	Sim	-	-
Em 31 de dezembro de cada ano, o resultado da coligada domiciliada no exterior equivalente aos lucros por ela apurados, no caso em que a investidora coligada no Brasil tenha feito a opção a que se refere o art. 82-A da Lei nº 12.973, de 2014.	Sim	Sim	-	-
Em 31 de dezembro de cada ano, o resultado da coligada domiciliada no exterior equivalente aos lucros por ela apurados, no caso de descumprimento de ao menos uma das condições previstas no *caput* do art. 81 da Lei nº 12.973, de 2014.	Sim	Sim	-	-
Na data do balanço de encerramento da liquidação da investidora domiciliada no Brasil, os lucros auferidos por suas filiais, sucursais, controladas, diretas ou indiretas, e coligadas domiciliadas no exterior, disponibilizados e ainda não tributados.	Sim	Sim	-	-
Em 31 de dezembro de cada ano, os lucros auferidos por filiais, sucursais, controladas, diretas ou indiretas, e coligadas domiciliadas no exterior, disponibilizados e ainda não tributados na investidora domiciliada no Brasil, no caso de encerramento de atividades das referidas investidas no exterior.	Sim	Sim	-	-
Em 31 de dezembro de cada ano, os lucros auferidos por filiais, sucursais, controladas, diretas ou indiretas, e coligadas domiciliadas no exterior, disponibilizados e ainda não tributados na investidora domiciliada no Brasil, em caso de evento de absorção de patrimônio dessas entidades por empresa sediada no exterior.	Sim	Sim	-	-

Capítulo – Lucro Real

Adição	IRPJ a	CSLL	IN RFB 1.700/2017	Controle Parte B
O excesso de juros sobre o capital próprio pagos ou creditados de que trata o art. 9º da Lei nº 9.249, de 1995, no caso de terem sidos contabilizados como despesa.	Sim	Sim	Art. 75	Não
Em 31 de dezembro de cada ano, o resultado positivo da consolidação das parcelas de que trata o art. 78 da Lei nº 12.973, de 2014, relativas a filiais, sucursais, controladas e coligadas de investidora equiparada a controladora nos termos do art. 83 da mesma Lei, domiciliadas no exterior, observados os demais termos e condições dos Capítulos VIII e IX da Lei.	Sim	Sim	-	-
Em 31 de dezembro de cada ano, a parcela do ajuste do valor do investimento equivalente aos lucros auferidos pela filial, sucursal, controlada ou coligada de investidora equiparada a controladora nos termos do art. 83 da Lei nº 12.973, de 2014, domiciliadas no exterior, de que tratam os arts. 77 e 79, inciso I, da mesma Lei, que não tenham sido objeto da consolidação prevista no art. 78, observados os demais termos e condições dos Capítulos VIII e IX da Lei.	Sim	Sim	-	-
Em 31 de dezembro de cada ano, os lucros disponibilizados por coligada domiciliada no exterior que atenda aos requisitos estabelecidos no *caput* do art. 81 da Lei nº 12.973, de 2014, no caso da investidora coligada domiciliada no Brasil não ter feito a opção a que se refere o art. 82-A da mesma lei.	Sim	Sim	-	-
Em 31 de dezembro de cada ano, o resultado da coligada domiciliada no exterior equivalente aos lucros por ela apurados, no caso em que a investidora coligada no Brasil tenha feito a opção a que se refere o art. 82-A da Lei nº 12.973, de 2014.	Sim	Sim	-	-
Em 31 de dezembro de cada ano, o resultado da coligada domiciliada no exterior equivalente aos lucros por ela apurados, no caso de descumprimento de ao menos uma das condições previstas no *caput* do art. 81 da Lei nº 12.973, de 2014.	Sim	Sim	-	-

Adição	IRPJa	CSLL	IN RFB 1.700/2017	Controle Parte B
Na data do balanço de encerramento da liquidação da investidora domiciliada no Brasil, os lucros auferidos por suas filiais, sucursais, controladas, diretas ou indiretas, e coligadas domiciliadas no exterior, disponibilizados e ainda não tributados.	Sim	Sim	-	-
Em 31 de dezembro de cada ano, os lucros auferidos por filiais, sucursais, controladas, diretas ou indiretas, e coligadas domiciliadas no exterior, disponibilizados e ainda não tributados na investidora domiciliada no Brasil, no caso de encerramento de atividades das referidas investidas no exterior.	Sim	Sim	-	-
Em 31 de dezembro de cada ano, os lucros auferidos por filiais, sucursais, controladas, diretas ou indiretas, e coligadas domiciliadas no exterior, disponibilizados e ainda não tributados na investidora domiciliada no Brasil, em caso de evento de absorção de patrimônio dessas entidades por empresa sediada no exterior.	Sim	Sim	-	-
Em 31 de dezembro de cada ano, os lucros auferidos por filiais, sucursais, controladas, diretas ou indiretas, e coligadas domiciliadas no exterior, disponibilizados e ainda não tributados na investidora domiciliada no Brasil, em caso de alienação do patrimônio da filial ou sucursal ou de alienação da participação societária das investidas domiciliadas no exterior.	Sim	Sim	-	-
Em 31 de dezembro de cada ano, os lucros provenientes de investimentos no exterior não avaliados pela equivalência patrimonial que tenham sido excluídos no primeiro, segundo e terceiro trimestres.	Sim	Sim	-	Sim(C)
Em 31 de dezembro de cada ano, os rendimentos e ganhos de capital auferidos no exterior que tenham sido excluídos no primeiro, segundo e terceiro trimestres.	Sim	Sim	-	Sim(C)
As perdas incorridas em operações no exterior e reconhecidas nos resultados da pessoa jurídica, inclusive as perdas de capital apuradas no exterior.	Sim	Sim	-	-

Capítulo – Lucro Real

Adição	IRPJ a	CSLL	IN RFB 1.700/2017	Controle Parte B
O valor das multas impostas por transgressões de leis de natureza não tributária.	Sim	Sim	Art. 133	Não
O valor das multas por infrações fiscais, salvo as de natureza compensatória e as impostas por infrações de que não resultem falta ou insuficiência de pagamento de tributo.	Sim	Sim	Art. 132	Não
Os resultados negativos incorridos nas operações realizadas em mercados de liquidação futura, inclusive os sujeitos a ajustes de posições, reconhecidos na escrituração contábil antes da liquidação do contrato, cessão ou encerramento da posição.	Sim	Sim	Art. 105, § 2º	Sim (D ou C)
Os resultados positivos incorridos nas operações realizadas em mercados de liquidação futura, inclusive os sujeitos a ajustes de posições, que, antes da liquidação do contrato, cessão ou encerramento da posição, foram reconhecidos na escrituração contábil e excluídos na apuração do lucro real e do resultado ajustado, a serem adicionados na data da liquidação do contrato, cessão ou encerramento da posição.	Sim	Sim	Art. 105, § 2º	Sim (D ou C)
O valor da remuneração dos serviços prestados por empregados ou similares, apropriado como custo ou despesa, cujo pagamento é objeto de acordo com pagamento baseado em ações.	Sim	Sim	Art. 161	Sim(D)
O valor da remuneração dos serviços prestados por pessoa física que não seja considerada empregado ou similar, conforme previsto no art. 33 da Lei nº 12.973, de 2014, cujo pagamento seja efetuado por meio de acordo com pagamento baseado em ações.	Sim	Sim	Art. 161, § 7º	Não
As importâncias pagas, creditadas, entregues, empregadas ou remetidas, a qualquer título, a pessoas físicas ou jurídicas residentes ou constituídas no exterior e submetidas a um tratamento de país ou dependência com tributação favorecida ou sob regime fiscal privilegiado, de que trata o art. 26 da Lei nº 12.249, de 2010.	Sim	Sim	-	Não

Adição	IRPJa	CSLL	IN RFB 1.700/2017	Controle Parte B
Os pagamentos efetuados a sociedade simples quando esta for controlada, direta ou indiretamente, por pessoas físicas que sejam diretores, gerentes ou controladores da pessoa jurídica que pagar ou creditar os rendimentos, bem como pelo cônjuge ou parente de primeiro grau das referidas pessoas.	Sim	Não	Art. 81	Não
As importâncias declaradas como pagas ou creditadas a título de comissões, bonificações, gratificações ou semelhantes, quando não for indicada a operação ou a causa que deu origem ao rendimento e quando o comprovante do pagamento não individualizar o beneficiário do rendimento, conforme disposto no art. 2º da Lei nº 3.470, de 1958.	Sim	Sim	-	Não
Os valores das participações nos lucros de debêntures e de empregados que não satisfaçam as condições de dedutibilidade previstas no art. 58 do Decreto-Lei nº 1.598, de 1977, no § 1º do art. 3º da Lei nº 10.10 1, de 2000, e no parágrafo único do art. 2º do Decreto-Lei nº 691, de 1969.	Sim	Não	-	Não
Os valores das gratificações atribuídas a administradores e dirigentese das participações nos lucros de administradores e de partes beneficiárias, conforme previsto no § 3º do art. 45 da Lei nº 4.506, de 1964, e parágrafo único do art. 58 do Decreto-Lei nº 1.598, de 1977.	Sim	Não	-	Não
As perdas apuradas nas aplicações em Fundos de Investimento em Participações em Infraestrutura (FIP-IE) e em Fundos de Investimento em Participação na Produção Econômica Intensiva em Pesquisa, Desenvolvimento e Inovação (FIP-P-D&I), conforme previsto no art. 3º da Lei nº 11 478, de 2007.	Sim	Não	-	Não

Capítulo – Lucro Real

Adição	IRPJ a	CSLL	IN RFB 1.700/2017	Controle Parte B
As perdas apuradas nas operações com os ativos a que se refere o art. 2º da Lei nº 12.431, de 2011, conforme previsto no § 4º do mesmo dispositivo legal.	Sim	Não	-	Não
As perdas apuradas nas operações com cotas dos fundos a que se refere o § 1º do art. 3º da Lei nº 12.431, de 2011, conforme previsto no § 10 do mesmo dispositivo legal.	Sim	Não	-	Não
As perdas em aplicações financeiras de renda variável de que tratamos arts. 72 ao 74 da Lei nº 8.981, de 1995, que ultrapassarem os ganhos auferidos nas operações da mesma espécie, conforme previsto no § 4º do art. 76 da lei mencionada.	Sim	Não	-	Sim(D)
As perdas incorridas em operações iniciadas e encerradas no mesmo dia (day-trade), realizadas em mercados de renda fixa ou de renda variável, conforme previsto no § 3º do art. 76 da Lei nº 8.981, de 1995.	Sim	Não	-	Não
O valor da receita reconhecida em virtude de renegociação de dívida e anteriormente excluída a ser adicionada no momento do efetivo recebimento.	Sim	Sim	Art. 74, § 3º	Sim(C)
As perdas no recebimento de créditos registradas nos termos dos arts. 9º e 10 da Lei nº 9.430, de 1996, que não tiverem sido contabilmente estornadas, no caso de desistência da cobrança pela via judicial ou se a solução da cobrança se der em virtude de acordo homologado por sentença judicial, observado o disposto nos §§ 1º a 3º do art. 10 da Lei nº 9.430, de 1996.	Sim	Sim	Art. 72, §§ 1º a 3º	Não
O valor dos encargos financeiros incidentes sobre o crédito vencido e não recebido, anteriormente excluído, a ser adicionado no período de apuração em que, para os fins legais, se tornarem disponíveis para a pessoa jurídica credora ou em que reconhecida a respectiva perda.	Sim	Sim	Art. 73, § 3º	Sim(C)

Adição	IRPJa	CSLL	IN RFB 1.700/2017	Controle Parte B
O valor dos encargos incidentes sobre o débito vencido e não pago, que tenham sido deduzidos pela pessoa jurídica devedora como despesa ou custo, incorridos a partir da data da citação inicial para o pagamento.	Sim	Sim	Art. 73, § 4º	Sim(D)
Os ajustes decorrentes da aplicação de métodos de preços de transferências de que tratam os arts. 18 ao 24-B da Lei nº 9.430, de 1996.	Sim	Sim	-	Não
O valor dos prejuízos havidos na alienação de ações, títulos ou quotas de capital integrantes do ativo circulante ou do ativo realizável a longo prazo, com deságio superior a dez por cento dos respectivos valores de aquisição, caso a venda não tenha sido realizada em bolsa de valores ou, onde esta não existir, não tenha sido efetuada por meio de leilão público, com divulgação do respectivo edital, na forma da lei, durante três dias no período de um mês, na venda efetuada por pessoa jurídica que não seja sociedade de investimento fiscalizada pelo Banco Central do Brasil.	Sim	Não	Art. 82	Não
O valor dos prêmios recebidos na emissão de debêntures anteriormente excluído, a ser adicionado quando descumpridas as condições previstas no art. 31 da Lei 12.973, de 2014.	Sim	Sim	Art. 199	Sim(C)
A parcela do valor realizado do ativo imobilizado referente à provisão para gastos de desmontagem e retirada de item do ativo ou restauração do local em que está situado.	Sim	Sim	Art. 125, § 1º	Sim(D)
A perda estimada por redução ao valor recuperável de ativos reconhecida no período de apuração. Observação: ao ágio por rentabilidade futura (goodwill) aplicam-se os ajustes previstos nos assuntos "Investimento Avaliado pelo Valor de Patrimônio Líquido" e "Combinação de Negócios, Exceto Investimento Avaliado pelo Valor de Patrimônio Líquido".	Sim	Sim	Art. 129, caput e § 3º	Sim(D)

Capítulo – Lucro Real

Adição	IRPJ a	CSLL	IN RFB 1.700/2017	Controle Parte B
As despesas de provisões ou perdas estimadas no valor de ativos não dedutíveis, conforme disposto no inciso I do art. 13 da Lei nº 9.249, de 1995, e art. 59 da Lei nº 12.973, de 2014.	Sim	Sim	Arts. 70 e 284	Sim(D)
O valor das receitas recebidas pela pessoa jurídica patrocinadora, originárias de planos de benefícios administrados por entidades fechadas de previdência complementar, que foram registradas contabilmente pelo regime de competência, na forma estabelecida pela Comissão de Valores Mobiliários ou outro órgão regulador.	Sim	Sim	Art. 136	Sim(C)
Os ajustes decorrentes da aplicação das regras de subcapitalização de que tratam os arts. 24 e 25 da Lei nº 12.249, de 2010.	Sim	Sim	-	Não
As remunerações dos sócios, diretores, administradores, titulares de empresa individual e conselheiros fiscais e consultivos, indedutíveis nos termos do § 5º do art. 47 da Lei nº 4.506, de 1964, e das alíneas "b" e "d" do § 1º do art. 43 do Decreto-Lei nº 5.844, de 1943.	Sim	Sim	Art. 78	Não
Os dispêndios de que trata o art. 74 da Lei nº 8.383, de 1991, quando pagos a beneficiários não identificados ou não individualizados, inclusive o imposto incidente na fonte.	Sim	Sim	Art. 137	Não
O valor da reserva de reavaliação realizado conforme previsto na legislação tributária.	Sim	Sim	Art. 308	Sim(C)
Os resultados não realizados positivos a que se referem o inciso I do *caput* do art. 248 e o inciso III do *caput* do art. 250 da Lei nº 6.404, de 1976, não registrados na escrituração comercial.	Sim	Sim	Art. 285, *caput* e parágrafo único, inciso I, alínea "a"	Sim(D)

Adição	IRPJa	CSLL	IN RFB 1.700/2017	Controle Parte B
Os resultados não realizados negativos a que se referem o inciso I do *caput* do art. 248 e o inciso III do *caput* do art. 250 da Lei nº 6.404, de 1976, anteriormente excluídos, a serem adicionados nos períodos de apuração em que forem registrados na escrituração comercial proporcionalmente à sua realização.	Sim	Sim	Art. 285, *caput* e parágrafo único, Inciso II, alínea "b"	Sim(C)
O valor dos *royalties* e das importâncias pagas a título de assistência técnica, científica, administrativa ou semelhante, que forem indedutíveis nos termos: (1) dos arts. 52 e 71, *caput*, alínea "a", e parágrafo único, alíneas "c" a "g", da Lei nº 4.506, de 1964; (2) do art. 50 da Lei nº 8.383, de 1991; (3) do art. 74, *caput*, da Lei nº 3.470, de 1958; (4) do art. 12 da Lei nº 4.131, de 1962; e (5) do art. 6º do Decreto-Lei nº 1.730, de 1979.	Sim	Não	Arts. 85 ao 88	Não
As contribuições não compulsórias, inclusive as destinadas a custear seguros e planos de saúde e benefícios complementares assemelhados aos da previdência social que não satisfaçam as condições de dedutibilidade da legislação.	Sim	Sim	Arts. 134 e 135	Não
O excesso, em relação ao limite de 20%, das despesas com contribuições para a previdência privada, a que se refere o inciso V do art. 13 da Lei nº 9.249, de 1995, e para os Fundos de Aposentadoria Programada Individual – FAPI, a que se refere a Lei nº 9.477, de 1997.	Sim	Sim	Art. 135	Não
O valor correspondente à variação cambial ativa cujas operações tenham sido liquidadas no período de apuração, exceto na hipótese da opção pelo regime de competência, nos termos do § 1º do art. 30 da Medida Provisória nº 2.158-35, de 2001.	Sim	Sim	Arts. 152, 158 e 159	Sim (D ou C)
O valor correspondente à variação cambial passiva reconhecida no período de apuração, exceto na hipótese da opção pelo regime de competência, nos termos do § 1º do art. 30 da Medida Provisória nº 2.158-35, de 2001.	Sim	Sim	Art. 152, 158 e 159	Sim (D ou C)

Adição	IRPJ a	CSLL	IN RFB 1.700/2017	Controle Parte B
O saldo credor existente na parte "B" do e-Lalur e do e-Lacs, na hipótese de alteração do critério de reconhecimento das variações cambiais pelo regime de caixa para o regime de competência, a ser adicionado em 31 de dezembro do ano precedente ao da opção.	Sim	Sim	Art. 157	Sim (D ou C)
A variação cambial passiva reconhecida no período de apuração com base em taxa de câmbio diferente da divulgada pelo Banco Central do Brasil (BCB), na hipótese de a pessoa jurídica utilizar taxa de câmbio diferente da divulgada pelo BCB na elaboração de suas demonstrações financeiras e optar pelo regime de competência nos termos do § 1º do art. 30 da Medida Provisória nº 2.158-35, de 2001 (alínea "a" do inciso I do item 1 do Anexo I da Instrução Normativa RFB nº 1.753, de 2017).	Sim	Sim	-	Sim (D ou C)
A variação cambial ativa que teria sido reconhecida no período de apuração com base em taxa de câmbio divulgada pelo Banco Central do Brasil (BCB), na hipótese de a pessoa jurídica utilizar taxa de câmbio diferente da divulgada pelo BCB na elaboração de suas demonstrações financeiras e optar pelo regime de competência nos termos do § 1º do art. 30 da Medida Provisória nº 2.158-35, de 2001 (alínea "c" do inciso I do item 1 do Anexo I da Instrução Normativa RFB nº 1.753, de 2017).	Sim	Sim	-	Sim (D ou C)
A variação cambial ativa reconhecida no patrimônio líquido no período de apuração, no caso de instituições financeiras e demais autorizadas a funcionar pelo Banco Central do Brasil que utilizarem o procedimento contábil para definição, apuração e registro da parcela efetiva do *hedge* de ativos e passivos financeiros não derivativos estabelecido na Resolução CMN nº 4.524, de 2016 (alínea "a" do inciso I do item 1 do Anexo III da Instrução Normativa RFB nº 1.753, de 2017).	Sim	Sim	-	Sim (D ou C)

Adição	IRPJa	CSLL	IN RFB 1.700/2017	Controle Parte B
A variação cambial passiva reclassificada para o resultado no período de apuração, no caso de instituições financeiras e demais autorizadas a funcionar pelo Banco Central do Brasil que utilizarem o procedimento contábil para definição, apuração e registro da parcela efetiva do *hedge* de ativos e passivos financeiros não derivativos estabelecido na Resolução CMN nº 4.524, de 2016 (alínea "b" do inciso I do item 1 do Anexo III da Instrução Normativa RFB nº 1.753, de 2017).	Sim	Sim	-	Sim (D ou C)
A variação cambial passiva reconhecida no período de apuração relativa aos juros a apropriar decorrentes do ajuste a valor presente de elemento do ativo referente a operação de venda a prazo.	Sim	Sim	Art. 96 *caput*, § 1º, inciso I, e § 2º. Anexo XI	Sim (D ou C)
A variação cambial passiva reconhecida no período de apuração relativa aos juros a apropriar decorrentes do ajuste a valor presente de elemento do ativo referente a operação que não seja venda a prazo.	Sim	Sim	Art. 96 *caput*, § 1º, inciso I, e § 2º	Sim (D ou C)
A variação cambial passiva reconhecida no período de apuração relativa aos juros a apropriar decorrentes do ajuste a valor presente de elemento do passivo referente a operação de aquisição a prazo de bem ou serviço contabilizado diretamente no ativo.	Sim	Sim	Art. 96 *caput*, § 1º, inciso II, e § 3º	Não
A variação cambial passiva reconhecida no período de apuração relativa aos juros a apropriar decorrentes do ajuste a valor presente de elemento do passivo referente a operação de aquisição a prazo de bem ou serviço contabilizado diretamente como despesa ou custo.	Sim	Sim	Art. 96 *caput*, § 1º, inciso III, e § 4º	Sim (D ou C)
A variação cambial passiva reconhecida no período de apuração relativa aos juros a apropriar decorrentes do ajuste a valor presente de elemento do passivo referente a operação que não seja aquisição a prazo e esteja relacionada a um ativo.	Sim	Sim	Art. 96 *caput*, § 1º, inciso II, e § 3º	Não

Capítulo – Lucro Real

Adição	IRPJ a	CSLL	IN RFB 1.700/2017	Controle Parte B
A variação cambial passiva reconhecida no período de apuração relativa aos juros a apropriar decorrentes do ajuste a valor presente de elemento do passivo referente a operação que não seja aquisição a prazo e esteja relacionada a uma despesa ou custo.	Sim	Sim	Art. 96 *caput*, § 1°, inciso III, e § 4°	Sim (D ou C)
Demais adições decorrentes da legislação tributária.	Sim	Sim	-	-

Fonte: Anexo I da IN RFB 1.700/2017

6.2 Exclusões

Exclusões	IRPJ	CSLL	IN RFB 1.700/2017	Controle Parte B
O saldo credor existente na data de adoção inicial dos arts. 1° ao 71 da Lei n° 12.973, de 2014, na conta de ajustes de avaliação patrimonial a que se refere o § 3° do art. 182 da Lei n° 6.404, de 1976, a ser excluído no período de apuração em que for reclassificado para o resultado como receita.	Sim	Sim	Art. 291 e art. 309-A, *caput* e § 2°	Sim(D)
A diferença negativa entre valores de ativo diferido na data de adoção inicial dos arts. 1° ao 71 da Lei n° 12.973, de 2014, a ser excluída em cada período de apuração proporcionalmente à parcela equivalente à amortização do ativo diferido de acordo com a normas e critérios tributários vigentes em 31 de dezembro de 2007, no caso de ativo diferido reconhecido na data de adoção inicial na contabilidade societária e cuja diferença tenha sido evidenciada contabilmente em subconta.	Sim	Sim	Art. 291, art. 302, *caput* e § 2°, e art. 307, *caput* e § 1°	Não

Exclusões	IRPJ	CSLL	IN RFB 1.700/2017	Controle Parte B
A diferença negativa entre valores de ativo diferido na data de adoção inicial dos arts. 1º ao 71 da Lei nº 12.973, de 2014, a ser excluída em cada período de apuração proporcionalmente à parcela equivalente à amortização do ativo diferido de acordo com as normas e critérios tributários vigentes em 31 de dezembro de 2007, no caso de ativo diferido não reconhecido na data de adoção inicial na contabilidade societária, mas reconhecido no FCONT.	Sim	Sim	Art. 291 e art. 302, §§ 1º e 2º	Sim(D)
O valor calculado pela divisão da diferença positiva a que se refere o inciso IV do *caput* do art. 69 da Lei nº 12.973, de 2014, pelo prazo restante, em meses, de vigência do contrato, multiplicado pelo número de meses do período de apuração, no caso de contrato de concessão de serviços públicos vigente na data de adoção inicial dos arts. 1º ao 71 dessa Lei.	Sim	Sim	Arts. 291 e 305, inciso IV	Sim(D)
A diferença negativa entre valores de ativo de que trata o *caput* do art. 67 da Lei nº 12.973, de 2014, a ser excluída à medida da realização do ativo, caso tenha sido evidenciada contabilmente em subconta a ele vinculada.	Sim	Sim	Art. 291, art. 297, *caput*, art. 298 e art. 307, *caput* e § 1º	Não
A diferença positiva entre valores de passivo de que trata o parágrafo único do art. 67 da Lei nº 12.973, de 2014, a ser excluída à medida da baixa ou liquidação do passivo, caso tenha sido evidenciada contabilmente em subconta a ele vinculada.	Sim	Sim	Art. 291, art. 297, parágrafo único, art. 299 e art. 307, *caput* e § 1º	Não
As receitas financeiras decorrentes de ajuste a valor presente de elementos do ativo de que trata o art. 4º da Lei nº 12.973, de 2014, referentes a operação de venda a prazo, a serem excluídas nos períodos de apuração em que forem apropriadas.	Sim	Sim	Art. 90, art. 91, § 2º, e art. 96, § 2º	Sim (D ou C)

Capítulo – Lucro Real

Exclusões	IRPJ	CSLL	IN RFB 1.700/2017	Controle Parte B
As receitas financeiras decorrentes de ajuste a valor presente de elementos do ativo de que trata o art. 4º da Lei nº 12.973, de 2014, referentes a operação que não seja venda a prazo, a serem excluídas nos períodos de apuração em que forem apropriadas.	Sim	Sim	Art. 90, art. 92, § 1º, e art. 96, § 2º	Sim (D ou C)
Os valores decorrentes do ajuste a valor presente de elementos do passivo de que tratam o *caput* e os incisos I, II e III do art. 5º da Lei nº 12.973, de 2014, referentes a operação de aquisição a prazo, a serem excluídos nos períodos de apuração em que ocorrerem as situações relacionadas nos incisos mencionados, observadas as demais condições estabelecidas no artigo.	Sim	Sim	Art. 93, incisos I, II e III e §§ 1º e 2º, e art. 94, §§ 6º e 9º	Não
Os valores decorrentes do ajuste a valor presente de elementos do passivo de que tratam o *caput* e os incisos IV e V do art. 5º da Lei nº 12.973, de 2014, referentes a operação de aquisição a prazo, a serem excluídos nos períodos de apuração em que ocorrerem as situações relacionadas nos incisos mencionados, observadas as demais condições estabelecidas no artigo.	Sim	Sim	Art. 93, incisos IV e V e § 2º e art. 94, §§ 11, 13 e 14	Sim (D ou C)
Os valores decorrentes do ajuste a valor presente de elementos do passivo de que trata o *caput* do art. 5º da Lei nº 12.973, de 2014, referentes a operação que não seja aquisição a prazo e que esteja relacionada a um ativo, a serem excluídos à medida da realização deste ativo, e desde que o valor realizado seja dedutível.	Sim	Sim	Art. 93, incisos I, II e III e §§ 1º e 2º, e art. 95, §§ 2º ao 5º	Não
Os valores decorrentes do ajuste a valor presente de elementos do passivo de que trata o *caput* do art. 5º da Lei nº 12.973, de 2014, referentes a operação que não seja aquisição a prazo e que esteja relacionada a uma despesa ou custo, a serem excluídos no período de apuração em que a despesa ou custo forem incorridos, e desde que a despesa ou o custo sejam dedutíveis.	Sim	Sim	Art. 93, incisos IV e V e § 2º, e art. 95, §§ 7º, 9º e 10	Sim (D ou C)

Exclusões	IRPJ	CSLL	IN RFB 1.700/2017	Controle Parte B
O valor do aporte de recursos efetivado pelo Poder Público em função de contrato de parceria público-privada nos termos do § 2º do art. 6º da Lei nº 11.079, de 2004.	Sim	Sim	Art. 171, *caput*	Sim(C)
O valor dos créditos utilizados correspondentes às dívidas novadas do Fundo de Compensação de Variações Salariais, como contrapartida da aquisição de bens e direitos no âmbito do PND, conforme disposto no art. 9º da Lei nº 10.150, de 2000.	Sim	Sim	-	Não
O resultado negativo das operações de arrendamento mercantil em que haja transferência substancial dos riscos e benefícios inerentes à propriedade do ativo e que não esteja sujeito ao tratamento tributário previsto pela Lei nº 6.099, de 1974, proporcionalmente ao valor da contraprestação, conforme previsto no *caput* do art. 46 da Lei nº 12.973, de 2014.	Sim	Sim	Art. 173, §§ 1º e 6º	Não
Os ajustes, previstos no § 1º do art. 46 da Lei nº 12.973, de 2014, das operações de arrendamento mercantil em que haja transferência substancial dos riscos e benefícios inerentes à propriedade do ativo e que não esteja sujeito ao tratamento tributário previsto pela Lei nº 6.099, de 1974, decorrentes da neutralização dos novos métodos e critérios contábeis, cuja tributação deva ser o resultado proporcional ao valor da contraprestação.	Sim	Sim	Art. 173, §§ 1º, 7º e 9º	Não
O resultado negativo de contrato não tipificado como arrendamento mercantil que contenha elementos contabilizados como arrendamento mercantil por força de normas contábeis e da legislação comercial, em que haja transferência substancial dos riscos e benefícios inerentes à propriedade do ativo, proporcionalmente ao valor da contraprestação, conforme previsto no *caput* do art. 46 e no inciso III do art. 49 da Lei nº 12.973, de 2014.	Sim	Sim	Art. 173, §§ 1º, 3º e 6º	Não

Capítulo – Lucro Real 57

Exclusões	IRPJ	CSLL	IN RFB 1.700/2017	Controle Parte B
Os ajustes, previstos no § 1º do art. 46 e no inciso III do art. 49 da Lei nº 12.973, de 2014, decorrentes da neutralização dos novos métodos e critérios contábeis, de contrato não tipificado como arrendamento mercantil que contenha elementos contabilizados como arrendamento mercantil por força de normas contábeis e da legislação comercial, em que haja transferência substancial dos riscos e benefícios inerentes à propriedade do ativo, cuja tributação deva ser o resultado proporcional ao valor da contraprestação.	Sim	Sim	Art. 173, §§ 1º, 3º, 7º e 9º	Não
As contraprestações pagas ou creditadas por força de contrato de arrendamento mercantil em que haja transferência substancial dos riscos e benefícios inerentes à propriedade do ativo, inclusive as despesas financeiras nelas consideradas e adicionadas conforme item A.028 do Anexo I desta Instrução Normativa, atendidas as condições do art. 47 da Lei nº 12.973, de 2014.	Sim	Sim	Art. 175, inciso I e §§ 1º e 4º	Não
As contraprestações pagas ou creditadas, inclusive as despesas financeiras nelas consideradas e adicionadas conforme item A.029 do Anexo I desta Instrução Normativa, em contratos que, embora não tipificados como arrendamento mercantil, contenham elementos contabilizados como arrendamento mercantil por força de normas contábeis e da legislação comercial, e em que haja transferência substancial dos riscos e benefícios inerentes à propriedade do ativo, atendidas as condições do art. 47 da Lei nº 12.973, de 2014.	Sim	Sim	Art. 175, inciso I, e §§ 1º, 3º e 4º	Não
As variações monetárias ativas decorrentes da atualização em função da taxa de câmbio ou de índices ou coeficientes aplicáveis por disposição legal ou contratual das contraprestações a pagar e respectivos saldos de juros a apropriar decorrentes de ajuste a valor presente que tiverem sido computadas nas contraprestações excluídas.	Sim	Sim	Art. 175, §§ 1º e 8º	Não

Exclusões	IRPJ	CSLL	IN RFB 1.700/2017	Controle Parte B
As variações monetárias ativas decorrentes da atualização em função da taxa de câmbio ou de índices ou coeficientes aplicáveis por disposição legal ou contratual das contraprestações a pagar e respectivos saldos de juros a apropriar decorrentes de ajuste a valor presente que tiverem sido computadas nas contraprestações excluídas referentes a contratos que, embora não tipificados como arrendamento mercantil, contenham elementos contabilizados como arrendamento mercantil por força de normas contábeis e da legislação comercial.	Sim	Sim	Art. 175, §§ 1º, 3º e 8º	Não
O lucro bruto decorrente da venda, a prazo ou em prestações, de unidade imobiliária, cuja tributação venha a ser diferida nos termos do art. 29 do Decreto-Lei nº 1.598, de 1977.	Sim	Sim	-	Sim(C)
A parcela do lucro bruto decorrente da avaliação a valor justo de unidades imobiliárias recebidas em operações de permuta, conforme disposto no § 3º do art. 27 do Decreto-Lei nº 1.598, de 1977.	Sim	Sim	-	Sim(C)
O ganho decorrente de avaliação de ativo ou passivo com base no valor justo controlado por meio de subconta nos termos do *caput* do art. 13 da Lei nº 12.973, de 2014, no período de apuração em que for apropriado como receita.	Sim	Sim	Art. 97, *caput* e §§11 e 12; art. 98, *caput* e § 2º; art. 99, *caput* e § 2º, art. 100, único, e art. 119, §§ 1º, 3º e 4º	Não

Exclusões	IRPJ	CSLL	IN RFB 1.700/2017	Controle Parte B
O ganho decorrente de avaliação de ativo ou passivo com base no valor justo não controlado por meio de subconta conforme *caput* do art. 13 da Lei nº 12.973, de 2014, e anteriormente adicionado a ser excluído no período de apuração em que for apropriado como receita.	Sim	Sim	Art. 97, art. 118, parágrafo único, e art. 119, §§ 1º, 3º e 4º. Anexo IV, Exemplos 4 (c), 5 (d) e 6 (d) Exemplos 2 (c), 3 (c), 5 (c) e 6 (c).	Sim(D)
A perda decorrente de avaliação de ativo ou passivo com base no valor justo controlada por meio de subconta conforme *caput* do art. 14 da Lei nº 12.973, de 2014, a ser excluída nos períodos de apuração e na proporção em que o ativo for realizado ou o passivo for liquidado ou baixado, nos termos e condições do art. 14 da Lei nº 12.973, de 2014.	Sim	Sim	Art. 102, art. 103, § 5º, art. 104, § 4º, art. 118, parágrafo único, e art. 119, §§ 2º, 3º e 5º	Não
O ganho decorrente de avaliação com base no valor justo de bem do ativo incorporado ao patrimônio de outra pessoa jurídica, na subscrição em bens de capital social ou de valores mobiliários, controlado por meio de subconta nos termos do *caput* do art. 17 da Lei nº 12.973, de 2014, a ser excluído no período de apuração em que for apropriado como receita.	Sim	Sim	Art. 110, *caput*; e art. 111, *caput* e § 2º	Não

Exclusões	IRPJ	CSLL	IN RFB 1.700/2017	Controle Parte B
O ganho decorrente de avaliação com base no valor justo de bem do ativo incorporado ao patrimônio de outra pessoa jurídica, na subscrição em bens de capital social ou de valores mobiliários, não controlado por meio de subconta nos termos do *caput* do art. 17 da Lei nº 12.973, de 2014, e anteriormente adicionado a ser excluído no período de apuração em que for apropriado como receita. O valor: a) do ganho decorrente de avaliação com base no valor justo de bem do ativo incorporado ao patrimônio de outra pessoa jurídica, na subscrição em bens de capital social ou de valores mobiliários, na hipótese de: a1) não ser controlado por meio de subconta conforme *caput* do art. 17 da Lei nº 12.973, de 2014; a2) haver prejuízo fiscal (ou base de cálculo negativa da CSLL) antes do cômputo do ganho; e a3) o prejuízo fiscal (ou base de cálculo negativa da CSLL) antes do cômputo do ganho ser maior ou igual ao ganho; ou b) do prejuízo fiscal (ou base de cálculo negativa da CSLL) antes do cômputo do ganho, na hipótese de: b1) o ganho decorrente de avaliação com base no valor justo de bem do ativo incorporado ao patrimônio de outra pessoa jurídica, na subscrição em bens de capital social ou de valores mobiliários, não ser controlado por meio de subconta conforme *caput* do art. 17 da Lei nº 12.973, de 2014; b2) haver prejuízo fiscal (ou base de cálculo negativa da CSLL) antes do cômputo do ganho; e b3) o prejuízo fiscal (ou base de cálculo negativa da CSLL) antes do cômputo do ganho ser menor que o ganho.	Sim	Sim	Art. 110, §§ 2º, 3º A e § 6º, I e II, 'a', e § 8º, I e II, 'a'	Sim(D)

Exclusões	IRPJ	CSLL	IN RFB 1.700/2017	Controle Parte B
A perda decorrente de avaliação com base no valor justo de bem do ativo incorporado ao patrimônio de outra pessoa jurídica, na subscrição em bens de capital social ou de valores mobiliários, controlada por meio de subconta conforme *caput* do art. 18 da Lei nº 12.973, de 2014, a ser excluída nos períodos de apuração em que ocorrerem as hipóteses dos incisos I a III do *caput* do art. 18 da Lei nº 12.973, de 2014, observada as condições desse artigo.	Sim	Sim	Arts 112 e 113, § 4º	Não
O ganho proveniente de compra vantajosa que não seja oriundo de aquisição de investimento avaliado pelo valor de patrimônio líquido.	Sim	Sim	Art. 195	Sim(C)
O lucro decorrente da receita reconhecida pela construção, recuperação, reforma, ampliação ou melhoramento da infraestrutura, cuja contrapartida for ativo financeiro, no caso de contrato de concessão de serviços públicos de que trata o art. 36 da Lei nº 12.973, de 2014.	Sim	Sim	Art. 168, *caput* e § 2º, inciso I	Sim(C)
As receitas financeiras decorrentes do ajuste a valor presente do ativo financeiro de que trata o art. 36 da Lei nº 12.973, de 2014, nos períodos de apuração em que forem apropriadas.	Sim	Sim	Art. 169, *caput* e § único, inciso I	Sim (D ou C)
O resultado decorrente da receita reconhecida pela construção, recuperação, reforma, ampliação ou melhoramento da infraestrutura, cuja contrapartida for ativo intangível representativo do direito de exploração, no caso de contrato de concessão de serviços públicos de que trata o art. 35 da Lei nº 12.973, de 2014.	Sim	Sim	Art. 167, *caput* e § 2º	Sim(C)
A diferença de resultados decorrente da utilização de critério distinto dos previstos no § 1º do art. 10 do Decreto-Lei nº 1.598, 1977, para determinação da porcentagem do contrato ou da produção executada.	Sim	Sim	Art. 164, inciso II, alínea "a"	Sim (D ou C)

Exclusões	IRPJ	CSLL	IN RFB 1.700/2017	Controle Parte B
A parcela do lucro da empreitada ou fornecimento, contratado com pessoa jurídica de direito público, ou empresa sob seu controle, empresa pública, sociedade de economia mista ou sua subsidiária, computado no resultado do período de apuração, proporcional à receita dessas operações considerada nesse resultado e não recebida até a data de encerramento do mesmo período de apuração, conforme disposto na alínea "a" do § 3º do art. 10 do Decreto-Lei nº 1.598, de 1977.	Sim	Sim	-	Sim(C)
Os resultados positivos das operações realizadas com seus associados, no caso de sociedades cooperativas que obedecerem ao disposto na legislação específica e que não tenham por objeto a compra e fornecimento de bens aos consumidores.	Sim	Sim	Arts. 23 e 25	Não
O valor das cotas de fundo que tenha por único objetivo a cobertura suplementar dos riscos do seguro rural nas modalidades agrícola, pecuária, aquícola e florestal, as quais sejam adquiridas por seguradoras, resseguradoras e empresas agroindustriais, conforme disposto no art. 8º da Lei Complementar nº 137, de 2010.	Sim	Sim	-	Não
A diferença negativa entre a receita que teria sido reconhecida e mensurada conforme a legislação tributária e os critérios contábeis anteriores e a receita reconhecida e mensurada conforme o CPC 47, no caso de a pessoa jurídica adotar procedimento contábil estabelecido do CPC 47 que cause a referida diferença (itens 1, 2, 3 e 13, inciso II, do Anexo IV da Instrução Normativa RFB nº 1.753, de 2017).	Sim	Sim	-	Sim (D ou C)

Capítulo – Lucro Real

Exclusões	IRPJ	CSLL	IN RFB 1.700/2017	Controle Parte B
A diferença positiva entre o custo ou a despesa que teria sido reconhecida e mensurada conforme a legislação tributária e os critérios contábeis anteriores e o custo ou a despesa reconhecida e mensurada conforme o CPC 47, no caso de a pessoa jurídica adotar procedimento contábil estabelecido do CPC 47 que cause a referida diferença (itens 1, 2, 3 e 17, inciso I, do Anexo IV da Instrução Normativa RFB nº 1.753, de 2017).	Sim	Sim	-	Sim (D ou C)
A diferença entre a quota de depreciação calculada com base no prazo de vida útil admissível estabelecido no Anexo III da IN RFB 1.700/2017 – Tabela de Quotas de Depreciação e a quota de depreciação registrada na contabilidade da pessoa jurídica.	Sim	Sim	Art. 124, § 4º	Sim(C)
Os custos incorridos associados às transações destinadas à obtenção de recursos próprios, mediante a distribuição primária de ações ou bônus de subscrição, contabilizados no patrimônio líquido.	Sim	Sim	Art. 162	Não
A remuneração, os encargos, as despesas e demais custos, contabilizados no patrimônio líquido, referentes a instrumentos de capital ou de dívida subordinada, emitidos pela pessoa jurídica, exceto na forma de ações.	Sim	Sim	Art. 163	Não
As despesas de organização pré-operacionais ou pré-industriais e de expansão das atividades industriais, adicionadas conforme *caput* do art. 11 da Lei nº 12.973, de 2014, a serem excluídas na forma, prazo e períodos de apuração previstos no parágrafo único desse artigo.	Sim	Sim	Art. 128, § 1º	Sim(D)
O valor das doações e subvenções para investimentos recebidas do Poder Público reconhecido no resultado, desde que atendidas as condições previstas no art. 30 da Lei nº 12.973, de 2014.	Sim	Sim	Art. 198	Sim(C)

Exclusões	IRPJ	CSLL	IN RFB 1.700/2017	Controle Parte B
As subvenções governamentais de que trata o art. 30 da Lei nº 12.350, de 2010, contabilizadas como receita do período, observadas as condições estabelecidas nesse artigo.	Sim	Sim	-	Sim(C)
Parcela do lucro proporcional à receita não recebida no período de apuração, decorrente da venda de bens do ativo não circulante classificados como investimentos, imobilizado ou intangível, para recebimento do preço, no todo ou em parte, após o término do ano-calendário seguinte ao da contratação.	Sim	Sim	Art. 200, § 2º	Sim(C)
O valor da compensação fiscal efetuada pelas emissoras de rádio e televisão pela cedência do horário gratuito, conforme disposto no *caput* e § 1º do art. 99 da Lei nº 9.504, de 1997.	Sim	Não	-	Não
O valor pago ou revertido como receita referente aos impostos e contribuições cuja exigibilidade estava suspensa nos termos dos incisos II a V do art. 151 da Lei nº 5.172, de 1966 – Código Tributário Nacional, anteriormente adicionado.	Sim	Sim	Art. 131, § 1º	Sim(D)
A quota de amortização acelerada incentivada referente aos dispêndios relativos à aquisição de bens intangíveis, vinculados exclusivamente às atividades de pesquisa tecnológica e desenvolvimento de inovação tecnológica, conforme disposto no inciso IV do art. 17 da Lei nº 11.196, de 2005.	Sim	Não	-	Sim(C)
A quota de depreciação acelerada de bem integrante do ativo imobilizado, exceto a terra nua, utilizado na exploração da atividade rural, em montante igual à diferença entre o custo de aquisição do bem e o respectivo encargo de depreciação constante da escrituração comercial no ano de aquisição do ativo.	Sim	Sim	Art. 260, §§ 1º e 2º	Sim(C)

Capítulo – Lucro Real

Exclusões	IRPJ	CSLL	IN RFB 1.700/2017	Controle Parte B
A diferença entre o custo de aquisição e a depreciação acumulada até a época em que o bem integrante do ativo imobilizado, exceto a terra nua, esteja retornando à utilização na exploração da atividade rural, no caso do bem ter sido anteriormente desviado exclusivamente para utilização em outras atividades.	Sim	Sim	Art. 260, § 8º	Sim(C)
A quota de depreciação acelerada de máquinas, equipamentos, aparelhos e instrumentos, novos, destinados à utilização nas atividadesde pesquisa tecnológica e desenvolvimento de inovação tecnológica, conforme disposto no inciso III do art. 17 da Lei nº 11.196, de 2005.	Sim	Sim	-	Sim(C)
A quota da depreciação acelerada incentivada concedida às pessoas jurídicas que tenham projeto aprovado para instalação, ampliação, modernização ou diversificação enquadrado em setores da economia considerados prioritários para o desenvolvimento regional, em microrregiões menos desenvolvidas localizadas nas áreas de atuação da Superintendência do Desenvolvimento do Nordeste – SUDENE e da Superintendência de Desenvolvimento da Amazônia – SUDAM, conforme disposto no art. 31 da Lei nº 11.196, de 2005.	Sim	Não	-	Sim(C)
A quota de depreciação acelerada de veículos automóveis para transporte de mercadorias e de vagões, locomotivas, locotratores e tênderes, nos termos do art. 1º da Lei nº 12.788, de 2013.	Sim	Não	-	Sim(C)

Exclusões	IRPJ	CSLL	IN RFB 1.700/2017	Controle Parte B
O saldo não depreciado ou não amortizado dos dispêndios incorridos em instalações fixas e na aquisição de aparelhos, máquinas e equipamentos, destinados à utilização em projetos de pesquisa e desenvolvimento tecnológico, metrologia, normalização técnica e avaliação da conformidade, aplicáveis a produtos, processos, sistemas e pessoal, procedimentos de autorização de registros, licenças, homologações e suas formas correlatas, bem como relativos a procedimentos de proteção de propriedade intelectual, no período de apuração em que for concluída sua utilização, conforme disposto no art. 20 da Lei nº 11.196, de 2005.	Sim	Não	-	Sim(C)
A quota da exaustão acelerada incentivada de ativo formado mediante gastos aplicados nas atividades de desenvolvimento para viabilizar a produção de campo de petróleo ou de gás natural, nos termos dos §§ 2º e 3º do art. 1º da Lei nº 13.586, de 2017.	Sim	Sim	-	Sim(C)
O valor correspondente aos custos e despesas com capacitação de pessoal que atua no desenvolvimento de programas de computador (software), pelas empresas dos setores de tecnologia da informação – TI e de tecnologia da informação e da comunicação – TIC, limitado ao valor do lucro real antes da própria exclusão, vedado o aproveitamento de eventual excesso em período de apuração posterior, conforme disposto no art. 13-A da Lei nº 11.774, de 2008.	Sim	Não	-	Não
Os gastos com desenvolvimento de inovação tecnológica registrados no ativo não circulante intangível, nos termos do art. 42 da Lei nº 12.973, de 2014.	Sim	Sim	Art. 127	Sim(C)

Capítulo – Lucro Real

Exclusões	IRPJ	CSLL	IN RFB 1.700/2017	Controle Parte B
Até o exercício 2019, inclusive, as quantias referentes a investimento em projeto previamente aprovado pela ANCINE para a produção de obra audiovisual brasileira de produção independente e para produção (em áreas específicas) cinematográfica de exibição, distribuição e infraestrutura técnica, cujo projeto tenha sido apresentado por empresa brasileira, conforme disposto *caput* e nos §§ 4º e 5º do art. 1º da Lei nº 8.685, de 1993.	Sim	Não	-	Não
As importâncias recebidas pela microempresa e empresa de pequeno porte pela execução de projeto de pesquisa tecnológica e desenvolvimento de inovação tecnológica por encomenda, desde que utilizadas integralmente na realização do projeto, conforme disposto no § 2º do art. 18 da Lei nº 11.196, de 2005.	Sim	Sim	-	Sim (D ou C)
Até 31 de dezembro de 2018, as receitas próprias da construção de unidades habitacionais de valor comercial de até R$ 100.000,00 contratada no âmbito do Programa Minha Casa, Minha Vida – PMCMV, com opção pelo pagamento unificado de tributos de que trata o art. 2º da Lei nº 12.024, de 2009.	Sim	Sim	-	Não
As receitas próprias da incorporação imobiliária sujeita ao Regime Especial de Tributação – RET de que trata a Lei nº 10.931, de 2004.	Sim	Sim	-	Não
Até 31 de dezembro de 2018, as receitas próprias da construção ou reforma de estabelecimentos de educação infantil sujeita ao Regime Especial de Tributação – RET de que tratam os arts. 24 ao 27 da Lei nº 12.715, de 2012.	Sim	Sim	-	Não

Exclusões	IRPJ	CSLL	IN RFB 1.700/2017	Controle Parte B
Até 31 de dezembro de 2018, as receitas próprias da alienação de unidades habitacionais de valor comercial de até R$ 100.000,00 integrantes da incorporação imobiliária contratada no âmbito do Programa Minha Casa, Minha Vida – PMCMV sujeita ao Regime Especial de Tributação – RET de que tratam os §§ 6º e 7º do art. 4º da Lei nº 10.931, de 2004.	Sim	Sim	-	Não
Os dispêndios efetivados em projeto de pesquisa científica e tecnológica e de inovação tecnológica a ser executado por Instituição Científica e Tecnológica – ICT ou por entidades científicas e tecnológicas privadas, sem fins lucrativos, no valor e nas condições previstas no art. 19-A da Lei nº 11.196, de 2005.	Sim	Sim	-	Não
O valor correspondente aos dispêndios realizados no período de apuração com pesquisa tecnológica e desenvolvimento de inovação tecnológica, relativamente às atividades de informática e automação, determinado conforme os §§ 1º e 2º do art. 26 da Lei nº 11.196, de 2005, e observadas as demais condições previstas no artigo mencionado.	Sim	Sim	-	Não
O valor correspondente a até 60% ou 80%, conforme o caso, da soma dos dispêndios realizados no período de apuração com pesquisa tecnológica e desenvolvimento de inovação tecnológica, classificáveis como despesa pela legislação do imposto, observado o disposto no art. 19 e seus §§ 1º, 2º, 5º e 6º da Lei nº 11.196, de 2005.	Sim	Sim	-	Não
O valor correspondente a até 20% da soma dos dispêndios ou pagamentos vinculados à pesquisa tecnológica e desenvolvimento de inovação tecnológica objeto de patente concedida ou cultivar registrado, observado o disposto no art. 19 e seus §§ 3º, 4º, 5º e 6º da Lei nº 11.196, de 2005.	Sim	Sim	-	Não

Exclusões	IRPJ	CSLL	IN RFB 1.700/2017	Controle Parte B
A contrapartida referente ao ajuste proveniente do aumento do valor de investimento avaliado pelo valor de patrimônio líquido, quando registrada em conta de resultado.	Sim	Sim	Art. 181	Não
O ganho proveniente de compra vantajosa na aquisição de investimento avaliado pelo valor de patrimônio líquido.	Sim	Sim	Art. 178, §§ 10 e 11	Sim(C)
A contrapartida da redução da mais-valia, anteriormente adicionada conforme item A.099 do Anexo I desta Instrução Normativa, a ser excluída por ocasião da alienação ou liquidação do investimento avaliado pelo valor de patrimônio líquido, observado o disposto no inciso I do art. 117 da Lei nº 5.172, de 1966.	Sim	Sim	Art. 182, art. 181, § 2º, e arts. 184 e 196	Sim(D)
A contrapartida da redução do ágio por rentabilidade futura (*goodwill*), adicionada conforme item A.100 do Anexo I desta Instrução Normativa, a ser excluída por ocasião da alienação ou liquidação de investimento avaliado pelo valor de patrimônio líquido, observado o disposto no inciso I do art. 117 da Lei nº 5.172, de 1966.	Sim	Sim	Art. 182, art. 181, § 2º, e arts. 184 e 196. Anexo X, Exemplo 3	Sim (D ou C)
A contrapartida da redução da menos-valia de investimento avaliado pelo valor de patrimônio líquido.	Sim	Sim	Art. 182 e art. 181, § 2º	Sim(C)
O ganho reconhecido no resultado por variação na porcentagem de participação no capital social da pessoa jurídica investida.	Sim	Sim	Art. 184, § 2º	Não
O ganho decorrente de avaliação da participação societária anterior com base no valor justo na aquisição de participação societária em estágios de que trata o inciso I do art. 37 da Lei nº 12.973, de 2014.	Sim	Sim	Art. 183, inciso I e § 4º	Sim(C)

Exclusões	IRPJ	CSLL	IN RFB 1.700/2017	Controle Parte B
O ganho decorrente do excesso do valor justo dos ativos líquidos da investida, na proporção da participação anterior, em relação ao valor dessa participação avaliada a valor justo, na aquisição de participação societária em estágios de que trata o inciso III do art. 37 da Lei nº 12.973, de 2014.	Sim	Sim	Art. 183, inciso III e § 4º	Sim(C)
A perda na aquisição de participação societária em estágios de que trata o inciso II do art. 37 da Lei nº 12.973, de 2014, anteriormente adicionada conforme item A.105 do Anexo I desta Instrução Normativa, a ser excluída por ocasião da alienação ou baixa do investimento.	Sim	Sim	Art. 183, inciso II e § 4º	Sim(D)
A contrapartida da redução da variação positiva da mais-valia de que trata o inciso II do § 3º do art. 37 da Lei nº 12.973, de 2014, anteriormente adicionada conforme item A.106 do Anexo I desta Instrução Normativa, a ser excluída por ocasião da alienação ou liquidação do investimento avaliado pelo valor de patrimônio líquido.	Sim	Sim	Art. 183, §§ 2º ao 4º, art. 182, art. 181, § 2º, e art. 184	Sim(D)
A contrapartida da redução da variação negativa da mais-valia de que trata o inciso II do § 3º do art. 37 da Lei nº 12.973, de 2014.	Sim	Sim	Art. 183, §§ 2º ao 4º, art. 182 e art. 181, § 2º	Sim(C)
A contrapartida da redução da variação positiva do ágio por rentabilidade futura (*goodwill*) de que trata o inciso II do § 3º do art. 37 da Lei nº 12.973, de 2014, anteriormente adicionada, a ser excluída por ocasião da alienação ou liquidação do investimento avaliado pelo valor de patrimônio líquido.	Sim	Sim	Art. 183, §§ 2º ao 4º, art. 182, art. 181, § 2º, e art. 184	Sim(D)
A contrapartida da redução da variação negativa do ágio por rentabilidade futura (*goodwill*) de que trata o inciso II do § 3º do art. 37 da Lei nº 12.973, de 2014.	Sim	Sim	Art. 183, §§ 2º ao 4º, art. 182 e art. 181, § 2º	Sim(C)

Exclusões	IRPJ	CSLL	IN RFB 1.700/2017	Controle Parte B
A contrapartida da redução da variação positiva da menos-valia de que trata o inciso II do § 3º do art. 37 da Lei nº 12.973, de 2014.	Sim	Sim	Art. 183, §§ 2º ao 4º, art. 182 e art. 181, § 2º	Sim(C)
A contrapartida da redução da variação negativa da menos-valia de que trata o inciso II do § 3º do art. 37 da Lei nº 12.973, de 2014, anteriormente adicionada a ser excluída por ocasião da alienação ou liquidação do investimento avaliado pelo valor de patrimônio líquido.	Sim	Sim	Art. 183, §§ 2º ao 4º, art. 182, art. 181, § 2º, e art. 184	Sim(D)
O ganho decorrente de avaliação pelo valor justo na investida de que trata o § 1º do art. 24-A do Decreto-Lei nº 1.598, de 1977, quando não registrado diretamente em conta de patrimônio líquido e tiver sido evidenciado contabilmente por meio de subconta vinculada à participação societária.	Sim	Sim	Art. 114, § 1º, e art. 115, *caput* e §§ 1º e 2º	Não
O ganho decorrente de avaliação pelo valor justo na investida de que trata o § 1º do art. 24-A do Decreto-Lei nº 1.598, de 1977, quando registrado diretamente em conta de patrimônio líquido e tiver sido evidenciado contabilmente por meio de subconta vinculada à participação societária, a ser excluído no período de apuração em que for apropriado como receita pela investidora.	Sim	Sim	Art. 114, § 1º, e art. 115, *caput* e §§ 1º e 2º	Não
O ganho decorrente de avaliação pelo valor justo na investida de que trata o § 1º do art. 24-A do Decreto-Lei nº 1.598, de 1977, anteriormente adicionado a ser excluído no período de apuração em que for apropriado como receita pela investidora.	Sim	Sim	Art. 114, § 1º	Sim(D)

Exclusões	IRPJ	CSLL	IN RFB 1.700/2017	Controle Parte B
A perda decorrente de avaliação pelo valor justo na investida de que trata o § 1º do art. 24-B do Decreto-Lei nº 1.598, de 1977, anteriormente adicionada conforme item A.118 do Anexo I desta Instrução Normativa, a ser excluída por ocasião da realização do ativo da investida ou liquidação ou baixa do passivo da investida, na hipótese de ter sido evidenciada contabilmente por meio de subconta vinculada à participação societária. A exclusão não poderá ser realizada caso a investida tenha deduzido a perda respectiva na determinação do lucro real e do resultado ajustado, ou esteja impedida de deduzi-la na determinação do lucro real e do resultado ajustado.	Sim	Sim	Art. 116, §§ 1º e 2º, e art. 117, *caput* e §§ 3º e 4º	Não
A perda decorrente de avaliação pelo valor justo na investida de que trata o § 1º do art. 24-B do Decreto-Lei nº 1.598, de 1977, anteriormente adicionada, a ser excluída por ocasião da alienação ou liquidação da participação societária, na hipótese de ter sido evidenciada contabilmente por meio de subconta vinculada à participação societária.	Sim	Sim	Art. 116, §§ 1º e 3º, e art. 117, *caput* e §§ 5º e 6º	Não
A perda decorrente de avaliação pelo valor justo na investida de que trata o § 1º do art. 24-B do Decreto-Lei nº 1.598, de 1977, quando registrada diretamente em conta de patrimônio líquido e tiver sido evidenciada contabilmente por meio de subconta vinculada à participação societária, a ser excluída por ocasião da realização do ativo da investida ou liquidação ou baixa do passivo da investida. A exclusão não poderá ser realizada caso a investida tenha deduzido a perda respectiva na determinação do lucro real e do resultado ajustado, ou esteja impedida de deduzi-la na determinação do lucro real e do resultado ajustado.	Sim	Sim	Art. 116, §§ 1º e 2º, e art. 117, *caput* e §§ 3º e 4º	Não

Exclusões	IRPJ	CSLL	IN RFB 1.700/2017	Controle Parte B
A perda decorrente de avaliação pelo valor justo na investida de que tratao § 1º do art. 24-B do Decreto-Lei nº 1.598, de 1977, quando registrada diretamente em conta de patrimônio líquido e tiver sido evidenciada contabilmente por meio de subconta vinculada à participação societária, a ser excluída por ocasião da alienação ou liquidação da participação societária.	Sim	Sim	Art. 116, §§ 1º e 3º, e art. 117, *caput* e §§ 5º e 6º	Não
A diferença entre o valor da mais-valia registrado contabilmente na data de aquisição da participação societária e o valor lançado em contrapartida à conta que registra o bem ou direito que lhe deu causa, em decorrência do evento de incorporação, fusão ou cisão, anteriormente adicionada conforme item A.099 do Anexo I desta Instrução Normativa, a ser excluída à medida que o bem ou direito que deu causa à mais-valia, transferido na incorporação, fusão ou cisão, for realizado, inclusive mediante depreciação, amortização, exaustão, alienação ou baixa, observado o disposto nos §§ 2º ao 5º do art. 20 e nos arts. 24 e 25 da Lei nº 12.973, de 2014, e o inciso I do art. 117 da Lei nº 5.172, de 1966.	Sim	Sim	Art. 185, inciso I e § 1º, art. 186, inciso I e §§ 1º e 1º-A, e arts. 189 e 196	Sim(D)
O valor da mais-valia registrado contabilmente na data de aquisição da participação societária, anteriormente adicionado conforme item A.099 do Anexo I desta Instrução Normativa, a ser excluído em quotas fixas mensais e no prazo mínimo de 5 anos contados da data do evento, no caso do bem ou direito que deu causa à mais-valia não houver sido transferido, na hipótese de cisão, para o patrimônio da sucessora, observado o disposto nos §§ 2º ao 5º do art. 20 e nos arts. 24 e 25 da Lei nº 12.973, de 2014, e o inciso I do art. 117 da Lei nº 5.172, de 1966.	Sim	Sim	Art. 185, inciso I e § 1º, art. 186, inciso II e §§ 1º e 1º-A, e arts. 189 e 196	Sim(D)

Exclusões	IRPJ	CSLL	IN RFB 1.700/2017	Controle Parte B
O valor do ágio por rentabilidade futura (*goodwill*) existente na contabilidade na data da aquisição da participação societária avaliada pelo valor de patrimônio líquido, a ser excluído pela pessoa jurídica sucessora à razão de 1/60 (um sessenta avos), no máximo, para cada mês dos períodos de apuração subsequentes ao evento de incorporação, fusão ou cisão, observado o disposto nos arts. 22, 24 e 25 da Lei nº 12.973, de 2014, e o inciso I do art. 117 da Lei nº 5.172, de 1966.	Sim	Sim	Art. 185, inciso III e §§ 1º, 2º e 4º, e arts. 188, 189 e 196. Anexo X, Exemplo 3	Sim (D ou C)
A realização, baixa ou liquidação da variação negativa da mais-valia de que trata o inciso II do § 3º do art. 37 da Lei nº 12.973, de 2014, considerada contabilmente no custo do ativo ou no valor do passivo que lhe deu causa, após a pessoa jurídica ter absorvido o patrimônio de outra em virtude de incorporação, fusão ou cisão.	Sim	Sim	Art. 190, inciso II, alínea "a" e § 2º	Sim(D)
A contrapartida da redução da variação negativa do ágio por rentabilidade futura (*goodwill*) de que trata o inciso II do § 3º do art. 37 da Lei nº 12.973, de 2014, após a pessoa jurídica ter absorvido o patrimônio de outra em virtude de incorporação, fusão ou cisão.	Sim	Sim	Art. 183, § 2º, art. 190, inciso III e § 3º, e art. 194	Sim(D)
A realização, baixa ou liquidação da variação positiva da menos-valia de que trata o inciso II do § 3º do art. 37 da Lei nº 12.973, de 2014, considerada contabilmente no custo do ativo ou no valor do passivo que lhe deu causa, após a pessoa jurídica ter absorvido o patrimônio de outra em virtude de incorporação, fusão ou cisão.	Sim	Sim	Art. 190, inciso II, alínea "a" e § 2º	Sim(D)
O ganho decorrente de avaliação da participação societária anterior com base no valor justo na situação prevista no inciso I do art. 39 da Lei nº 12.973, de 2014.	Sim	Sim	Art. 191, inciso I	Não

Capítulo – Lucro Real

Exclusões	IRPJ	CSLL	IN RFB 1.700/2017	Controle Parte B
A diferença entre o valor da mais-valia registrado contabilmente na data de aquisição da participação societária e o valor lançado em contrapartida à conta que registra o bem ou direito que lhe deu causa, em decorrência do evento de incorporação, fusão ou cisão, anteriormente adicionada conforme item A.099 do Anexo I desta Instrução Normativa, a ser excluída à medida que o bem ou direito que deu causa à mais-valia, transferido na incorporação, fusão ou cisão, for realizado, inclusive mediante depreciação, amortização, exaustão, alienação ou baixa, observado o disposto nos §§ 2º ao 5º do art. 20 e nos arts. 24 e 25 da Lei nº 12.973, de 2014, e o inciso I do art. 117 da Lei nº 5.172, de 1966.	Sim	Sim	Art. 185, inciso I e § 1º, art. 186, inciso I e §§ 1º e 1º-A, e arts. 189 e 196	Sim(D)
O valor da mais-valia registrado contabilmente na data de aquisição da participação societária, anteriormente adicionado conforme item A.099 do Anexo I desta Instrução Normativa, a ser excluído em quotas fixas mensais e no prazo mínimo de 5 anos contados da data do evento, no caso do bem ou direito que deu causa à mais-valia não houver sido transferido, na hipótese de cisão, para o patrimônio da sucessora, observado o disposto nos §§ 2º ao 5º do art. 20 e nos arts. 24 e 25 da Lei nº 12.973, de 2014, e o inciso I do art. 117 da Lei nº 5.172, de 1966.	Sim	Sim	Art. 185, inciso I e § 1º, art. 186, inciso II e §§ 1º e 1º-A, e arts. 189 e 196	Sim(D)
O valor do ágio por rentabilidade futura (*goodwill*) existente na contabilidade na data da aquisição da participação societária avaliada pelo valor de patrimônio líquido, a ser excluído pela pessoa jurídica sucessora à razão de 1/60 (um sessenta avos), no máximo, para cada mês dos períodos de apuração subsequentes ao evento de incorporação, fusão ou cisão, observado o disposto nos arts. 22, 24 e 25 da Lei nº 12.973, de 2014, e o inciso I do art. 117 da Lei nº 5.172, de 1966.	Sim	Sim	Art. 185, inciso III e §§ 1º, 2º e 4º, e arts. 188, 189 e 196. Anexo X, Exemplo 3	Sim (D ou C)

Exclusões	IRPJ	CSLL	IN RFB 1.700/2017	Controle Parte B
A realização, baixa ou liquidação da variação negativa da mais-valia de que trata o inciso II do § 3º do art. 37 da Lei nº 12.973, de 2014, considerada contabilmente no custo do ativo ou no valor do passivo que lhe deu causa, após a pessoa jurídica ter absorvido o patrimônio de outra em virtude de incorporação, fusão ou cisão.	Sim	Sim	Art. 190, inciso II, alínea "a" e § 2º	Sim(D)
A contrapartida da redução da variação negativa do ágio por rentabilidade futura (*goodwill*) de que trata o inciso II do § 3º do art. 37 da Lei nº 12.973, de 2014, após a pessoa jurídica ter absorvido o patrimônio de outra em virtude de incorporação, fusão ou cisão.	Sim	Sim	Art. 183, § 2º, art. 190, inciso III e § 3º, e art. 194	Sim(D)
A realização, baixa ou liquidação da variação positiva da menos-valia de que trata o inciso II do § 3º do art. 37 da Lei nº 12.973, de 2014, considerada contabilmente no custo do ativo ou no valor do passivo que lhe deu causa, após a pessoa jurídica ter absorvido o patrimônio de outra em virtude de incorporação, fusão ou cisão.	Sim	Sim	Art. 190, inciso II, alínea "a" e § 2º	Sim(D)
O ganho decorrente de avaliação da participação societária anterior com base no valor justo na situação prevista no inciso I do art. 39 da Lei nº 12.973, de 2014.	Sim	Sim	Art. 191, inciso I	Não
O ganho decorrente do excesso do valor justo dos ativos líquidos da investida, na proporção da participação anterior, em relação ao valor dessa participação avaliada a valor justo, na situação prevista no inciso do art. 39 da Lei nº 12.973, de 2014.	Sim	Sim	Art. 191, inciso II	Não
A realização, baixa ou liquidação da variação negativa da mais-valia de que trata o inciso II do § 1º do art. 39 da Lei nº 12.973, de 2014, considerada contabilmente no custo do ativo ou no valor do passivo que lhe deu causa.	Sim	Sim	Art. 191, § 2º, inciso I e § 3º-A	Sim(D)

Capítulo – Lucro Real

Exclusões	IRPJ	CSLL	IN RFB 1.700/2017	Controle Parte B
A contrapartida da redução da variação negativa do ágio por rentabilidade futura (*goodwill*) de que trata o inciso II do § 1º do art. 39 da Lei nº 12.973, de 2014.	Sim	Sim	Art. 191, §§ 3º e 3º-B, e art. 194	Sim(D)
A realização, baixa ou liquidação da variação positiva da menos-valia de que trata o inciso II do § 1º do art. 39 da Lei nº 12.973, de 2014, considerada contabilmente no custo do ativo ou no valor do passivo que lhe deu causa.	Sim	Sim	Art. 191, § 2º, inciso I e § 3º-A	Sim(D)
Ajustes decorrentes da aplicação das disposições contidas no art. 65 da Lei nº 12.973, de 2014, nas operações de incorporação, fusão e cisão ocorridas até 31 de dezembro de 2017, cuja participação societária tenha sido adquirida até 31 de dezembro de 2014.	Sim	Sim	Art. 192	Não
Os lucros e dividendos recebidos de pessoa jurídica domiciliada no Brasil que tenham sido contabilizados como receita, exceto: (a) se percebidos após a alienação ou liquidação de investimento avaliado pelo valor de patrimônio líquido e não tenham sido computados na determinação do ganho ou perda de capital, ou (b) se percebidos de investimento avaliado pelo custo de aquisição que tenha sido adquirido até seis meses antes da data da respectiva percepção. Lei nº 9.249, de 1995, art. 10, Decreto- Lei nº 1.598, de 1977, art. 22, parágrafo único e art. 33, Decreto-Lei nº 2.072, de 1983, art. 2º, e Lei nº 7.689, de 1988, art. 2º, § 1º, alínea "c", item 5.	Sim	Sim	-	Não
Os juros e outros encargos incorridos, contabilizados como custo do ativo, associados a empréstimos contraídos para financiar a aquisição, construção ou produção de bens classificados como estoques de longa maturação, propriedade para investimentos, ativo imobilizado ou ativo intangível, se o contribuinte fizer a opção de que trata o § 3º do art. 17 do Decreto-Lei nº 1.598, de 1977.	Sim	Sim	Art. 145, § 3º	Sim(C)

Exclusões	IRPJ	CSLL	IN RFB 1.700/2017	Controle Parte B
Os juros produzidos por Notas do Tesouro Nacional (NTN) emitidas para troca compulsória no âmbito do Programa Nacional de Privatização (PND) nos termos do art. 100 da Lei nº 8.981, de 1995.	Sim	Sim	Art. 146	Sim(C)
O valor dos juros sobre o capital próprio pagos ou creditados que não tenha sido contabilizado como despesa, observados os limites e condições do art. 9º da Lei nº 9.249, de 1995.	Sim	Sim	Art. 75, § 6º	Não
No primeiro, segundo e terceiro trimestres, os lucros provenientes de investimentos no exterior não avaliados pela equivalência patrimonial, no caso de apuração trimestral.	Sim	Sim	-	Sim(C)
No primeiro, segundo e terceiro trimestres, os rendimentos e ganhos de capital auferidos no exterior, no caso de apuração trimestral.	Sim	Sim	-	Sim(C)
Os valores espontaneamente adicionados pela pessoa jurídica domiciliada no Brasil, conforme itens A.173 e A.180 do Anexo I desta Instrução Normativa, exceto os relativos a coligadas de que trata o art. 81 da Lei nº 12.973, de 2014, decorrentes da aplicação das regras de preços de transferência e de subcapitalização, desde que observados os termos e condições do art. 86 da Lei nº 12.973, de 2014.	Sim	Sim	-	Não
Os resultados positivos incorridos nas operações realizadas em mercados de liquidação futura, inclusive os sujeitos a ajustes de posições, reconhecidos na escrituração contábil antes da liquidação do contrato, cessão ou encerramento da posição.	Sim	Sim	Art. 105, § 2º	Sim (D ou C)

Capítulo – Lucro Real

Exclusões	IRPJ	CSLL	IN RFB 1.700/2017	Controle Parte B
Os resultados negativos incorridos nas operações realizadas em mercados de liquidação futura, inclusive os sujeitos a ajustes de posições, que, antes da liquidação do contrato, cessão ou encerramento da posição, foram reconhecidos na escrituração contábil e adicionados na apuração do lucro real e do resultado ajustado, a serem excluídos na data da liquidação do contrato, cessão ou encerramento da posição.	Sim	Sim	Art. 105, § 2º	Sim (D ou C)
O valor da remuneração dos serviços prestados por empregados ou similares, objeto de acordo com pagamento baseado em ações, após a liquidação conforme § 1º do art. 33 da Lei nº 12.973, de 2014, e quantificado conforme o § 2º desse artigo.	Sim	Sim	Art. 161, §§ 1º, 2º e 5º	Sim(D)
As perdas anteriormente adicionadas a serem excluídas até o limite correspondente à diferença positiva apurada no período de apuração entre os ganhos e perdas, conforme previsto no § 5º do art. 76 da Lei nº 8.981, de 1995.	Sim	Não	-	Sim(D)
O valor da receita reconhecida em virtude de renegociação de dívida e ainda não recebida, no caso de que trata o § 2º do art. 12 da Lei nº 9.430, de 1996.	Sim	Sim	Art. 74, § 3º	Sim(C)
O valor dos encargos financeiros incidentes sobre o crédito vencido e não recebido nos termos do art. 11 da Lei nº 9.430, 1996, contabilizado como receita e desde que atendidas as condições do referido artigo.	Sim	Sim	Art. 73, *caput* e §§ 1º e 2º	Sim(C)
O valor dos encargos incidentes sobre o débito vencido e não pago, que tenham sido anteriormente adicionados pela pessoa jurídica devedora, a ser excluído no período de apuração em que ocorrer a quitação do débito por qualquer forma.	Sim	Sim	Art. 73, § 5º	Sim(D)
O valor dos prêmios recebidos na emissão de debêntures reconhecido no resultado, desde que atendidas as condições previstas no art. 31 da Lei nº 12.973, de 2014.	Sim	Sim	Art. 199	Sim(C)

Exclusões	IRPJ	CSLL	IN RFB 1.700/2017	Controle Parte B
As receitas decorrentes de valores em espécie pagos ou creditados pelos Estados, Distrito Federal e Municípios, relativos ao ICMS e ao ISS, no âmbito de programas de concessão de crédito voltados ao estímulo à solicitação de documento fiscal na aquisição de mercadorias e serviços, conforme disposto no art. 4º da Lei nº 11.945, de 2009.	Sim	Sim	-	Não
Os gastos de desmontagem e retirada de item de ativo imobilizado ou restauração do local em que está situado, efetivamente incorridos, correspondentes aos valores anteriormente adicionados.	Sim	Sim	Art. 125	Sim(D)
O saldo da perda estimada por redução ao valor recuperável de ativos não revertida, quando da ocorrência da alienação ou baixa do bem correspondente.	Sim	Sim	Art. 129, *caput* e §§ 1º e 3º	Sim(D)
A reversão da perda estimada por redução ao valor recuperável de ativos.	Sim	Sim	Arts. 129 e 130	Sim(D)
O valor correspondente ao uso ou à reversão das provisões ou perdas estimadas no valor de ativos não dedutíveis, anteriormente adicionadas.	Sim	Sim	Arts. 70 e 284	Sim(D)
O valor das receitas originárias de planos de benefícios administrados por entidades fechadas de previdência complementar, registradas contabilmente pelo regime de competência pela pessoa jurídica patrocinadora, na forma estabelecida pela Comissão de Valores Mobiliários ou outro órgão regulador, para ser adicionada na data de sua realização.	Sim	Sim	Art. 136	Sim(C)
Os rendimentos tributados exclusivamente na fonte nas operações com os ativos a que se refere o art. 2º da Lei nº 12.431, de 2011, conforme previsto no § 3º do mesmo dispositivo legal.	Sim	Não	-	Não

Exclusões	IRPJ	CSLL	IN RFB 1.700/2017	Controle Parte B
Os resultados não realizados positivos a que se referem o inciso I do *caput* do art. 248 e o inciso III do *caput* do art. 250 da Lei nº 6.404, de 1976, anteriormente adicionados conforme item A.184 do Anexo I desta Instrução Normativa, a serem excluídos nos períodos de apuração em que forem registrados na escrituração comercial proporcionalmente à sua realização.	Sim	Sim	Art. 285, *caput* e parágrafo único, inciso I, alínea "b"	Sim(D)
Os resultados não realizados negativos a que se referem o inciso I do *caput* do art. 248 e o inciso III do *caput* do art. 250 da Lei nº 6.404, de 1976, não registrados na escrituração comercial.	Sim	Sim	Art. 285, *caput* e parágrafo único, inciso II, alínea "a"	Sim(C)
O capital das apólices de seguros ou pecúlio em favor da pessoa jurídica, pago por morte do sócio segurado, de que trata a alínea "f" do § 2º do art. 43 do Decreto-Lei nº 5.844, de 1943, a ser excluído no período de apuração em que for contabilizado como receita.	Sim	Não	-	Não
O valor correspondente à variação cambial ativa reconhecida no período de apuração, exceto na hipótese da opção pelo regime de competência, nos termos do § 1º do art. 30 da Medida Provisória nº 2.158-35, de 2001.	Sim	Sim	Art. 152, 158 e 159	Sim (D ou C)
O valor correspondente à variação cambial passiva cujas operações tenham sido liquidadas no período de apuração, exceto na hipótese da opção pelo regime de competência, nos termos do § 1º do art. 30 da Medida Provisória nº 2.158-35, de 2001.	Sim	Sim	Art. 152, 158 e 159	Sim (D ou C)
O saldo devedor existente na parte "B" do e-Lalur e do e-Lacs, na hipótese de alteração do critério de reconhecimento das variações cambiais pelo regime de caixa para o regime de competência, a ser excluído em 31 de dezembro do ano precedente ao da opção.	Sim	Sim	Art. 157	Sim (D ou C)

Exclusões	IRPJ	CSLL	IN RFB 1.700/2017	Controle Parte B
A variação cambial ativa reconhecida no período de apuração com base em taxa de câmbio diferente da divulgada pelo Banco Central do Brasil (BCB), na hipótese de a pessoa jurídica utilizar taxa de câmbio diferente da divulgada pelo BCB na elaboração de suas demonstrações financeiras e optar pelo regime de competência nos termos do § 1º do art. 30 da Medida Provisória nº 2.158-35, de 2001 (alínea "b" do inciso I do item 1 do Anexo I da Instrução Normativa RFB nº 1.753, de 2017).	Sim	Sim	-	Sim (D ou C)
A variação cambial passiva que teria sido reconhecida no período de apuração com base em taxa de câmbio divulgada pelo Banco Central do Brasil (BCB), na hipótese de a pessoa jurídica utilizar taxa de câmbio diferente da divulgada pelo BCB na elaboração de suas demonstrações financeiras e optar pelo regime de competência nos termos do § 1º do art. 30 da Medida Provisória nº 2.158-35, de 2001 (alínea "d" do inciso I do item 1 do Anexo I da Instrução Normativa RFB nº 1.753, de 2017).	Sim	Sim	-	Sim (D ou C)
A variação cambial passiva reconhecida no patrimônio líquido no período de apuração, no caso de instituições financeiras e demais autorizadas a funcionar pelo Banco Central do Brasil que utilizarem o procedimento contábil para definição, apuração e registro da parcela efetiva do *hedge* de ativos e passivos financeiros não derivativos estabelecido na Resolução CMN nº 4.524, de 2016 (alínea "a" do inciso I do item 1 do Anexo III da Instrução Normativa RFB nº 1.753, de 2017).	Sim	Sim	-	Sim (D ou C)

Exclusões	IRPJ	CSLL	IN RFB 1.700/2017	Controle Parte B
A variação cambial ativa reclassificada para o resultado no período de apuração, no caso de instituições financeiras e demais autorizadas a funcionar pelo Banco Central do Brasil que utilizarem o procedimento contábil para definição, apuração e registro da parcela efetiva do *hedge* de ativos e passivos financeiros não derivativos estabelecido na Resolução CMN nº 4.524, de 2016 (alínea "b" do inciso I do item 1 do Anexo III da Instrução Normativa RFB nº 1.753, de 2017).	Sim	Sim	-	Sim (D ou C)
A variação cambial ativa reconhecida no período de apuração relativa aos juros a apropriar decorrentes do ajuste a valor presente de elemento do ativo referente a operação de venda a prazo.	Sim	Sim	Art. 96 *caput*, § 1º, inciso I, e § 2º. Anexo XI	Sim (D ou C)
A variação cambial ativa reconhecida no período de apuração relativa aos juros a apropriar decorrentes do ajuste a valor presente de elemento do ativo referente a operação que não seja venda a prazo.	Sim	Sim	Art. 96 *caput*, § 1º, inciso I, e § 2º	Sim (D ou C)
A variação cambial ativa reconhecida no período de apuração relativa aos juros a apropriar decorrentes do ajuste a valor presente de elemento do passivo referente a operação de aquisição a prazo de bem ou serviço contabilizado diretamente no ativo.	Sim	Sim	Art. 96 *caput*, § 1º, inciso II, e § 3º	Não
A variação cambial ativa reconhecida no período de apuração relativa aos juros a apropriar decorrentes do ajuste a valor presente de elementodo passivo referente a operação de aquisição a prazo de bem ou serviço contabilizado diretamente como despesa ou custo.	Sim	Sim	Art. 96 *caput*, § 1º, inciso III, e § 4º	Sim (D ou C)
A variação cambial ativa reconhecida no período de apuração relativa aos juros a apropriar decorrentes do ajuste a valor presente de elemento do passivo referente a operação que não seja aquisição a prazo e esteja relacionada a um ativo.	Sim	Sim	Art. 96 *caput*, § 1º, inciso II, e § 3º	Não

Exclusões	IRPJ	CSLL	IN RFB 1.700/2017	Controle Parte B
A variação cambial ativa reconhecida no período de apuração relativa aos juros a apropriar decorrentes do ajuste a valor presente de elemento do passivo referente a operação que não seja aquisição a prazo e esteja relacionada a uma despesa ou custo.	Sim	Sim	Art. 96 *caput*, § 1º, inciso III, e § 4º	Sim (D ou C)
Demais exclusões decorrentes da legislação tributária.	Sim	Sim	-	-

Fonte: Anexo II da IN RFB 1.700/2017

7. Prejuízo Fiscal

Prejuízo fiscal ocorre quando o lucro real apurado por meio do lucro líquido contábil ajustado por adições, exclusões e compensações resulta em valor negativo.

7.1. Compensações

O prejuízo fiscal apurado em períodos de apuração anteriores, poderá ser compensado com o lucro real apurado no período limitado a 30% deste lucro e que mantenha os livros e os documentos exigidos pela legislação fiscal, comprobatórios do prejuízo fiscal utilizado para compensação (e-Lalur).

A compensação poderá ser total ou parcial, em um ou mais períodos de apuração, à opção do contribuinte, observado o limite de 30%.

A absorção, por meio de débito à conta de lucros acumulados, de reservas de lucros ou capital, ao capital social, ou à conta de sócios, matriz ou titular de empresa individual, de prejuízos apurados na escrituração comercial do contribuinte não prejudica o seu direito à compensação nos termos estabelecidos neste artigo.

7.2. Prejuízos não operacionais

Os prejuízos decorrentes da alienação de bens e direitos do ativo imobilizado, investimento e intangível classificados no Ativo Não Circulante, ainda que reclassificados para o ativo circulante com intenção de venda poderão ser compensados, nos períodos de apuração subsequentes e somente com lucros de mesma natureza, observado o limite de 30%.

Consideram-se "não operacionais" os resultados decorrentes da alienação de bens ou direitos do Ativo Não Circulante.

O "resultado não operacional" é a diferença entre o valor contábil do bem ou direito e o seu valor de venda, que pode resultar em valor positivo ou negativo.

Não serão considerados prejuízos não operacionais às perdas provenientes de baixa de bens ou direitos em decorrência de terem se tornado imprestáveis ou obsoletos ou terem caído em desuso, ainda que posteriormente venham a ser vendidos como sucata.

Os resultados não operacionais de todas as vendas ocorridas durante o período de apuração devem ser apurados englobadamente e, positivos ou negativos, integram o lucro real.

O prejuízo fiscal não operacional somente será verificado quando for apurado cumulativamente resultado não operacional negativo e lucro real negativo. Quando acontecer essa situação deverá observar:

a) se o prejuízo fiscal for maior, todo o resultado não operacional negativo será considerado prejuízo fiscal não operacional e a parcela excedente é considerada prejuízo fiscal das demais atividades;

b) se todo o resultado não operacional negativo for maior ou igual ao prejuízo fiscal, todo o prejuízo fiscal é considerado não operacional.

Os prejuízos fiscais operacionais e não operacionais devem ser controlados na parte "B" do e-Lalur de forma separada, ou seja, deverá existir um controle para cada prejuízo.

O valor do prejuízo fiscal não operacional a ser compensado em cada período de apuração subsequente não pode exceder o total dos resultados não operacionais positivos apurados no período da compensação.

No período em que for apurado resultado não operacional positivo, todo o seu valor será utilizado para compensar os prejuízos fiscais não operacionais de períodos anteriores, ainda que a parcela do lucro real admitida para compensação não seja suficiente ou que tenha sido apurado prejuízo fiscal. Nessa hipótese, a parcela dos prejuízos fiscais não operacionais compensados com os lucros não operacionais que não puder ser compensada com o lucro real, seja em virtude do limite de 30% ou de ter ocorrido prejuízo fiscal no período de apuração, será considerada prejuízo das demais atividades, devendo ser promovidos os devidos ajustes na Parte B do Lalur.

Exemplo:
Período de 20X1
- Venda de bens do imobilizado com prejuízo de R$ 170.000,00
- Prejuízo fiscal total escriturado no Lalur R$ 255.000,00

Separação do Prejuízo Fiscal operacional e não operacional		
Ano	Descrição	Valor
20X1	Total do prejuízo fiscal apurado no Lalur R$ 255.000,00	255.000,00
	(-) Prejuízo fiscal não operacional R$ 170.000,00	170.000,00
	Prejuízo fiscal das demais atividades	85.000,00

Período de 20X2
- Lucro não operacional de   R$ 180.000,00
- Lucro Real de R$ 480.000,00
- Prejuízo do período 20X1   R$ 255.000,00
- Limite permitido para compensação   30%

Demonstrativo da Compensação		
Ano	Descrição	Valor
20X2	Lucro Real	480.000,00
	Limite	30%
	Prejuízo Compensável	144.000,00
Compensação do prejuízo não operacional de 20X1		
20X2	Prejuízo não operacional	170.000,00
	Parcela compensada	144.000,00
	Parcela não compensada	26.000,00

Resumo:
Lucro não operacional de 20X2   180.000,00
Prejuízo não operacional de 20X1   170.000,00
Saldo do prejuízo não operacional   26.000,00

Considerações:

a) Lucro não operacional suficiente para compensar o prejuízo não operacional

b) O saldo do prejuízo não operacional não compensado no valor de 26.000,00 será transferido para o controle do prejuízo operacional na parte "B" do e-Lalur

7.3. Atividade rural

O prejuízo apurado pela pessoa jurídica na exploração de atividade rural poderá ser compensado com o resultado positivo obtido na mesma atividade em períodos de apuração posteriores, desconsiderado o limite de 30%.

7.4. Mudança de controle societário e de ramo de atividade

A pessoa jurídica não poderá compensar os seus próprios prejuízos fiscais se, entre a data da apuração e da compensação, houver ocorrido, cumulativamente, modificação do seu controle societário e do ramo de atividade.

7.5. Incorporação, fusão ou cisão.

A pessoa jurídica sucessora por incorporação, fusão ou cisão não poderá compensar prejuízos fiscais da sucedida.

Na hipótese de cisão parcial, a pessoa jurídica cindida poderá compensar os seus próprios prejuízos, proporcionalmente à parcela remanescente do patrimônio líquido.

7.6. Sociedade em conta de participação

O prejuízo fiscal apurado por sociedade em conta de participação somente poderá ser compensado com o lucro real decorrente da mesma sociedade.

É vedada a compensação de prejuízos fiscais e lucros entre duas ou mais sociedades em conta de participação ou entre estas e o sócio ostensivo.

8. Base de Cálculo Negativa da CSLL

Base de cálculo negativa ocorre quando a base de cálculo positiva apurada por meio do lucro líquido contábil ajustado por adições, exclusões e compensações resulta em valor negativo.

8.1. Compensações

O lucro líquido contábil, depois de ajustado pelas adições e exclusões, poderá ser reduzido pela compensação de bases de cálculo negativas da CSLL de períodos anteriores em até 30%.

A compensação poderá ser total ou parcial, em um ou mais períodos de apuração, à opção do contribuinte.

A compensação se aplica às pessoas jurídicas que mantiverem os livros e documentos, exigidos pela legislação fiscal, e-Lacs.

As pessoas jurídicas que se encontram inativas desde o ano-calendário de 2009 ou que estejam em regime de liquidação ordinária, judicial ou extrajudicial, ou em regime de falência, poderão apurar a CSLL relativa ao ganho de capital resultante da alienação de bens ou direitos, ou qualquer ato que enseje a realização de ganho de capital, sem a aplicação do limite 30%, desde que o produto da venda seja utilizado para pagar débitos de qualquer natureza com a União.

8.2. Mudança de Controle Societário e de Ramo de Atividade

A pessoa jurídica não poderá compensar seus próprios prejuízos fiscais e bases de cálculo negativas da CSLL se entre a data da apuração e da compensação houver ocorrido, cumulativamente, modificação de seu controle societário e do ramo de atividade.

8.3. Incorporação, Fusão e Cisão

A pessoa jurídica sucessora por incorporação, fusão ou cisão não poderá compensar a base de cálculo negativa da CSLL da sucedida.

No caso de cisão parcial, a pessoa jurídica cindida poderá compensar as suas bases de cálculo negativas da CSLL, proporcionalmente à parcela remanescente do patrimônio líquido.

A pessoa jurídica cindida deverá baixar, na parte B do do e-Lacs, o saldo das bases de cálculo negativas da CSLL proporcionalmente ao patrimônio líquido transferido na cisão.

8.4. Sociedade em Conta de Participação – SCP

O prejuízo fiscal apurado por SCP somente poderá ser compensado com o lucro real decorrente da mesma SCP.

É vedada a compensação de prejuízos fiscais e lucros entre duas ou mais SCP ou entre estas e o sócio ostensivo.

A base de cálculo negativa da CSLL apurada por SCP somente poderá ser compensada com o resultado ajustado positivo decorrente da mesma SCP.

É vedada a compensação de bases de cálculo negativas da CSLL com resultados ajustados positivos entre duas ou mais SCP ou entre estas e o sócio ostensivo.

8.5. Atividade Rural

A base de cálculo negativa da CSLL da atividade rural determinada no período de apuração poderá ser compensada com o resultado ajustado positivo das demais atividades, apurado no mesmo período, sem limite de 30%.

9. Prejuízos Fiscais do Exterior

Os prejuízos e perdas apurados em operações com o exterior não são compensáveis com os lucros auferidos no Brasil, decorrentes de:

a) prejuízos de filiais, sucursais, controladas ou coligadas, no exterior;

b) prejuízos e as perdas de capital decorrentes de aplicações e operações efetuadas no exterior pela própria empresa brasileira, inclusive em relação à alienação de filiais e sucursais e de participações societárias em pessoas jurídicas domiciliadas no exterior.

Os prejuízos apurados com base na escrituração contábil da filial, sucursal, controlada ou coligada, no exterior, efetuada segundo as normas legais do país de seu domicílio, podem ser compensados, não se lhes aplicando a limitação da compensação de prejuízos de 30%, desde que:

    a) os prejuízos apurados por uma controlada ou coligada, no exterior, somente sejam compensados com lucros dessa mesma controlada ou coligada;

    b) os prejuízos de filiais e sucursais com resultados consolidados por país, quando a matriz no Brasil indicar uma filial ou sucursal como entidade líder no referido país, sejam compensados com os lucros de outra filial e sucursal no mesmo país.

A empresa brasileira que absorver patrimônio de filial, sucursal, controlada ou coligada, no exterior, de outra empresa brasileira, e continuar a exploração das atividades no exterior, poderá compensar, na forma prevista na legislação, os prejuízos acumulados pela referida filial, sucursal, controlada ou coligada, correspondentes aos períodos iniciados a partir do ano-calendário de 1996.

10. Apuração Trimestral do IRPJ e da CSLL

A forma de apuração do IRPJ/CSLL trimestral será irretratável para todo o ano-calendário, por meio de balanços ou balancetes apurados em cada trimestre.

Neste sistema, não é permitida a antecipação do imposto durante o curso do ano-calendário, como prevê o regime de tributação anual.

Em se tratando de incorporação, fusão, cisão ou encerramento da liquidação da pessoa jurídica, a apuração da base de cálculo e do imposto devido será efetuada na data do evento.

10.1. Base de cálculo

A base de cálculo do imposto de renda das pessoas jurídica – IRPJ e da base de cálculo da contribuição social – CSLL é o lucro líquido contábil ajustado pelas adições, exclusões e compensações tratadas nos subitens anteriores tomando como base os balanços ou balancetes levantando em cada trimestre.

10.2. Deduções dos Incentivos Fiscais

Poderão ser deduzidos do Imposto de Renda trimestral, à alíquota de 15%, os incentivos fiscais a seguir relacionados, respeitados os limites máximos indicados:

Tabela dos Incentivos Fiscais	Limite	
	Individual	Coletivo
Operação de Caráter Cultural e Artístico (Lei nº 8.313/1991)	4%	
Atividades Audiovisuais (Lei nº 8.685/1993)	4%	4%
Atividades Audiovisuais (Lei nº 8.685/1993)	3%	
PAT – Programa de Alimentação do Trabalhador	4%	4%
PDTI/PDTA aprovado após 03.06.1993	4%	
Operações de Aquisição de Vale-Cultura	1%	0
Fundos dos Direitos da Criança e do Adolescente	1%	0
Fundos Nacional, Estaduais ou Municipais do Idoso.	1%	0
Atividades de Caráter Desportivo	1%	0
Pronon	1%	0
Pronas/PCD	1%	0

Poderá também ser deduzidos o valor total da remuneração da empregada pago no período de prorrogação de sua licença-maternidade e da licença paternidade, vedada a dedução como despesa operacional. A dedução fica limitada ao valor do imposto devido em cada período de apuração.

Os limites de dedução desses incentivos fiscais são calculados, exclusivamente, com base no imposto em razão da alíquota de 15% (sem o adicional de 10% do IRPJ), diminuído da parcela do imposto incidente sobre lucros, rendimentos e ganhos de capitais auferidos no exterior.

NOTA:
Não cabe dedução dos incentivos fiscais da base de cálculo da CSLL.

Exemplo:

Lucro Real	Alíquota	IRPJ Devido	Incentivo	Individual	Coletivo
500.000,00	15%	75.000,00	4%	3.000,00	3.000,00
500.000,00	15%	75.000,00	1%	750,00	N/T

10.3 Cálculo do IRPJ/CSLL

Dados:
- Lucro Contábil no trimestre   200.000,00
- Provisões   900.000,00
- Reversões   300.000,00
- Prejuízo Fiscal   100.000,00
- Base negativa CSLL   100.000,00
- IRRF   10.000,00
- CSRF   8.000,00

Determinação do lucro real e base de cálculo da CSLL:

Descrição	IRPJ	CSLL	Observação
Lucro Líquido	200.000,00	200.000,00	
Adições Provisões Temporárias	900.000,00	900.000,00	
Exclusões Reversão Provisão	300.000,00	300.000,00	
Lucro Real 1	600.000,00	600.000,00	
Compensação Prejuízo Fiscal / BC Negativa	100.000,00	100.000,00	600.000,00 x 30% = 180.000,00 Limite de compensação
Lucro Real 2	500.000,00	500.000,00	

Base de Cálculo	Alíquota	Valor
IRPJ	500.000,00	15%	75.000,00
Adicional do IRPJ	440.000,00	10%	44.000,00
Dedução		
Incentivo à Cultura			3.000,00
Incentivo Pronon			750,00
Retenções na Fonte			10.000,00
Total IRPJ			105.250,00

Capítulo – Lucro Real

Base de Cálculo	Alíquota	Valor	
CSLL	500.000,00	9%	45.000,00
Dedução			
Retenções na Fonte			8.000,00
Total CSLL		37.000,00	
Total IRPJ/CSLL		142.250,00	

10.4. Prazo de pagamento

O IRPJ e a CSLL apurados ao final de cada trimestre serão pagos em quota única até o último dia útil do mês subsequente ao do encerramento do período de apuração.

À opção da pessoa jurídica, o IRPJ e a CSLL poderão ser pagos em até 3 (três) quotas mensais, iguais e sucessivas, vencíveis no último dia útil dos 3 (três) meses subsequentes ao do encerramento do período de apuração a que corresponderem.

Nenhuma quota poderá ter valor inferior a R$ 1.000,00 e o imposto ou a contribuição de valor inferior a R$ 2.000,00 será pago em quota única, até o último dia útil do mês subsequente ao do encerramento do período de apuração.

As quotas do imposto e da contribuição serão acrescidas de juros equivalentes à taxa referencial do Selic, para títulos federais, acumulada mensalmente, calculados a partir do primeiro dia do segundo mês subsequente ao do encerramento do período de apuração até o último dia do mês anterior ao do pagamento e de 1% no mês do pagamento.

A primeira quota ou quota única, quando paga até o vencimento, não sofrerá acréscimos.

10.5. Escolha da forma de pagamento

A adoção do pagamento trimestral do IRPJ e da CSLL, pelas pessoas jurídicas que apurarem o imposto pelo lucro real e a contribuição pelo resultado ajustado, será irretratável para todo o ano-calendário.

11. Apuração Anual – Estimativas Mensais

A pessoa jurídica poderá optar pela apuração e recolhimento do IRPJ/CSLL por estimativas mensais com ajuste a ser feito em 31 de dezembro de cada ano, exceto no caso de incorporação, cisão, fusão ou extinção da pessoa jurídica que deverá ser realizado na data do evento.

Nesta forma de apuração haverá duas opções:

    a) Com base na receita bruta mensal

    b) Com base em balanços ou balancetes de suspensão ou redução

11.1. Opção por Receita Bruta

A receita bruta compreende:

    a) o produto da venda de bens nas operações de conta própria;

    b) o preço da prestação de serviços em geral;

    c) o resultado auferido nas operações de conta alheia; e

    d) as receitas da atividade ou objeto principal da pessoa jurídica, não compreendidas nas letras acima.

Na receita bruta não se incluem os tributos não cumulativos cobrados, destacadamente, do comprador ou contratante pelo vendedor dos bens ou pelo prestador dos serviços na condição de mero depositário. Por exemplo, ICMS-ST e IPI.

Na receita bruta incluem-se os tributos sobre ela incidentes e os valores decorrentes do ajuste a valor presente.

11.2. Base de Cálculo

A base de cálculo do imposto mensal será a somatória dos seguintes valores:

- resultado da aplicação dos percentuais de atividade, sobre a receita bruta mensal proveniente das vendas de mercadorias ou produtos, da prestação de serviços e de outras atividades compreendidas no objeto social da empresa;
- ganhos de capital e outras receitas ou resultados auferidos no mês, não compreendidos na receita bruta prove-

Capítulo – Lucro Real

niente das atividades de venda de produtos de fabricação própria.

Sobre o valor da receita bruta mensal, devem ser aplicados os percentuais correspondentes.

11.2.1. Percentuais sobre a Receita Bruta

Tabela dos Percentuais IRPJ

ITEM	ATIVIDADES	PERCENTUAIS DE REDUÇÃO
1	Receita bruta auferida na revenda, para consumo, de combustível derivado de petróleo, álcool etílico carburante e gás natural.	1,6
2	Prestação de serviços hospitalares e de auxílio diagnóstico e terapia, fisioterapia e terapia ocupacional, fonoaudiologia, patologia clínica, imagenologia, radiologia, anatomia patológica e citopatologia, medicina nuclear e análises e patologias clínicas, exames por métodos gráficos, procedimentos endoscópicos, radioterapia, quimioterapia, diálise e oxigenoterapia hiperbárica, desde que a prestadora desses serviços seja organizada sob a forma de sociedade empresária e atenda às normas da Agência Nacional de Vigilância Sanitária (Anvisa).	8
3	Prestação de serviços de transporte de carga.	
4	Atividades imobiliárias relativas a desmembramento ou loteamento de terrenos, incorporação imobiliária, construção de prédios destinados à venda e a venda de imóveis construídos ou adquiridos para revenda.	
5	Atividade de construção por empreitada com emprego de todos os materiais indispensáveis à sua execução, sendo tais materiais incorporados à obra.	
6	Prestação de serviços de transporte de passageiro.	
7	Atividades desenvolvidas por bancos comerciais, bancos de investimentos, bancos de desenvolvimento, agências de fomento, caixas econômicas, sociedades de crédito, financiamento e investimento, sociedades de crédito imobiliário, sociedades corretoras de títulos, valores mobiliários e câmbio, distribuidoras de títulos e valores mobiliários, empresas de arrendamento mercantil, cooperativas de crédito, empresas de seguros privados e de capitalização e entidades de previdência privada aberta.	16

ITEM	ATIVIDADES	PERCENTUAIS DE REDUÇÃO
8	Prestação de serviços relativos ao exercício de profissão legalmente regulamentada.	32
9	Intermediação de negócios.	
10	Administração, locação ou cessão de bens imóveis, móveis e direitos de qualquer natureza.	
11	Construção por administração ou por empreitada unicamente de mão de obra ou com emprego parcial de materiais.	
12	Construção, recuperação, reforma, ampliação ou melhoramento de infraestrutura, no caso de contratos de concessão de serviços públicos, independentemente do emprego parcial ou total de materiais.	
13	Prestação cumulativa e contínua de serviços de assessoria creditícia, mercadológica, gestão de crédito, seleção de riscos, administração de contas a pagar e a receber, compra de direitos creditórios resultantes de vendas mercantis a prazo ou de prestação de serviços (*factoring*).	
14	Coleta e transporte de resíduos até aterros sanitários ou local de descarte.	
15	Exploração de rodovia mediante cobrança de preço dos usuários, inclusive execução de serviços de conservação, manutenção, melhoramentos para adequação de capacidade e segurança de trânsito, operação, monitoração, assistência aos usuários e outros definidos em contratos, em atos de concessão ou de permissão ou em normas oficiais, pelas concessionárias ou subconcessionárias de serviços públicos.	
16	Prestação de serviços de suprimento de água tratada e os serviços de coleta e tratamento de esgotos deles decorrentes, cobrados diretamente dos usuários dos serviços pelas concessionárias ou subconcessionárias de serviços públicos.	
17	Prestação de qualquer outra espécie de serviço não mencionada nos itens anteriores.	
18	Prestação de serviços em geral, como limpeza e locação de mão de obra, ainda que sejam fornecidos os materiais	
19	Atividades de operação de empréstimo, de financiamento e de desconto de títulos de crédito realizadas por Empresa Simples de Crédito (ESC).	38,4

Capítulo – Lucro Real

No caso de exploração de atividades diversificadas, será aplicado sobre a receita bruta de cada atividade o respectivo percentual.

Tabela dos Percentuais da CSLL

Tipos de Receitas	Percentual
Receita bruta auferida nos meses, provenientes das atividades que constituam objeto social da empresa segundo definição válida para o Imposto de Renda.	12%
Receita bruta das atividades de prestação de serviços hospitalares e de transporte inclusive de carga.	
Receita bruta auferida nos meses, provenientes das seguintes atividades: a) prestação e serviços em geral, exceto serviços hospitalares e de transporte, inclusive carga; b) intermediação de negócios; c) administração, locação ou cessão de bens imóveis, móveis e direitos de qualquer natureza; d) construção por administração ou por empreitada unicamente de mão de obra ou com emprego parcial de materiais; e) construção, recuperação, reforma, ampliação ou melhoramento de infraestrutura, no caso de contratos de concessão de serviços públicos, independentemente do emprego parcial ou total de materiais; f) *factoring*; g) coleta e transporte de resíduos até aterros sanitários ou local de descarte; h) prestação de qualquer outra espécie de serviço não mencionada neste subitem.	32%
Atividades de operação de empréstimo, de financiamento e de desconto de títulos de crédito realizadas por Empresa Simples de Crédito (ESC).	38,4%

11.2.2. Pessoa jurídica exclusivamente prestadora de serviços

A pessoa jurídica exclusivamente prestadora de serviços cuja receita bruta anual seja de até 120.000,00, poderão utilizar, na determinação da parcela da base de cálculo do IRPJ, o percentual de 16%.

A pessoa jurídica que houver utilizado o percentual de 16% para o pagamento mensal do IRPJ, cuja receita bruta acumulada até determinado mês do ano-calendário exceder o limite de 120.000,00, ficará sujeita ao pagamento da diferença do imposto postergado, apurada em relação a cada mês transcorrido.

A diferença deverá ser paga até o último dia útil do mês subsequente àquele em que ocorrer o excesso. Quando paga até o prazo previsto a diferença apurada será recolhida sem acréscimos.

Não se aplica essa regra para as seguintes atividades:

a) prestação de serviços relativos ao exercício de profissão legalmente regulamentada;

b) construção, recuperação, reforma, ampliação ou melhoramento de infraestrutura, no caso de contratos de concessão de serviços públicos, independentemente do emprego parcial ou total de materiais;

c) exploração de rodovia mediante cobrança de preço dos usuários, inclusive execução de serviços de conservação, manutenção, melhoramentos para adequação de capacidade e segurança de trânsito, operação, monitoração, assistência aos usuários e outros definidos em contratos, em atos de concessão ou de permissão ou em normas oficiais, pelas concessionárias ou subconcessionárias de serviços públicos;

d) prestação de serviços de suprimento de água tratada e os serviços de coleta e tratamento de esgotos deles decorrentes, cobrados diretamente dos usuários dos serviços pelas concessionárias ou subconcessionárias de serviços públicos.

Exemplo:

Valores da receita bruta apurado nos meses de janeiro a março:

- Janeiro   40.000,00
- Fevereiro   50.000,00
- Março   60.000,00
- Total   150.000,00

Capítulo – Lucro Real

Cálculo Mensal

Janeiro

Receita Bruta	Base de Cálculo	IRPJ – Alíquota 15%
40.000 x 16%	6.400	960
40.000 x 32%	12.800	1.920
Diferença	960	

Fevereiro

Receita Bruta	Base de Cálculo	IRPJ – Alíquota 15%
50.000 x 16%	8.000	1.200
50.000 x 32%	16.000	2.400
Diferença	1.200	

Março

Receita Bruta	Base de Cálculo	IRPJ – Alíquota 15%
60.000 x 32%	19.200	2.880

A diferença de 2.160 (960 + 1.200) deverá ser recolhida junto com a do mês de março no valor de 2.880 sem os acréscimos legais de juros de mora e multa até o último dia útil do mês de abril.

11.2.3. Acréscimos à base de cálculo

Serão acrescidos às bases de cálculo do IRPJ e da CSLL, no mês em que forem auferidos, os ganhos de capital, as demais receitas e os resultados positivos decorrentes de receitas não compreendidas na receita bruta, inclusive:

a) os ganhos de capital auferidos na alienação de participações societárias permanentes em sociedades coligadas e controladas e de participações societárias que permaneceram no ativo da pessoa jurídica até o término do ano-calendário seguinte ao de suas aquisições;

b) os ganhos auferidos em operações de cobertura (*hedge*) realizadas em bolsas de valores, de mercadorias e de futuros ou no mercado de balcão organizado;

c) a receita de locação de imóvel, quando não for este o objeto social da pessoa jurídica, deduzida dos encargos necessários à sua percepção;

d) os juros equivalentes à taxa referencial do Selic para títulos federais relativos a impostos e contribuições a serem restituídos ou compensados;

e) os rendimentos auferidos nas operações de mútuo realizadas entre pessoas jurídicas ou entre pessoa jurídica e pessoa física;

f) as receitas financeiras decorrentes das variações monetárias dos direitos de crédito e das obrigações do contribuinte, em função de índices ou coeficientes aplicáveis por disposição legal ou contratual;

g) os ganhos de capital auferidos na devolução de capital em bens e direitos; e

h) a diferença entre o valor em dinheiro ou o valor dos bens e direitos recebidos de instituição isenta, a título de devolução de patrimônio, e o valor em dinheiro ou o valor dos bens e direitos entregues para a formação do referido patrimônio.

Os valores decorrentes do ajuste a valor presente incluem-se nos acréscimos à base de cálculo, independentemente da forma como essas receitas tenham sido contabilizadas.

Os valores decorrentes do ajuste a valor presente, apropriados como receita financeira no mesmo período de apuração do reconhecimento das receitas ou em outro período de apuração, não serão incluídos na base de cálculo estimada.

O ganho de capital nas alienações de bens do ativo não circulante (imobilizados, investimentos e intangíveis), ainda que reclassificados para o ativo circulante com a intenção de venda, e de ouro não considerado ativo financeiro, corresponderá à diferença positiva verificada entre o valor da alienação e o respectivo valor contábil.

Poderão ser considerados no valor contábil, e na proporção deste, os respectivos valores decorrentes dos efeitos do ajuste a valor presente.

Capítulo – Lucro Real

Para obter a parcela a ser considerada no valor contábil do ativo, a pessoa jurídica terá que calcular inicialmente o quociente entre: o valor contábil do ativo na data da alienação, e o valor do mesmo ativo sem considerar eventuais realizações anteriores, inclusive mediante depreciação, amortização ou exaustão, e a perda estimada por redução ao valor recuperável.

A parcela a ser considerada no valor contábil do ativo conforme corresponderá ao produto dos valores decorrentes do ajuste a valor presente pelo o quociente de que o parágrafo acima.

Para fins da neutralidade tributária deverá ser considerada no valor contábil eventual diferença entre o valor do ativo na contabilidade societária e o valor do ativo mensurado de acordo com os métodos e critérios contábeis vigentes em 31 de dezembro de 2007, verificada na data da adoção inicial.

Os ajustes citados acima serão efetuados independentemente das determinações relativas à evidenciação por meio de subcontas.

Para efeitos de apuração do ganho de capital considera-se valor contábil:

- no caso de investimentos do ativo não circulante em:
  - participações societárias avaliadas pelo custo de aquisição, o valor de aquisição;
  - participações societárias avaliadas pelo valor de patrimônio líquido, a soma algébrica dos seguintes valores:
    - valor de patrimônio líquido pelo qual o investimento estiver registrado;
    - os valores de mais valia ou menos valia e ágio por rentabilidade futura, ainda que tenham sido realizados na escrituração societária do contribuinte;
- no caso de aplicações em ouro, não considerado ativo financeiro, o valor de aquisição;
- no caso dos demais bens e direitos do ativo não circulante imobilizado, investimentos ou intangível, o custo de aquisição, diminuído dos encargos de depreciação, amortização ou exaustão acumulada e das perdas estimadas no valor de ativos.

No caso dos demais bens e direitos do ativo não circulante será acrescido às bases de cálculo estimadas o saldo das quotas de depreciação acelerada incentivada, registradas na Parte B do e-Lalur e e-Lacs.

Em se tratando de outros bens e direitos não classificados no ativo não circulante imobilizado, investimentos ou intangível, considera-se valor contábil o custo de aquisição.

A não comprovação dos custos pela pessoa jurídica implicará adição integral da receita às bases de cálculo estimadas.

O ganho de capital auferido na venda de bens do ativo não circulante classificados como imobilizado, investimentos e intangíveis para recebimento do preço, no todo ou em parte, após o término do ano-calendário seguinte ao da contratação, deverá integrar as bases de cálculo estimadas, podendo ser computado na proporção da parcela do preço recebida em cada mês.

As receitas financeiras decorrentes das variações monetárias dos direitos de crédito e das obrigações do contribuinte, em função da taxa de câmbio, serão consideradas, para efeito de determinação das bases de cálculo estimadas, quando da liquidação da correspondente operação.

À opção da pessoa jurídica, as variações monetárias de direitos de créditos e das obrigações do contribuinte poderão ser consideradas segundo o regime de competência, o qual será aplicado a todo o ano-calendário.

Os rendimentos e ganhos líquidos produzidos por aplicação financeira de renda fixa e de renda variável serão acrescidos à base de cálculo estimada da CSLL.

No caso de pessoa jurídica arrendatária de contrato de arrendamento mercantil em que haja transferência substancial dos riscos e benefícios inerentes à propriedade do bem arrendado, e na hipótese das contraprestações a pagar e respectivos saldos de juros a apropriar decorrentes de ajuste a valor presente serem atualizados em função da taxa de câmbio ou de índices ou coeficientes aplicáveis por disposição legal ou contratual, as variações monetárias ativas decorrentes desta atualização não serão acrescidas às bases de cálculo do IRPJ e da CSLL. Aplica também aos contratos não tipificados como arrendamento mercantil que contenham elementos contabilizados como

Capítulo – Lucro Real

arrendamento mercantil por força de normas contábeis e da legislação comercial

O disposto no parágrafo anterior não se aplica às atualizações feitas sobre contraprestações vencidas.

11.2.4. Valores que não Integram a Base de Cálculo

Não integram as bases de cálculo do IRPJ/CSLL:

- as receitas provenientes de atividade incentivada, na proporção do benefício de isenção ou redução do tributo a que a pessoa jurídica submetida ao regime de tributação com base no lucro real ou resultado ajustado fizer jus;
- as recuperações de créditos que não representem ingressos de novas receitas;
- a reversão de saldo de provisões, exceto:
  - técnicas das companhias de seguro e de capitalização, das entidades de previdência privada complementar e das operadoras de planos de assistência à saúde, quando constituídas por exigência da legislação especial a elas aplicável;
  - para perdas de estoques de livros;
  - para o pagamento de férias de empregados; e
  - para o pagamento de décimo terceiro salário de empregados.
- os lucros e dividendos decorrentes de participações societárias não avaliadas pelo método da equivalência patrimonial, em empresas domiciliadas no Brasil;
- os lucros, rendimentos e ganhos de capital decorrentes de participações societárias em empresas domiciliadas no exterior;
- as parcelas referentes aos ajustes de preços de transferência;
- a contrapartida do ajuste por aumento do valor de investimentos avaliados pelo método da equivalência patrimonial;
- O ganho proveniente de compra vantajosa na aquisição de participação societária sujeita à avaliação pelo valor do patrimônio líquido, que integrará as bases de cálculo es-

timadas no mês em que houver a alienação ou baixa do investimento;

- as receitas de subvenções para investimento e as receitas relativas a prêmios na emissão de debêntures, desde que os registros nas respectivas reservas de lucros sejam efetuados até 31 de dezembro do ano em curso, salvo nos casos de apuração de prejuízo.

Os rendimentos e ganhos líquidos produzidos por aplicação financeira de renda fixa e de renda variável não integrarão a base de cálculo estimada do IRPJ.

Os rendimentos e ganhos líquidos produzidos por aplicação financeira de renda fixa e de renda variável serão considerados na determinação da base de cálculo estimada do IRPJ quando não houverem sido submetidos à incidência na fonte ou ao recolhimento mensal previstos nas regras específicas de tributação a que estão sujeitos.

Os juros sobre o capital próprio auferido não integrarão a base de cálculo estimada do IRPJ.

11.2.5. Avaliação a valor justo

O ganho decorrente de avaliação de ativo ou passivo com base no valor justo não integrará as bases de cálculo estimadas no período de apuração:

a) relativo à avaliação com base no valor justo caso seja registrado diretamente em conta de receita; ou

b) em que seja reclassificado como receita caso seja inicialmente registrado em conta de patrimônio líquido.

Na apuração dos ganhos de que trata o subitem 25.1 o aumento ou redução no valor do ativo registrado em contrapartida a ganho ou perda decorrente de sua avaliação com base no valor justo não será considerado como parte integrante do valor contábil.

O disposto acima não se aplica caso o ganho relativo ao aumento no valor do ativo tenha sido anteriormente computado na base de cálculo do tributo.

Capítulo – Lucro Real

11.3. Determinação do IRPJ e da CSLL a pagar

11.3.1. IRPJ

O IRPJ devido em cada mês será calculado mediante aplicação das alíquotas de 15% e adicional de 10% sobre a base de cálculo apurado no mês.

Do imposto apurado a pessoa jurídica poderá, observados os limites e prazos previstos na legislação de regência, deduzir os valores dos benefícios fiscais de dedução do imposto, excluído o adicional, relativos:

- às despesas de custeio do Programa de Alimentação do Trabalhador (PAT);
- às doações aos fundos dos direitos da criança e do adolescente;
- às doações aos fundos nacional, estaduais ou municipais do idoso;
- às doações e patrocínios a título de apoio a ações de prevenção e de combate ao câncer no âmbito do Programa Nacional de Apoio à Atenção Oncológica (Pronon);
- às doações e patrocínios a título de apoio a ações e serviços de reabilitação da pessoa com deficiência promovidas no âmbito do Programa Nacional de Apoio à Atenção da Saúde da Pessoa com Deficiência (Pronas/PCD);
- às doações e patrocínios realizados a título de apoio a atividades culturais ou artísticas;
- aos investimentos, aos patrocínios e à aquisição de quotas de Fundos de Financiamento da Indústria Cinematográfica Nacional (Funcines), realizados a título de apoio a atividades audiovisuais;
- às doações e patrocínios realizados a título de apoio a atividades desportivas e paradesportivas; e
- à remuneração da empregada ou do empregado paga no período de prorrogação da licença-maternidade ou da licença-paternidade.

Para determinação do valor do IRPJ a pagar a pessoa jurídica poderá ainda deduzir do imposto devido, o imposto pago ou retido na fonte sobre as receitas que integraram a respectiva base de cálculo.

Em nenhuma hipótese poderá ser deduzido o imposto sobre a renda retido na fonte sobre rendimentos de aplicações financeiras de renda fixa e de renda variável ou pago sobre os ganhos líquidos.

Os valores dos incentivos fiscais deduzidos do imposto devido com base no lucro estimado não serão considerados impostos pagos por estimativa.

11.3.2. CSLL

A CSLL devida em cada mês será calculada mediante aplicação da alíquota de 9% para as pessoas jurídicas em geral e da tabela prevista no subitem 5.2, para as instituições financeiras.

Para fins de cálculo do valor a pagar a pessoa jurídica poderá deduzir da CSLL devida no mês a CSLL retida na fonte sobre receitas que integraram a respectiva base de cálculo.

11.4. Suspensão ou redução do pagamento mensal

A pessoa jurídica poderá:

a) suspender o pagamento do IRPJ, desde que demonstre que o valor devido, calculado com base no lucro real do período em curso, é igual ou inferior à soma do imposto sobre a renda devido por estimativa, correspondente aos meses do mesmo ano-calendário anteriores àquele a que se refere o balanço ou balancete levantado;

b) reduzir o valor do IRPJ ao montante correspondente à diferença positiva entre o valor devido, calculado com base no lucro real do período em curso, e a soma do imposto sobre a renda devido por estimativa, correspondente aos meses do mesmo ano-calendário, anteriores àquele a que se refere o balanço ou balancete levantado;

c) suspender o pagamento da CSLL, desde que demonstre que o valor devido, calculado com base no resultado ajustado do período em curso, é igual ou inferior à soma da contribuição devida por estimativa, correspondente aos meses do mesmo ano-calendário anteriores àquele a que se refere o balanço ou balancete levantado; e

d) reduzir o valor da CSLL ao montante correspondente à diferença positiva entre o valor devido, calculado com base no resultado ajustado do período em curso, e a soma da contribuição devida por estimativa, correspondente aos meses do mesmo ano-calendário anteriores àquele a que se refere o balanço ou balancete levantado.

A diferença verificada, correspondente ao IRPJ ou à CSLL pago a maior no período abrangido pelo balanço de suspensão, não poderá ser utilizada para reduzir o montante do IRPJ ou da CSLL devido em meses subsequentes do mesmo ano-calendário.

Caso a pessoa jurídica pretenda suspender ou reduzir o pagamento do IRPJ ou da CSLL em qualquer outro mês do mesmo ano-calendário deverá levantar novo balanço ou balancete devendo abranger desde janeiro até o mês que pretende suspender ou reduzir o IRPJ e CSLL.

Os valores dos benefícios fiscais deduzidos do IRPJ e da CSLL devidos com base em balanço ou balancete de suspensão ou redução não serão considerados impostos ou contribuição pagos por estimativa.

11.4.1. Deduções do IRPJ/CSLL

Do valor do IRPJ a pagar no mês a pessoa jurídica poderá deduzir do imposto devido no período em curso:

- o valor do IRPJ devido por estimativa em meses anteriores do ano-calendário, seja com base na receita bruta e acréscimos ou em balanço ou balancete de redução
- o IRPJ pago ou retido na fonte sobre as receitas auferidas no mês, que integraram a respectiva base de cálculo
- o IRPJ pago ou retido na fonte sobre as receitas auferidas nos meses anteriores do período em curso, inclusive o pago separadamente sobre ganhos líquidos de renda variável, que não tenham sido deduzidos no pagamento por estimativa daqueles meses.

Do valor da CSLL a pagar no mês a pessoa jurídica poderá deduzir da contribuição devida no período em curso:

- o valor da CSLL devida por estimativa em meses anteriores do ano-calendário, seja com base na receita bruta e acréscimos ou em balanço ou balancete de redução
- a CSLL retida na fonte sobre as receitas auferidas no mês, que integraram a respectiva base de cálculo
- a CSLL retida na fonte sobre receitas auferidas nos meses anteriores do período em curso, que não tenha sido deduzida no pagamento por estimativa daqueles meses.

O imposto e a contribuição devidos por estimativa, correspondentes aos meses do mesmo ano-calendário, anteriores àquele a que se refere o balanço ou balancete levantado, não pagos no respectivo vencimento, deverão ser pagos com os devidos acréscimos legais de multa de mora e juros de mora.

O pagamento mensal relativo ao mês de janeiro do ano-calendário poderá ser efetuado com base em balanço ou balancete mensal, desde que neste fique demonstrado que o valor do IRPJ ou da CSLL devido no período é inferior ao calculado com base na receita bruta e seus acréscimos.

Ocorrendo apuração de prejuízo fiscal ou base de cálculo negativa de CSLL a pessoa jurídica estará dispensada do pagamento do IRPJ ou da CSLL correspondente a esse mês.

Para efeitos da suspensão ou redução com base em balanço ou balancete, considera-se:

- período em curso aquele compreendido entre 1º de janeiro ou o dia de início de atividade e o último dia do mês a que se referir o balanço ou balancete.
- IRPJ devido no período em curso o resultado da aplicação da alíquota do imposto sobre o lucro real, acrescido do adicional e diminuído, quando for o caso, dos incentivos fiscais de dedução e de isenção ou redução.
- CSLL devida no período em curso o resultado da aplicação da alíquota da contribuição sobre o resultado ajusta-

do, diminuído, quando for o caso, dos incentivos fiscais de dedução e de isenção ou redução.

O lucro líquido do período em curso deverá ser ajustado por todas as adições determinadas e exclusões e compensações admitidas pela legislação do IRPJ e da CSLL.

Para fins de determinação do lucro líquido a pessoa jurídica deverá promover, ao final de cada período de apuração, levantamento e avaliação de seus estoques, segundo a legislação específica, dispensada a escrituração do livro "Registro de Inventário".

A pessoa jurídica que tiver registro permanente de estoques, integrado e coordenado com a contabilidade, estará obrigada a ajustar os saldos contábeis pelo confronto com a contagem física somente ao final do ano-calendário ou no encerramento do período de apuração, nos casos de incorporação, fusão, cisão ou encerramento de atividade.

O balanço ou balancete, para efeito de determinação do lucro líquido do período em curso, será:

- levantado com observância das disposições contidas nas leis comerciais e fiscais
- informado no Livro de Apuração do Lucro Real – e-Lalur e e-Lacs.

Os balanços ou balancetes produzirão efeitos somente para fins de determinação da parcela do IRPJ ou da CSLL devidos no decorrer do ano-calendário.

A demonstração do resultado ajustado relativas ao período abrangido pelos balanços ou balancetes deverão ser informadas no e-Lalur e e-Lacs, observando-se o seguinte:

- a cada balanço ou balancete levantado para fins de suspensão ou redução do IRPJ e da CSLL o contribuinte deverá determinar um novo lucro real e um novo resultado ajustado para o período em curso, desconsiderando aqueles apurados em meses anteriores do mesmo ano-calendário
- as adições, exclusões e compensações, computadas na apuração do lucro real e do resultado ajustado, corres-

pondentes aos balanços ou balancetes, deverão constar, discriminadamente, na Parte A do e-Lalur e na Parte A do e-Lacs, não cabendo nenhum registro na Parte B dos referidos Livros.

11.4.2. Prazo de pagamento

O IRPJ e a CSLL apurados no período deverão ser pagos até o último dia útil do mês subsequente.

O apurado no mês de dezembro deverá ser pago até o ultimo dia útil do mês de janeiro do ano seguinte.

11.4.3. Escolha da forma de pagamento

A opção pelo pagamento por estimativa será manifestada com o pagamento do IRPJ/CSLL correspondente ao mês de janeiro do ano-calendário, ainda que intempestivo, ou com o levantamento do respectivo balanço ou balancete de suspensão.

No caso de início de atividades a opção será manifestada em relação ao 1º (primeiro) mês de atividade da pessoa jurídica.

12. Apuração anual do IRPJ e da CSLL – Estimativas Mensais

O IRPJ devido sobre o lucro real será calculado mediante aplicação das alíquotas de 15% e adicional de 10% sobre o lucro real.

Para efeitos de determinação do saldo do imposto a pagar ou a ser restituída ou compensada, a pessoa jurídica poderá deduzir do IRPJ devido os valores referentes:

a) aos incentivos fiscais de dedução do imposto;

b) aos incentivos fiscais de redução e isenção do imposto, calculados com base no lucro da exploração;

c) ao imposto sobre a renda pago ou retido na fonte, incidente sobre receitas computadas na determinação do lucro real; e

d) ao imposto sobre a renda calculado sobre a receita bruta e seus acréscimos e sobre os apurados por balanço ou balancete de suspensão ou redução, conforme o caso efetivamente pago mensalmente.

Para efeitos de determinação dos incentivos fiscais de dedução do imposto, serão considerados os valores efetivamente despendidos pela pessoa jurídica.

A CSLL devida sobre o resultado ajustado será calculada mediante aplicação da alíquota de que o subitem 5.2.

Para efeitos de determinação do saldo da CSLL a pagar ou a ser restituída ou compensada, a pessoa jurídica poderá deduzir da CSLL devida os valores referentes:

> a) aos incentivos fiscais de isenção da CSLL, calculados com base no lucro da exploração;
>
> b) à CSLL paga ou retida na fonte, incidente sobre receitas computadas na determinação do resultado ajustado;
>
> c) à CSLL calculado sobre a receita bruta e seus acréscimos e sobre os apurados por balanço ou balancete de suspensão ou redução, conforme o caso, e efetivamente paga mensalmente; e
>
> d) ao bônus de adimplência fiscal.

12.1. Base de cálculo

A base de cálculo é o lucro líquido do período, ajustado pelas adições, exclusões ou compensações.

A provisão para o IRPJ e par a CSLL não são dedutíveis na apuração do lucro real.

12.1.1. Adições

Na determinação do lucro real e do resultado ajustado serão adicionados ao lucro líquido do período de apuração:

a) os custos, as despesas, os encargos, as perdas, as provisões, as participações e quaisquer outros valores deduzidos na apuração do lucro líquido que, de acordo com a legislação do IRPJ ou da CSLL, não sejam dedutíveis na determinação do lucro real ou do resultado ajustado; e

b) os resultados, os rendimentos, as receitas e quaisquer outros valores não incluídos na apuração do lucro líquido que, de acordo com essa mesma legislação, devam ser computados na determinação do lucro real ou do resultado ajustado.

NOTA:
Principais adições constam do subitem 6.1

12.1.2. Exclusões

Na determinação do lucro real e do resultado ajustado poderão ser excluídos do lucro líquido do período de apuração:

 a) os valores cuja dedução seja autorizada pela legislação do IRPJ ou da CSLL e que não tenham sido computados na apuração do lucro líquido do período de apuração; e

 b) os resultados, os rendimentos, as receitas e quaisquer outros valores incluídos na apuração do lucro líquido que, de acordo com essa mesma legislação, não sejam computados no lucro real ou no resultado ajustado.

NOTA:
Principais adições constam do subitem 6.2

12.1.3. Compensações

O lucro líquido, depois de ajustado pelas adições e exclusões prescritas ou autorizadas pela legislação do IRPJ, poderá ser reduzido pela compensação de prejuízos fiscais de períodos de apuração anteriores em até, no máximo, 30% do lucro real apurado.

O lucro líquido, depois de ajustado pelas adições e exclusões, poderá ser reduzido pela compensação de bases de cálculo negativas da CSLL de períodos de apuração anteriores em até, no máximo, 30% da base de cálculo positiva apurada.

NOTA:
Normas sobre compensação de prejuízos vide item 7, inclusive sobre a compensação de 100%.

12.2. Deduções permitidas pela legislação

Na determinação do lucro real serão dedutíveis somente as despesas necessárias à atividade da empresa e à manutenção da respectiva fonte produtora.

Consideram-se necessárias as despesas pagas ou incorridas para a realização das transações ou operações exigidas pela atividade da empresa.

As despesas admitidas são as usuais ou normais no tipo de transações, operações ou atividades da empresa.

Serão indedutíveis na apuração do resultado ajustado as despesas desnecessárias às operações da empresa.

13. Despesas Necessárias

Na determinação do lucro real serão dedutíveis somente as despesas necessárias à atividade da empresa e à manutenção da respectiva fonte produtora.

Consideram-se necessárias as despesas pagas ou incorridas para a realização das transações ou operações exigidas pela atividade da empresa.

As despesas admitidas são as usuais ou normais no tipo de transações, operações ou atividades da empresa.

Serão indedutíveis na apuração do resultado ajustado as despesas desnecessárias às operações da empresa.

14. Provisões

Na determinação do lucro real e do resultado ajustado somente serão dedutíveis as provisões:

    a) técnicas das companhias de seguro e de capitalização, das entidades de previdência privada complementar e das operadoras de planos de assistência à saúde, quando constituídas por exigência da legislação especial a elas aplicável;

    b) para perdas de estoques de livros de que trata o art. 8º da Lei nº 10.753/2003;

    c) para o pagamento de férias de empregados; e

d) para o pagamento de décimo terceiro salário de empregados.

15. Perdas no recebimento de créditos

As perdas no recebimento de créditos decorrentes das atividades da pessoa jurídica poderão ser deduzidas como despesas, para determinação do lucro real e do resultado ajustado.

Poderão ser registrados como perdas os créditos:

a) em relação aos quais tenha havido a declaração de insolvência do devedor, em sentença emanada do Poder Judiciário;

b) sem garantia, de valor:

a. até R$ 15.000,00 por operação, vencidos há mais de 6 meses, independentemente de iniciados os procedimentos judiciais para o seu recebimento;

b. acima de R$ 15.000,00 até R$ 100.000,00 por operação, vencidos há mais de um ano, independentemente de iniciados os procedimentos judiciais para o seu recebimento, mantida a cobrança administrativa; e

c. superior a R$ 100.000,00 por operação, vencidos há mais de 1 um ano, desde que iniciados e mantidos os procedimentos judiciais para o seu recebimento;

c) com garantia, vencidos há mais de dois anos, de valor:

a. até R$ 50.000,00 por operação, independentemente de iniciados os procedimentos judiciais para o seu recebimento ou o arresto das garantias; e

b. superior a R$ 50.000,00 por operação, desde que iniciados e mantidos os procedimentos judiciais para o seu recebimento ou o arresto das garantias; e

d) contra devedor declarado falido ou pessoa jurídica em concordata ou recuperação judicial, relativamente à parcela que exceder o valor que esta tenha se comprometido a pagar.

Considera-se operação a venda de bens, a prestação de serviços, a cessão de direitos, e a aplicação de recursos financeiros em operações com títulos e valores mobiliários, constantes de um único contrato, no qual esteja prevista a forma de pagamento do preço pactuado, ainda que a transação seja realizada para pagamento em mais de uma parcela.

No caso de empresas mercantis a operação será caracterizada pela emissão da fatura, mesmo que englobe mais de uma nota fiscal.

Para fins de se efetuar o registro da perda, os créditos a que se as letras "b" e "c" serão considerados pelo seu valor original acrescido de reajustes previstos em contrato, inclusive juros e outros encargos pelo financiamento da operação e eventuais acréscimos moratórios decorrentes da não liquidação, considerados até a data da baixa, deduzidos os valores amortizados.

No caso de contrato de crédito em que o não pagamento de uma ou mais parcelas implique o vencimento automático de todas as demais parcelas vincendas, os limites a que se referem as alíneas "a" e "b" da letra "b" serão considerados em relação ao total dos créditos, por operação, com o mesmo devedor.

Para o registro de nova perda em uma mesma operação, tratando-se dos créditos a que se refere a letra "b", as condições ali prescritas deverão ser observadas em relação à soma da nova perda àquelas já registradas.

Considera-se crédito garantido o proveniente de vendas com reserva de domínio, de alienação fiduciária em garantia ou de operações com outras garantias reais.

No caso de crédito com empresa em processo falimentar, em concordata ou em recuperação judicial, a dedução da perda será admitida a partir da data da decretação da falência ou do deferimento do processamento da concordata ou recuperação judicial, desde que a credora tenha adotado os procedimentos judiciais necessários para o recebimento do crédito.

A parcela do crédito cujo compromisso de pagar não houver sido honrado pela pessoa jurídica em concordata ou recuperação judicial, poderá, também, ser deduzida como perda, observadas as condições desse subitem.

Não será admitida a dedução de perdas no recebimento de créditos com pessoa jurídica que seja controladora, controlada, coligada ou interligada, ou com pessoa física que seja acionista controlador, sócio, titular ou administrador da pessoa jurídica credora, ou parente até o 3º grau dessas pessoas físicas.

15.1. Contratos Inadimplidos até 7/10/2014

Para os contratos inadimplidos até 7 de outubro de 2014 poderão ser registrados como perdas os créditos:

- a) em relação aos quais tenha havido a declaração de insolvência do devedor, em sentença emanada do Poder Judiciário;
- b) sem garantia, de valor:
    - a. até R$ 5.000,00 por operação, vencidos há mais de seis meses, independentemente de iniciados os procedimentos judiciais para o seu recebimento;
    - b. acima de R$ 5.000,00 até R$ 30.000,00 por operação, vencidos há mais de um ano, independentemente de iniciados os procedimentos judiciais para o seu recebimento, porém mantida a cobrança administrativa;
    - c. superior a R$ 30.000,00 por operação, vencidos há mais de 1 um ano, desde que iniciados e mantidos os procedimentos judiciais para o seu recebimento;
- c) com garantia, vencidos há mais de dois anos, desde que iniciados e mantidos os procedimentos judiciais para o seu recebimento ou o arresto das garantias;
- d) contra devedor declarado falido ou pessoa jurídica em concordata ou recuperação judicial, relativamente à parcela que exceder o valor que esta tenha se comprometido a pagar.

Para fins de se efetuar o registro da perda, os créditos a que se refere a letra "b" serão considerados pelo seu valor original acrescido de reajustes previstos em contrato, inclusive juros e outros encargos pelo financiamento da operação e eventuais acréscimos moratórios decorrentes da não liquidação, considerados até a data da baixa, deduzidos os valores amortizados.

Poderão ser deduzidos como despesas somente créditos decorrentes das atividades das pessoas jurídicas para os quais tenham sido

Capítulo – Lucro Real

cumpridos os requisitos previstos neste artigo, ainda que vencidos há mais de cinco anos sem que tenham sido liquidados pelo devedor, notadamente em relação aos créditos que exigirem procedimentos judiciais.

A dedução de perdas de que trata este artigo pode ser efetuada em período de apuração posterior àquele em que forem cumpridos os requisitos para a sua dedutibilidade, desde que mantidas as condições no momento da dedução.

15.2. Registro Contábil das Perdas

Os registros contábeis das perdas serão efetuados a débito de conta de resultado e a crédito:

    a) da conta que registra o crédito de que trata a alínea "a" da letra "b" do item 15 e da alínea "a" da letra "b" do subitem 15.1; e

    b) de conta redutora do crédito, nas demais hipóteses.

Ocorrendo a desistência da cobrança pela via judicial antes de decorridos cinco anos do vencimento do crédito, a perda eventualmente registrada deverá ser estornada ou adicionada ao lucro líquido, para determinação do lucro real e do resultado ajustado correspondentes ao período de apuração em que se der a desistência.

Neste caso o tributo será considerado como postergado desde o período de apuração em que tenha sido reconhecida a perda.

Se a solução da cobrança se der em virtude de acordo homologado por sentença judicial, o valor da perda a ser estornado ou adicionado ao lucro líquido para determinação do lucro real e do resultado ajustado será igual à soma da quantia recebida com o saldo a receber renegociado, não sendo considerado postergação de tributo.

Os valores registrados na conta redutora do crédito referida na letra "b" poderão ser baixados definitivamente em contrapartida à conta que registra o crédito, a partir do período de apuração em que se completarem cinco anos do vencimento do crédito e sem que ele tenha sido liquidado.

15.3. Encargos Financeiros de Créditos Vencidos

Após dois meses do vencimento do crédito sem que tenha havido o seu recebimento a pessoa jurídica credora poderá excluir do lucro líquido, para determinação do lucro real e do resultado ajustado, o valor dos encargos financeiros incidentes sobre o crédito, contabilizado como receita, auferido a partir do prazo comentado no item e subitens anteriores.

§ 1º Ressalvadas as hipóteses previstas nas alíneas "a" e "b" da letra "b" e na alínea "a" da letra "c" do item 15, e nas alíneas "a" e "b" da letra "b" do subitem 15.1, somente se aplica quando a pessoa jurídica houver tomado as providências de caráter judicial necessárias ao recebimento do crédito.

Caso as providências sejam tomadas após o prazo de dois meses do vencimento do crédito a exclusão de que trata este artigo só abrangerá os encargos financeiros auferidos a partir da data em que tais providências forem efetivadas.

Os valores excluídos deverão ser adicionados no período de apuração em que, para os fins legais, se tornarem disponíveis para a pessoa jurídica credora ou em que for reconhecida a respectiva perda.

A partir da citação inicial para o pagamento do débito, a pessoa jurídica devedora deverá adicionar ao lucro líquido, para determinação do lucro real e do resultado ajustado, os encargos incidentes sobre o débito vencido e não pago que tenham sido deduzidos como despesa ou custo, incorridos a partir daquela data.

Os valores adicionados poderão ser excluídos do lucro líquido, para determinação do lucro real e do resultado ajustado, no período de apuração em que ocorrer a quitação do débito por qualquer forma.

15.4. Créditos Recuperados

Deverá ser computado na determinação do lucro real e do resultado ajustado o montante dos créditos deduzidos que tenham sido recuperados, em qualquer época ou a qualquer título, inclusive nos casos de novação da dívida ou do arresto dos bens recebidos em garantia real.

Os bens recebidos a título de quitação do débito serão escriturados pelo valor do crédito ou avaliados pelo valor definido na decisão judicial que tenha determinado sua incorporação ao patrimônio do credor.

Os juros vincendos poderão ser computados na determinação do lucro real e do resultado ajustado à medida que forem incorridos.

Nas operações de crédito realizadas por instituições financeiras autorizadas a funcionar pelo Banco Central do Brasil, nos casos de renegociação de dívida, o reconhecimento da receita para fins de incidência de IRPJ e CSLL ocorrerá no momento do efetivo recebimento do crédito.

16. Juros sobre o capital próprio

Para efeitos de apuração do lucro real e do resultado ajustado a pessoa jurídica poderá deduzir os juros sobre o capital próprio pagos ou creditados, individualizadamente, ao titular, aos sócios ou aos acionistas, limitados à variação, pro rata die, da Taxa de Juros de Longo Prazo (TJLP) e calculados, exclusivamente, sobre as seguintes contas do patrimônio líquido:

- capital social;
- reservas de capital;
- reservas de lucros;
- ações em tesouraria; e
- prejuízos acumulados.

Para fins de cálculo da remuneração prevista neste artigo:

- a conta capital social, inclui todas as espécies de ações previstas no art. 15 da Lei nº 6.404/1976, ainda que classificadas em contas de passivo na escrituração comercial da pessoa jurídica;
- os instrumentos patrimoniais referentes às aquisições de serviços (pagamento baseado em ações) somente serão considerados depois da transferência definitiva da sua propriedade.

O montante dos juros remuneratórios passível de dedução não poderá exceder o maior entre os seguintes valores:

- 50% do lucro líquido do exercício antes da dedução dos juros, caso estes sejam contabilizados como despesa; ou
- 50% do somatório dos lucros acumulados e reservas de lucros.

Para efeitos dos 50% do lucro líquido do exercício antes da dedução dos juros, o lucro será aquele apurado após a dedução da CSLL e antes da dedução do IRPJ.

A dedução dos juros sobre o capital próprio só poderá ser efetuada no ano-calendário a que se referem os limites de 50% antes da dedução dos juros.

A utilização do valor creditado, líquido do imposto incidente na fonte, para integralização de aumento de capital na empresa, não prejudica o direito à dedução dos juros.

O montante dos juros sobre o capital próprio passível de dedução nos termos deste artigo poderá ser excluído na Parte A do e-Lalur e do e-Lacs, desde que não registrado como despesa.

Os juros ficarão sujeitos à incidência do imposto sobre a renda retido na fonte à alíquota de 15%, na data do pagamento ou crédito ao beneficiário.

O imposto retido na fonte:
- no caso de beneficiário pessoa jurídica submetida ao regime de tributação com base no lucro real, será considerado antecipação do imposto devido no período de apuração ou poderá ser compensado com o que houver retido por ocasião do pagamento ou crédito de juros, a título de remuneração do capital próprio, a seu titular, sócios ou acionistas
- no caso de beneficiário pessoa jurídica submetida ao regime de tributação com base no lucro presumido ou com base no lucro arbitrado será considerado antecipação do imposto devido no período de apuração
- no caso de beneficiário pessoa física ou pessoa jurídica não tributada com base no lucro real, presumido ou arbitrado, inclusive isenta do IRPJ, será considerado definitivo.

A incidência do imposto sobre a renda na fonte sobre os juros não se aplica à parcela paga ou creditada a pessoa jurídica imune.

Capítulo – Lucro Real

No caso de retenção indevida da pessoa jurídica imune, o pedido de restituição ou de compensação do imposto somente poderá ser formulado pela própria entidade.

O valor dos juros pagos ou creditados pela pessoa jurídica, a título de remuneração do capital próprio, poderá ser imputado ao valor dos dividendos obrigatórios (art. 202 da Lei nº 6.404/1976), sem prejuízo da incidência do imposto.

Considera-se creditado individualizadamente o valor dos juros sobre o capital próprio, quando a destinação, na escrituração contábil da pessoa jurídica, for registrada em contrapartida a conta de passivo exigível, representativa de direito de crédito do sócio ou acionista da sociedade ou do titular da empresa individual, no ano-calendário da sua apuração.

Os juros sobre o capital próprio, inclusive quando imputados aos dividendos, auferidos por beneficiário pessoa jurídica submetida ao regime de tributação com base no lucro real e no resultado ajustado, serão registrados em conta de receita financeira, observado o regime de competência, e integrarão o lucro real e o resultado ajustado.

Alternativamente, a pessoa jurídica poderá registrar os juros em conta que não seja de receita financeira e, nessa hipótese, caso a conta não seja de receita, o montante dos juros sobre o capital próprio deverá ser adicionado na Parte A do e-Lalur e do e-Lacs.

16.1. Juros sobre o Capital Social das Cooperativas

Para fins de apuração do lucro real são dedutíveis os juros de até 12% ao ano sobre o capital, pagos pelas cooperativas a seus associados, de acordo com a legislação em vigor.

Não são dedutíveis, na apuração do resultado ajustado, os juros sobre o capital social pagos pelas cooperativas a seus associados.

17. Retiradas de Administradores

São dedutíveis na determinação do lucro real e do resultado ajustado, sem qualquer limitação, as retiradas dos sócios, diretores ou administradores, titular de empresa individual e conselheiros fiscais e consultivos, desde que escriturados em custos ou despesas operacionais e correspondam a remuneração mensal e fixa por prestação de serviços.

Não são dedutíveis na determinação do lucro real as percentagens e ordenados pagos a membros de diretorias das sociedades por ações que não residam no País.

18. Multas por Rescisão de Contrato

A multa ou qualquer outra vantagem paga ou creditada por pessoa jurídica, ainda que a título de indenização, a beneficiária pessoa jurídica, em virtude de rescisão de contrato, além de sujeitas à incidência do imposto sobre a renda na fonte, serão computadas como receita na determinação do lucro real e do resultado ajustado.

O imposto retido na fonte será considerado como antecipação do IRPJ devido em cada período de apuração.

Não se aplica às indenizações pagas ou creditadas com a finalidade de reparar danos patrimoniais.

19. Gratificação a empregados

A despesa com o pagamento de gratificação a empregados poderá ser deduzida na apuração do lucro real e do resultado ajustado, independentemente de limitação.

20. Pagamentos a Sociedades Simples

Não são dedutíveis, para efeito de determinação do lucro real, os pagamentos efetuados a sociedade simples, quando esta for controlada, direta ou indiretamente, por pessoas físicas que sejam diretores, gerentes ou controladores da pessoa jurídica que pagar ou creditar os rendimentos, ou pelo cônjuge ou parente de primeiro grau das referidas pessoas.

21. Alienações de participações do ativo circulante ou realizável a longo prazo

Não são dedutíveis para efeito de determinação do lucro real, os prejuízos havidos em virtude de alienação de ações, títulos ou quotas de capital com deságio superior a 10%, dos respectivos valores de aquisição, salvo se a venda houver sido realizada em bolsa de valores ou, onde esta não existir, tiver sido efetuada por meio de leilão público, com divulgação do respectivo edital, na forma da lei, durante três dias no período de um mês.

Não se aplicam às sociedades de investimentos fiscalizadas pelo Banco Central do Brasil nem às participações permanentes.

22. Bens Intrinsecamente Relacionados com a Produção ou Comercialização

Para efeito de apuração do lucro real e do resultado ajustado são vedadas as deduções:

- das contraprestações de arrendamento mercantil e do aluguel de bens móveis ou imóveis, exceto quando relacionados intrinsecamente com a produção ou comercialização dos bens e serviços
- de despesas de depreciação, amortização, manutenção, reparo, conservação, impostos, taxas, seguros e quaisquer outros gastos com bens móveis ou imóveis, exceto se intrinsecamente relacionados com a produção ou comercialização dos bens e serviços.

23. Aluguéis, Royalties e Assistência Técnica

23.1. Aluguel

A dedução de despesas com aluguéis para efeito de apuração do lucro real será admitida:

- quando necessárias para que o contribuinte mantenha a posse, o uso ou a fruição do bem ou direito que produz o rendimento
- se o aluguel não constituir aplicação de capital na aquisição do bem ou direito, nem distribuição disfarçada de lucros.

Não são dedutíveis na apuração do lucro real:

- os aluguéis pagos a sócios ou dirigentes de empresas e a seus parentes ou dependentes, em relação à parcela que exceder o preço ou valor de mercado
- as importâncias pagas a terceiros para adquirir os direitos de uso de um bem ou direito e os pagamentos para extensão ou modifi-

cação de contrato, que constituirão aplicação de capital amortizável durante o prazo do contrato.

§ 2º Na apuração do resultado ajustado deve ser observado se o bem esta intrinsecamente relacionados com a atividade operacional e que seja necessário a sua despesa.

23.2. Royalties

Para efeito de apuração do lucro real a dedução de despesas com royalties será admitida quando necessárias para que o contribuinte mantenha a posse, o uso ou a fruição do bem ou direito que produz o rendimento.

Na apuração do resultado ajustado deve ser observado se a despesa é necessária.

Não são dedutíveis na apuração do lucro real:
- os *royalties* pagos a sócios, pessoas físicas ou jurídicas, ou a dirigentes de empresas e a seus parentes ou dependentes
- as importâncias pagas a terceiros para adquirir os direitos de uso de um bem ou direito e os pagamentos para extensão ou modificação do contrato, que constituirão aplicação de capital amortizável durante o prazo do contrato;
- os *royalties* pelo uso de patentes de invenção, processos e fórmulas de fabricação, ou pelo uso de marcas de indústria ou de comércio, quando:

  o pagos pela filial no Brasil de empresa com sede no exterior, em benefício de sua matriz; ou

  o pagos pela sociedade com sede no Brasil a pessoa com domicílio no exterior que mantenha, direta ou indiretamente, controle do seu capital com direito a voto

  - Não se aplica às despesas decorrentes de contratos que, posteriormente a 31 de dezembro de 1991, sejam averbados no Instituto Nacional da Propriedade Industrial (INPI) e registrados no Banco Central do Brasil, observados os limites e as condições estabelecidos pela legislação em vigor
- os *royalties* pelo uso de patentes de invenção, processos e fórmulas de fabricação pagos ou creditados a beneficiário domiciliado no exterior:

Capítulo – Lucro Real

o que não sejam objeto de contrato registrado no Banco Central do Brasil; ou

o cujos montantes excedam aos limites periodicamente fixados pelo Ministro de Estado da Fazenda para cada grupo de atividades ou produtos, segundo o grau de sua essencialidade, e em conformidade com a legislação específica sobre remessas de valores para o exterior; e

- os *royalties* pelo uso de marcas de indústria e comércio pagos ou creditados a beneficiário domiciliado no exterior:

o que não sejam objeto de contrato registrado no Banco Central do Brasil; ou

o cujos montantes excedam aos limites periodicamente fixados pelo Ministro de Estado da Fazenda para cada grupo de atividades ou produtos, segundo o grau da sua essencialidade e em conformidade com a legislação específica sobre remessas de valores para o exterior.

23.3. Assistência Técnica, Científica ou Administrativa

Para efeitos de apuração do lucro real, as importâncias pagas a pessoas jurídicas ou físicas domiciliadas no exterior a título de assistência técnica, científica, administrativa ou semelhante, quer fixas, quer como percentagem da receita ou do lucro, somente poderão ser deduzidas como despesas operacionais quando satisfizerem aos seguintes requisitos:

- constarem de contrato registrado no Banco Central do Brasil
- corresponderem a serviços efetivamente prestados à empresa por meio de técnicos, desenhos ou instruções enviadas ao País, ou estudos técnicos realizados no exterior por conta da empresa
- o montante anual dos pagamentos não exceder o limite fixado por ato do Ministro de Estado da Fazenda, de conformidade com a legislação específica.

As despesas de assistência técnica, científica, administrativa e semelhantes somente poderão ser deduzidas na apuração do lucro real nos cinco primeiros anos de funcionamento da empresa ou de introdução do processo especial de produção, quando demonstrada sua necessidade, podendo esse prazo ser prorrogado até mais cinco anos por autorização do Conselho Monetário Nacional.

Não serão dedutíveis na apuração do lucro real as despesas, quando pagas ou creditadas:

- pela filial de empresa com sede no exterior, em benefício da sua matriz, ou
- pela sociedade com sede no Brasil a pessoa domiciliada no exterior que mantenha, direta ou indiretamente, o controle de seu capital com direito a voto.
  o Não se aplica às despesas decorrentes de contratos que, posteriormente a 31 de dezembro de 1991, venham a ser assinados, averbados no INPI e registrados no Banco Central do Brasil, observados os limites e as condições estabelecidos pela legislação em vigor.

23.4. Limite de Dedutibilidade

Para efeitos de apuração do lucro real as somas das quantias devidas a título de royalties pela exploração de patentes de invenção ou uso de marcas de indústria ou de comércio, e por assistência técnica, científica, administrativa ou semelhante, poderão ser deduzidas como despesas operacionais até o limite máximo de 5% da receita líquida.

Serão estabelecidos e revistos periodicamente, mediante ato do Ministro de Estado da Fazenda, os coeficientes percentuais admitidos para as deduções a que se refere este artigo, considerados os tipos de produção ou atividades reunidos em grupos, segundo o grau de essencialidade.

Não são dedutíveis na apuração do lucro real, as quantias devidas a título de royalties pela exploração de patentes de invenção ou uso de marcas de indústria e de comércio e por assistência técnica, científica, administrativa ou semelhante ou excederem os limites de dedução, as quais serão consideradas como lucros distribuídos.

Para efeito de apuração do lucro real, a dedução das importâncias pagas ou creditadas pelas pessoas jurídicas, a título de aluguéis ou royalties pela exploração ou cessão de patentes ou pelo uso ou cessão de marcas, bem como a título de remuneração que envolva transferência de tecnologia (assistência técnica, científica, administrativa ou semelhantes, projetos ou serviços técnicos especializados) somente será admitida a partir da averbação do respectivo ato ou contrato no INPI, obedecidos o prazo e as condições da averbação e, ainda, as demais prescrições pertinentes, na forma da Lei nº 9.279/1996.

24. Ajuste a Valor Presente – AVP

O Ajuste a Valor Presente de ativos e passivos de longo prazo, em relação a cada operação, será considerado na determinação do lucro real e da base de cálculo da CSLL no mesmo período da receita ou resultado da operação.

Os ajustes a valor presente deverão ser controlados em subcontas analíticas em último nível.

Exemplo:
Ativo
1.02.03 – Ativo Imobilizado
1.02.03.01 – Imobilizado
1.02.03.01.22 – (-) Ajuste a Valor Presente – Imobilizado
1.02.03.01.26 – Ajuste a Valor Presente – Depreciação Acumulada
Passivo
2.01.01.05 – Contas a Pagar – Circulante
2.01.01.05.22 – (-) Ajuste a Valor Presente – Contas a Pagar – Circulante

No Demonstrativo Contábil, o saldo da conta deve ser a própria conta mais a subconta vinculada no ativo ou no passivo dependendo do caso e de acordo com as normas da Lei nº 6.404/1976.

Exemplo:
Aquisição é depreciação de um ano (taxa 20% ao ano)
Máquinas   1.500
(-) Ajuste a Valor Presente   300
(-) Depreciação Acumulada   300
(+) Depreciação Acumulada – AVP   60
Valor Contábil   960

NOTA:
Verifica-se que, do ponto de vista contábil, a depreciação parte do valor de 1.200 (1.500 – 300), gerando assim uma depreciação de 240 ao ano que irá resultar em um valor contábil de 960.

24.1. Ativo

Os valores decorrentes do ajuste a valor presente de ativos decorrentes de operações de longo prazo, relativos a cada operação, somente serão considerados na determinação do lucro real e do resultado ajustado no mesmo período de apuração em que a receita ou resultado da operação deva ser oferecido à tributação.

Na venda a prazo sujeita ao ajuste a valor presente os valores decorrentes desse ajuste serão registrados a crédito em conta de juros a apropriar ou equivalente.

Caso a receita da venda deva ser classificada como receita bruta, os valores decorrentes do ajuste a valor presente deverão ser registrados a débito em conta de dedução da receita bruta, em contrapartida à conta de juros a apropriar ou equivalente.

Os valores apropriados como receita a partir da conta de juros a apropriar ou equivalente poderão ser excluídos do lucro líquido na determinação do lucro real e do resultado ajustado nos períodos de apuração relativos às apropriações.

Os valores decorrentes do ajuste a valor presente serão adicionados ao lucro líquido na determinação do lucro real e do resultado ajustado no período de apuração em que a receita ou resultado da venda deva ser oferecido à tributação.

As adições e exclusões serão controladas exclusivamente na Parte B do e-Lalur e do e-Lacs, não se lhes aplicando o controle por subconta.

Nas demais operações sujeitas ao ajuste a valor presente, os valores decorrentes desse ajuste também serão registrados a crédito em conta de juros a apropriar ou equivalente.

Os valores apropriados como receita a partir da conta de juros a apropriar ou equivalente, mencionada no caput, poderão ser excluídos do lucro líquido na determinação do lucro real e do resultado ajustado nos períodos de apuração relativos às apropriações.

Os valores decorrentes do ajuste a valor presente serão adicionados ao lucro líquido na determinação do lucro real e do resultado ajustado no período de apuração em que a receita ou resultado relacionado à operação deva ser oferecido à tributação.

Caso o ajuste a valor presente esteja relacionado a:

a) um outro ativo, a adição será feita à medida que esse ativo for realizado, inclusive mediante depreciação, amortização, exaustão, alienação ou baixa;

b) uma despesa, a adição será feita no período de apuração em que a despesa for incorrida; ou

c) um custo de produção de bens ou serviços, a adição será feita no período de apuração em que o custo for incorrido.

As adições e exclusões serão controladas exclusivamente na Parte B do e-Lalur e do e-Lacs, não se lhes aplicando o controle por subconta.

Exemplo:

- Vamos supor que uma empresa mercantil tenha vendido a prazo uma mercadoria no valor de R$ 100.000,00.
- Considerando que o valor presente desta duplicata seja de R$ 85.000,00.
- Considerando que o prazo de venda seja de 30 meses.

Lançamentos contábeis:

Pelo Faturamento

D – Clientes (AC+ANC)

C – Receita de Vendas (CR)   100.000,00

Pelo Ajuste

D – Despesa – AVP (CR)

C – Juros a Apropriar (AC+ANC)   15.000,00

BALANÇO PATRIMONIAL			
ATIVO	R$	PASSIVO	R$
Circulante + Não Circulante		Circulante + Não Circulante	
Clientes	100.000	PL	85.000
(-) Juros a Apropriar	15.000	Reserva de lucros	85.000
Total do ativo	85.000	Total do passivo	85.000

DRE	
Revenda de mercadorias	100.000
(-) Deduções da receita bruta "Despesas de AVP"	15.000
(=) Receita líquida	85.000

NOTA:
AC – Ativo Circulante
ANC – Ativo Não Circulante
CR – Conta de Resultado

24.2. Passivo

Os valores decorrentes do ajuste a valor presente, das obrigações, dos encargos e dos riscos classificados no passivo não circulante, relativos a cada operação, somente serão considerados na determinação do lucro real e do resultado ajustado no período de apuração em que:

a) o bem for revendido, no caso de aquisição a prazo de bem para revenda;

b) o bem for utilizado como insumo na produção de bens ou serviços, no caso de aquisição a prazo de bem a ser utilizado como insumo na produção de bens ou serviços;

c) o ativo for realizado, inclusive mediante depreciação, amortização, exaustão, alienação ou baixa, no caso de aquisição a prazo de ativo não classificável nas letras "a" e "b";

d) a despesa for incorrida, no caso de aquisição a prazo de bem ou serviço contabilizado diretamente como despesa; ou

Capítulo – Lucro Real

e) o custo for incorrido, no caso de aquisição a prazo de bem ou serviço contabilizado diretamente como custo de produção de bens ou serviços.

Regras a serem observadas

- Na hipótese prevista na letra "a", o valor evidenciado na subconta será baixado no período de apuração em que o bem for revendido.

- Na hipótese prevista na letra "b", o valor evidenciado na subconta será baixado no período de apuração em que o bem for utilizado como insumo na produção de bens ou serviços.

- Nas hipóteses previstas nas letras "a" a "c", os valores decorrentes do AVP serão registrados a crédito na subconta em contrapartida à conta de juros a apropriar ou equivalente.

- Na hipótese prevista na letra "c", o valor evidenciado na subconta será baixado à medida que o ativo for realizado, inclusive mediante depreciação, amortização, exaustão, alienação ou baixa.

- Na hipótese prevista na letra "d", caso a despesa seja dedutível, os valores decorrentes do AVP poderão ser excluídos do lucro líquido na determinação do lucro real e do resultado ajustado no período de apuração em que a despesa for incorrida.

- Na hipótese prevista na letra "d", caso a despesa seja indedutível, os valores decorrentes do AVP de que trata o *caput* deste artigo não poderão ser excluídos do lucro líquido na determinação do lucro real e do resultado ajustado.

- Na hipótese prevista na letra "e", os valores decorrentes do AVP poderão ser excluídos do lucro líquido na determinação do lucro real e do resultado ajustado no período de apuração em que o custo for incorrido.

- As adições e exclusões relativas às hipóteses previstas nas letras "d" e "e" serão controladas na Parte B do e-Lalur e do e-Lacs.

Os valores decorrentes do AVP deverão ser evidenciados contabilmente em subconta vinculada ao ativo, exceto custo e despesas incorridas de longo prazo.

Os valores decorrentes de AVP não poderão ser considerados na determinação do lucro real e do resultado ajustado:

- na hipótese prevista na letra "c", caso o valor realizado, inclusive mediante depreciação, amortização, exaustão, alienação ou baixa, não seja dedutível;
- na hipótese prevista letra "d", caso a despesa não seja dedutível; e
- nas hipóteses previstas nas letras "a" a "c", caso os valores decorrentes do ajuste a valor presente não tenham sido evidenciados.

Exemplo:

- Vamos supor que a empresa tenha adquirido a prazo mercadoria para revenda no valor de R$ 120.000,00.
- Considerando que o valor presente seja de R$ 100.000,00.
- Considerando que o prazo de pagamento seja de 30 meses.

Lançamentos contábeis:

Pela Compra

D – Estoque (AC)

C – Fornecedores (PC + PNC)   120.000,00

Pelo Ajuste

D – Juros a Apropriar (PC + PNC)

C – AVP Estoque – Subconta (AC)   20.000,00

BALANÇO PATRIMONIAL			
ATIVO	R$	PASSIVO	R$
Circulante + Não Circulante		Circulante + Não Circulante	
Estoque	120.000	Fornecedores	120.000
(-) Subconta AVP -Estoque	20.000	(-) Juros a Apropriar	20.000
TOTAL	100.000	TOTAL	100.000

Capítulo – Lucro Real 133

24.3. Casos do Ajuste a Valor Presente

- Caso o valor realizado do ativo seja dedutível, o valor da subconta baixado poderá ser excluído do lucro líquido na determinação do lucro real e do resultado ajustado no período de apuração relativo à baixa.

- Caso o valor realizado do ativo seja indedutível, o valor da subconta baixado não poderá ser excluído do lucro líquido na determinação do lucro real e do resultado ajustado.

- Caso o AVP esteja relacionado a uma despesa dedutível, os valores decorrentes do ajuste a valor presente poderão ser excluídos do lucro líquido na determinação do lucro real e do resultado ajustado no período de apuração em que a despesa for incorrida e controlados na Parte B do e-Lalur e do e-Lacs.

- Caso o AVP esteja relacionado a uma despesa indedutível, os valores decorrentes do AVP não poderão ser excluídos do lucro líquido na determinação do lucro real e do resultado ajustado e controlados na Parte B do e-Lalur e do e-Lacs.

- Caso o AVP esteja relacionado a um custo de produção de bens ou serviços, os valores decorrentes do ajuste a valor presente poderão ser excluídos do lucro líquido na determinação do lucro real e do resultado ajustado no período de apuração em que o custo for incorrido e controlados na Parte B do e-Lalur e do e-Lacs.

24.4. Variação Cambial – Juros a Apropriar

As variações monetárias, ativas ou passivas, em razão da taxa de câmbio referentes aos saldos de juros a apropriar decorrentes de AVP não serão computadas na determinação do lucro real e do resultado ajustado.

Na hipótese de os saldos de juros a apropriar decorrentes de ajuste a valor presente se referirem às operações:

   a) de venda a prazo ou demais operações, as variações monetárias serão adicionadas ou excluídas, conforme o caso, na

Parte A do e-Lalur e do e-Lacs, e deverão ser controladas na Parte B, nas mesmas contas que registram os valores relativos a juros a apropriar;

b) de aquisição de ativos ou demais operações relacionadas a um ativo, as variações monetárias serão adicionadas ou excluídas, conforme o caso, na Parte A do e-Lalur e do e-Lacs, sem controle na Parte B;

c) de aquisição de bem ou serviço contabilizado diretamente como despesa ou custo ou demais operações relacionadas a uma despesa ou custo, as variações monetárias serão adicionadas ou excluídas, conforme o caso, na Parte A do e-Lalur e do e-Lacs, e deverão ser controladas na Parte B, nas mesmas contas que registram os valores relativos a juros a apropriar.

A parcela da variação monetária em razão da taxa de câmbio controlada na Parte B do e-Lalur e do e-Lacs de venda a prazo deverá ser computada nas exclusões relativas às receitas apropriadas a partir da conta de juros a apropriar ou equivalente.

As variações monetárias em razão da taxa de câmbio adicionadas ou excluídas no e-Lalur e no e-Lacs na aquisição de ativos deverão ser computadas nas adições relativas às despesas apropriadas a partir da conta de juros a apropriar ou equivalente.

A parcela da variação monetária em razão da taxa de câmbio controlada na Parte B do e-Lalur e do e-Lacs na aquisição de bens ou serviço deverá ser computada nas adições relativas à despesas apropriadas a partir da conta de juros a apropriar ou equivalente.

25. Avaliação a Valor Justo – AVJ

Valor justo é uma mensuração baseada em mercado e não uma mensuração específica da entidade. Para alguns ativos e passivos, pode haver informações de mercado ou transações de mercado observáveis disponíveis e para outros pode não haver.

O objetivo da mensuração do valor justo em ambos os casos é o mesmo – estimar o preço pelo qual uma transação não forçada para vender o ativo ou para transferir o passivo ocorreria entre participantes do mercado na data de mensuração sob condições correntes de mercado, ou seja, um preço de saída na data de mensuração do ponto de vista de participante do mercado que detenha o ativo ou o passivo.

Os ativos e passivos que estão sujeitos à mensuração pelo valor justo são:

Ativos financeiros pelo valor justo com contrapartida no resultado	Valor justo	Resultado
Ativos financeiros disponíveis para venda	Valor justo	Resultado abrangente (PL)
Passivos financeiros pelo valor justo com contrapartida no resultado	Valor justo	Resultado
Derivativos	Valor justo	Resultado
Ativos biológicos	Valor justo	Resultado
Propriedades para investimento	Valor justo	Resultado

25.1. Ganho

O ganho decorrente de avaliação de ativo ou passivo com base VJ não será computado na determinação do lucro real e do resultado ajustado desde que o respectivo aumento no valor do ativo ou redução no valor do passivo seja evidenciado contabilmente em subconta vinculada ao ativo ou passivo.

O ganho evidenciado por meio da subconta será computado na determinação do lucro real e do resultado ajustado à medida que o ativo for realizado, inclusive mediante depreciação, amortização, exaustão, alienação ou baixa, ou quando o passivo for liquidado ou baixado.

O ganho não será computado na determinação do lucro real e do resultado ajustado caso o valor realizado, inclusive mediante depreciação, amortização, exaustão, alienação ou baixa, seja indedutível. Caso não ser evidenciado por meio de subconta, o ganho será tributado.

Não sendo registrado em conta de receita do período, o ganho deverá ser adicionado ao lucro líquido na determinação do lucro real e do resultado ajustado.

O ganho não poderá acarretar:

- redução de prejuízo fiscal do período, devendo, nesse caso, ser considerado em período de apuração seguinte em que exista lucro real antes do cômputo do referido ganho
    - A pessoa jurídica deverá verificar se teria base de cálculo negativa da CSLL caso não computasse o ganho e, em caso afirmativo, calcular o valor desta base de cálculo negativa da CSLL.
- redução de base de cálculo negativa da CSLL do período, devendo, nesse caso, ser considerado em período de apuração seguinte em que exista resultado ajustado positivo antes do cômputo do referido ganho.

Para efeitos da redução de prejuízo fiscal do período a pessoa jurídica deverá verificar se teria prejuízo fiscal caso não computasse o ganho e, em caso afirmativo, calcular o valor desse prejuízo fiscal.

Caso a pessoa jurídica verifique que, teria prejuízo fiscal, se o valor deste prejuízo fiscal for:

- maior ou igual ao ganho, o valor do ganho deverá ser excluído do lucro líquido na determinação do lucro real para ser adicionado em período posterior em que houver lucro real antes do cômputo da referida adição
- menor que o ganho, o valor do prejuízo fiscal deverá ser:
    - excluído do lucro líquido na determinação do lucro real para ser adicionado em período posterior em que houver lucro real antes do cômputo da referida adição; e
    - adicionado ao lucro líquido na determinação do lucro real para ser compensado em período posterior, obedecido o limite de 30%.

A pessoa jurídica verificando que, teria base de cálculo negativa da CSLL, e se o valor desta base de cálculo negativa da CSLL for:

- maior ou igual ao ganho, o valor do ganho deverá ser excluído do lucro líquido na determinação do resultado ajustado para ser adicionado em período posterior em que houver resultado ajustado positivo antes do cômputo da referida adição

- menor que o ganho, o valor da base de cálculo negativa da CSLL deverá ser:
  - excluído do lucro líquido na determinação do resultado ajustado para ser adicionado em período posterior em que houver resultado ajustado positivo antes do cômputo da referida adição e
  - adicionado ao lucro líquido na determinação do resultado ajustado para ser compensado em período posterior, obedecido o limite de 30%.

Os ganhos não se aplicam no reconhecimento inicial de ativos avaliados com base no valor justo decorrente de doações recebidas de terceiros.

No caso de operações de permuta que envolvam troca de ativo ou passivo, o ganho decorrente da avaliação com base no valor justo poderá ser computado na determinação do lucro real e do resultado ajustado na medida da realização do ativo ou passivo recebido na permuta.

Exemplo:

Terreno (Propriedade para Investimento ANC)	700.000
Avaliação a Valor Justo (CPC 28)	1.000.000
Ganho de avaliação	300.000

Lançamentos contábeis:

Pelo ajuste

D – AVJ – Terreno (ANC)

C – Receita de Valor Justo (CR)   300.000,00

BALANÇO PATRIMONIAL			
ATIVO	R$	PASSIVO	R$
Não Circulante	1.000.000	PL	1.000.000
Propriedade para Investimentos	1.000.000	Capital	700.000
Terreno	700.000	Reserva de Lucros	300.000
Subconta – AVJ – Terreno	300.000		

25.2. Perda

A perda decorrente de avaliação de ativo ou passivo com base no valor justo somente poderá ser computada na determinação do lucro real e do resultado ajustado à medida que o ativo for realizado, inclusive mediante depreciação, amortização, exaustão, alienação ou baixa, ou quando o passivo for liquidado ou baixado, e desde que a respectiva perda por redução no valor do ativo ou aumento no valor do passivo seja evidenciada contabilmente em subconta vinculada ao ativo ou passivo.

A perda não será computada na determinação do lucro real e do resultado ajustado se o valor realizado, inclusive mediante depreciação, amortização, exaustão, alienação ou baixa, for indedutível.

A perda não sendo evidenciada por meio de subconta, será considerada indedutível na apuração do lucro real e do resultado ajustado.

Exemplo:

Terreno (Propriedade para Investimento ANC)	700.000
Avaliação a Valor Justo (CPC 28)	500.000
Perda de avaliação	200.000

Lançamentos contábeis:
Pelo ajuste
D – Perda Valor Justo (CR)
D – AVJ – Terreno (ANC)   200.000,00

BALANÇO PATRIMONIAL			
ATIVO	R$	PASSIVO	R$
Não Circulante (Propriedade para Investimentos)	500.000	PL	500.000
Terreno	700.000	Capital	700.000
(-) Subconta – AVJ – Terreno	200.000	Prejuízos Acumulados	200.000

25.3. Títulos e Valores Mobiliários

O ganho ou a perda decorrente de avaliação com base no valor justo de títulos e valores mobiliários adquiridos pelas pessoas jurídicas somente serão computados na base de cálculo do IRPJ e da CSLL quando de sua alienação ou baixa.

Considera-se alienação qualquer forma de transmissão da propriedade, bem como a liquidação, o resgate, a cessão ou a repactuação do título ou da aplicação.

No caso de operações realizadas em mercados de liquidação futura sujeitos a ajustes de posições, não se considera como hipótese de liquidação ou baixa o pagamento ou recebimento de tais ajustes durante a vigência do contrato, devendo os resultados positivos ou negativos incorridos nas operações realizadas serem reconhecidos por ocasião da liquidação do contrato, cessão ou encerramento da posição na forma prevista no art. 32 da Lei nº 11.051/2004, e no art. 1º da Instrução Normativa SRF nº 575/ 2005.

No caso de títulos e valores mobiliários adquiridos por instituições financeiras e demais entidades autorizadas a funcionar pelo Banco Central do Brasil, serão observados os critérios para registro e avaliação contábil de títulos e valores mobiliários estabelecidos no Plano Contábil das Instituições do Sistema Financeiro Nacional (Cosif), sem prejuízo da aplicação do disposto no art. 35 da Lei nº 10.637/2002, e no art. 110 da Lei nº 11.196/2005.

Não serão dedutíveis na determinação do lucro real:

- as perdas incorridas em operações iniciadas e encerradas no mesmo dia (d*ay trade*) realizadas em mercado de renda fixa ou variável, devendo ser adicionadas ao lucro líquido do período de apuração
- as perdas apuradas nas operações de renda variável realizadas em bolsa e nas operações de *swap*, que excederem os ganhos auferidos nas mesmas operações.
  - o a parcela das perdas adicionadas poderá, em cada período de apuração subsequente, ser excluída na determinação do lucro real, até o limite correspondente à diferença positiva apurada em cada período, entre os ganhos e perdas decorrentes das operações realizadas.

As perdas incorridas nas operações de *swap* somente serão dedutíveis na determinação do lucro real se a operação de *swap* for registrada e contratada de acordo com as normas emitidas pelo Conselho Monetário Nacional e pelo Banco Central do Brasil.

Não se aplica às perdas apuradas pelas aplicações de titularidade de instituição financeira, agência de fomento, sociedade de seguro, previdência e capitalização, sociedade corretora de títulos, valores mobiliários e câmbio, sociedade distribuidora de títulos e valores mobiliários ou sociedade de arrendamento mercantil.

26. Aquisição de Bens – Imobilizado/Intangível

O custo de aquisição de bens do ativo não circulante classificados como imobilizado e intangível não poderá ser deduzido como despesa operacional, salvo se o bem adquirido tiver valor unitário não superior a R$ 1.200,00 ou prazo de vida útil não superior a 1 ano.

Nas aquisições de bens cujo valor unitário esteja dentro do limite, a exceção contida nele não contempla a hipótese em que a atividade exercida exija utilização de um conjunto desses bens.

O custo dos bens adquiridos ou das melhorias realizadas, cuja vida útil ultrapasse o período de 1 ano, deverá ser ativado para ser depreciado ou amortizado, exceto se houver norma específica.

27. Depreciação de bens

Poderá ser computada como custo ou encargo, em cada exercício, a importância correspondente à diminuição do valor dos bens do ativo não circulante classificados como imobilizado resultante do desgaste pelo uso, ação da natureza e obsolescência normal, desde que os bens móveis e imóveis estejam intrinsecamente relacionados com a produção ou comercialização dos bens e serviços.

A quota de depreciação é dedutível a partir da época em que o bem é instalado, posto em serviço ou em condições de produzir e não pode ultrapassar o custo total do bem.

O valor não depreciado dos bens sujeitos à depreciação que se tornarem imprestáveis ou caírem em desuso importará redução do ativo imobilizado.

Se o contribuinte deixar de deduzir a depreciação de um bem depreciável do ativo imobilizado em determinado período de apuração, não poderá fazê-lo acumuladamente fora do período em que ocorreu a utilização desse bem, tampouco os valores não deduzidos poderão ser recuperados posteriormente mediante utilização de taxas superiores às máximas permitidas.

27.1. Bens Não Depreciáveis

Não será admitida quota de depreciação referente a:

- terrenos, salvo em relação aos melhoramentos ou construções
- prédios ou construções não alugados nem utilizados pelo proprietário na produção dos seus rendimentos ou destinados a revenda
- bens que normalmente aumentam de valor com o tempo, como obras de arte ou antiguidades
- bens para os quais seja registrada quota de exaustão.

27.2. Dedutibilidade da Depreciação

A quota de depreciação dedutível na apuração do IRPJ e da CSLL será determinada mediante a aplicação da taxa anual de depreciação sobre o custo de aquisição do bem.

A quota anual de depreciação será ajustada proporcionalmente no caso de período de apuração com prazo de duração inferior a 12 meses, e de bem acrescido ao ativo, ou dele baixado, no curso do período de apuração.

A quota de depreciação, registrável em cada período de apuração, dos bens aplicados exclusivamente na exploração de minas, jazidas e florestas, cujo período de exploração total seja inferior ao tempo de vida útil desses bens, poderá ser determinada, opcionalmente, em função do prazo da concessão ou do contrato de exploração ou, ainda, do volume da produção de cada período de apuração e sua relação com a possança conhecida da mina ou dimensão da floresta explorada.

27.3. Taxa Anual de Depreciação

A taxa anual de depreciação será fixada em função do prazo durante o qual se possa esperar a utilização econômica do bem pela pessoa jurídica, na produção dos seus rendimentos.

No caso de dúvida a pessoa jurídica poderá pedir perícia do Instituto Nacional de Tecnologia ou de outra entidade oficial de pesquisa científica ou tecnológica, prevalecendo os prazos de vida útil recomendados por essas instituições, enquanto não forem alterados por decisão administrativa superior ou por sentença judicial, baseadas, igualmente, em laudo técnico idôneo.

NCM	Bens	Vida Útil	Taxa
	INSTALAÇÕES	10	10%
	EDIFICAÇÕES	25	4%
Capítulo 01	ANIMAIS VIVOS		
101	ANIMAIS VIVOS DAS ESPÉCIES CAVALAR, ASININA E MUAR	5	20%
102	ANIMAIS VIVOS DA ESPÉCIE BOVINA	5	20%
103	ANIMAIS VIVOS DA ESPÉCIE SUÍNA	5	20%
104	ANIMAIS VIVOS DAS ESPÉCIES OVINA E CAPRINA	5	20%
105	GALOS, GALINHAS, PATOS, GANSOS, PERUS, PERUAS E GALINHAS-DANGOLA (PINTADAS), DAS ESPÉCIES DOMÉSTICAS, VIVOS	2	50%
Capítulo 39	OBRAS DE PLÁSTICOS		
3923	ARTIGOS DE TRANSPORTE OU DE EMBALAGEM, DE PLÁSTICOS		
3923.10	Caixas, caixotes, engradados e artigos semelhantes	5	20%
3923.30	Garrafões, garrafas, frascos e artigos semelhantes	5	20%
3923.90	Outros vasilhames	5	20%
3926	OUTRAS OBRAS DE PLÁSTICOS E OBRAS DE OUTRAS MATÉRIAS DAS POSIÇÕES 3901 A 3914		
3926.90	Correias de transmissão e correias transportadoras	2	50%
3926.90	Artigos de laboratório ou de farmácia	5	20%
Capítulo 40	OBRAS DE BORRACHA		
4010	CORREIAS TRANSPORTADORAS OU DE TRANSMISSÃO, DE BORRACHA VULCANIZADA	2	50%
Capítulo 42	OBRAS DE COURO		
4204	Correias transportadoras ou correias de transmissão	2	50%

NCM	Bens	Vida Útil	Taxa
Capítulo 44	OBRAS DE MADEIRA		
4415	CAIXOTES, CAIXAS, ENGRADADOS, BARRICAS E EMBALAGENS SEMELHANTES, DE MADEIRA; CARRETÉIS PARA CABOS, DE MADEIRA; PALETES SIMPLES, PALETES-CAIXAS E OUTROS ESTRADOS PARA CARGA, DE MADEIRA; TAIPAIS DE PALETES, DE MADEIRA	5	20%
4416	BARRIS, CUBAS, BALSAS, DORNAS, SELHAS E OUTRAS OBRAS DE TANOEIRO	5	20%
Capítulo 57	TAPETES E OUTROS REVESTIMENTOS PARA PAVIMENTOS, DE MATÉRIAS TÊXTEIS	5	20%
Capítulo 59	TECIDOS IMPREGNADOS, REVESTIDOS, RECOBERTOS OU ESTRATIFICADOS; ARTIGOS PARA USOS TÉCNICOS DE MATÉRIAS TÊXTEIS		
5910.00	CORREIAS TRANSPORTADORAS OU DE TRANSMISSÃO, DE MATÉRIAS TÊXTEIS, MESMO IMPREGNADAS, REVESTIDAS OU RECOBERTAS, DE PLÁSTICO, OU ESTRATIFICADAS COM PLÁSTICO OU REFORÇADAS COM METAL OU COM OUTRAS MATÉRIAS	2	50%
Capítulo 63	OUTROS ARTEFATOS TÊXTEIS CONFECCIONADOS		
6303	CORTINADOS, CORTINAS E ESTORES; SANEFAS E ARTIGOS SEMELHANTES PARA CAMAS PARA USO EM HOTÉIS E HOSPITAIS	5	20%
6305	SACOS DE QUAISQUER DIMENSÕES, PARA EMBALAGEM	5	20%
6306	ENCERADOS E TOLDOS; TENDAS; VELAS PARA EMBARCAÇÕES, PARA PRANCHAS À VELA OU PARA CARROS À VELA; ARTIGOS PARA ACAMPAMENTO	4	25%
Capítulo 69	PRODUTOS CERÂMICOS		

NCM	Bens	Vida Útil	Taxa
6909	APARELHOS E ARTEFATOS PARA USOS QUÍMICOS OU PARA OUTROS USOS TÉCNICOS, DE CERÂMICA; ALGUIDARES, GAMELAS E OUTROS RECIPIENTES SEMELHANTES PARA USOS RURAIS, DE CERÂMICA; BILHAS E OUTRAS VASILHAS PRÓPRIAS PARA TRANSPORTE OU EMBALAGEM, DE CERÂMICA	5	20%
Capítulo 70	OBRAS DE VIDRO		
7010	GARRAFÕES, GARRAFAS, FRASCOS, BOIÕES, VASOS, EMBALAGENS TUBULARES, AMPOLAS E OUTROS RECIPIENTES, DE VIDRO, PRÓPRIOS PARA TRANSPORTE OU EMBALAGEM; BOIÕES DE VIDRO PARA CONSERVA	5	20%
Capítulo 73	OBRAS DE FERRO FUNDIDO, FERRO OU AÇO		
7308	CONSTRUÇÕES, DE FERRO FUNDIDO, FERRO OU AÇO, EXCETO AS CONSTRUÇÕES PRÉ-FABRICADAS DA POSIÇÃO 9406		
7308.10	-Pontes e elementos de pontes	25	4%
7308.20	-Torres e pórticos	25	4%
7309	RESERVATÓRIOS, TONÉIS, CUBAS E RECIPIENTES SEMELHANTES PARA QUAISQUER MATÉRIAS (EXCETO GASES COMPRIMIDOS OU LIQUEFEITOS), DE FERRO FUNDIDO, FERRO OU AÇO, DE CAPACIDADE SUPERIOR A 300 LITROS, SEM DISPOSITIVOS MECÂNICOS OU TÉRMICOS, MESMO COM REVESTIMENTO INTERIOR OU CALORÍFUGO	10	10%
7311	RECIPIENTES PARA GASES COMPRIMIDOS OU LIQUEFEITOS, DE FERRO FUNDIDO, FERRO OU AÇO	5	20%

NCM	Bens	Vida Útil	Taxa
7321	AQUECEDORES DE AMBIENTES (FOGÕES DE SALA), CALDEIRAS DE FORNALHA, FOGÕES DE COZINHA (INCLUÍDOS OS QUE POSSAM SER UTILIZADOS ACESSORIAMENTE NO AQUECIMENTO CENTRAL), CHURRASQUEIRAS (GRELHADORES), BRASEIRAS, FOGAREIROS A GÁS, AQUECEDORES DE PRATOS, E APARELHOS NÃO ELÉTRICOS SEMELHANTES, DE USO DOMÉSTICO, DE FERRO FUNDIDO, FERRO OU AÇO	10	10%
7322	RADIADORES PARA AQUECIMENTO CENTRAL, NÃO ELÉTRICOS, DE FERRO FUNDIDO, FERRO OU AÇO; GERADORES E DISTRIBUIDORES DE AR QUENTE (INCLUÍDOS OS DISTRIBUIDORES QUE POSSAM TAMBÉM FUNCIONAR COMO DISTRIBUIDORES DE AR FRIO OU CONDICIONADO), NÃO ELÉTRICOS, MUNIDOS DE VENTILADOR OU FOLE COM MOTOR, DE FERRO FUNDIDO, FERRO OU AÇO	10	10%
Capítulo 76	OBRAS DE ALUMÍNIO		
7610	CONSTRUÇÕES DE ALUMÍNIO	25	4%
7611	RESERVATÓRIOS, TONÉIS, CUBAS E RECIPIENTES SEMELHANTES PARA QUAISQUER MATÉRIAS (EXCETO GASES COMPRIMIDOS OU LIQUEFEITOS), DE ALUMÍNIO, DE CAPACIDADE SUPERIOR A 300 LITROS, SEM DISPOSITIVOS MECÂNICOS OU TÉRMICOS, MESMO COM REVESTIMENTO INTERIOR OU CALORÍFUGO	10	10%
7613	RECIPIENTES PARA GASES COMPRIMIDOS OU LIQUEFEITOS, DE ALUMÍNIO	5	20%
Capítulo 82	FERRAMENTAS		
8201	PÁS, ALVIÕES, PICARETAS, ENXADAS, SACHOS, FORCADOS E FORQUILHAS, ANCINHOS E RASPADEIRAS; MACHADOS, PODÕES E FERRAMENTAS SEMELHANTES COM GUME;	5	20%

NCM	Bens	Vida Útil	Taxa
	TESOURAS DE PODAR DE TODOS OS TIPOS; FOICES E FOICINHAS, FACAS PARA FENO OU PARA PALHA, TESOURAS PARA SEBES, CUNHAS E OUTRAS FERRAMENTAS MANUAIS PARA AGRICULTURA, HORTICULTURA OU SILVICULTURA		
8202	SERRAS MANUAIS; FOLHAS DE SERRAS DE TODOS OS TIPOS (INCLUÍDAS AS FRESAS-SERRAS E AS FOLHAS NÃO DENTADAS PARA SERRAR)	5	20%
8203	LIMAS, GROSAS, ALICATES (MESMO CORTANTES), TENAZES, PINÇAS, CISALHAS PARA METAIS, CORTA-TUBOS, CORTAPINOS, SACA-BOCADOS E FERRAMENTAS SEMELHANTES, MANUAIS		
8203.20	Alicates (mesmo cortantes), tenazes, pinças e ferramentas semelhantes	5	20%
8203.30	Cisalhas para metais e ferramentas semelhantes	5	20%
8203.40	Corta-tubos, corta-pinos, saca-bocados e ferramentas semelhantes	5	20%
8204	CHAVES DE PORCAS, MANUAIS (INCLUÍDAS AS CHAVES DINAMOMÉTRICAS); CHAVES DE CAIXA INTERCAMBIÁVEIS, MESMO COM CABOS	5	20%
8205	FERRAMENTAS MANUAIS (INCLUÍDOS OS CORTA-VIDROS) NÃO ESPECIFICADAS NEM COMPREENDIDAS EM OUTRAS POSIÇÕES, LAMPARINAS OU LÂMPADAS DE SOLDAR (MAÇARICOS) E SEMELHANTES; TORNOS DE APERTAR, SARGENTOS E SEMELHANTES, EXCETO OS ACESSÓRIOS OU PARTES DE MÁQUINAS-FERRAMENTAS; BIGORNAS; FORJAS PORTÁTEIS; MÓS COM ARMAÇÃO, MANUAIS OU DE PEDAL	5	20%
8206	FERRAMENTAS DE PELO MENOS DUAS DAS POSIÇÕES 8202 A 8205	5	20%

NCM	Bens	Vida Útil	Taxa
8207	FERRAMENTAS INTERCAMBIÁVEIS PARA FERRAMENTAS MANUAIS, MESMO MECÂNICAS, OU PARA MÁQUINASFERRAMENTAS (POR EXEMPLO: DE EMBUTIR, ESTAMPAR, PUNCIONAR, ROSCAR, FURAR, MANDRILAR, BROCHAR, FRESAR, TORNEAR, APARAFUSAR), INCLUÍDAS AS FIEIRAS DE ESTIRAGEM OU DE EXTRUSÃO, PARA METAIS, E AS FERRAMENTAS DE PERFURAÇÃO OU DE SONDAGEM		
8207.30	Ferramentas de embutir, de estampar ou de puncionar	5	20%
8210	APARELHOS MECÂNICOS DE ACIONAMENTO MANUAL, PESANDO ATÉ 10kg, UTILIZADOS PARA PREPARAR, ACONDICIONAR OU SERVIR ALIMENTOS OU BEBIDAS	10	10%
8214	MÁQUINAS DE TOSQUIAR	5	20%
Capítulo 83	OBRAS DIVERSAS DE METAIS COMUNS		
8303	COFRES-FORTES, PORTAS BLINDADAS E COMPARTIMENTOS PARA CASAS-FORTES, COFRES E CAIXAS DE SEGURANÇA E ARTEFATOS SEMELHANTES, DE METAIS COMUNS	10	10%
8304	CLASSIFICADORES, FICHÁRIOS (FICHEIROS*), CAIXAS DE CLASSIFICAÇÃO, PORTA-CÓPIAS, PORTA-CANETAS, PORTACARIMBOS E ARTEFATOS SEMELHANTES, DE ESCRITÓRIO, DE METAIS COMUNS, EXCLUÍDOS OS MÓVEIS DE ESCRITÓRIO DA POSIÇÃO 9403	10	10%
Capítulo 84	REATORES NUCLEARES, CALDEIRAS, MÁQUINAS, APARELHOS E INSTRUMENTOS MECÂNICOS		
8401	REATORES NUCLEARES; ELEMENTOS COMBUSTÍVEIS (CARTUCHOS) NÃO IRRADIADOS, PARA REATORES NUCLEARES; MÁQUINAS E APARELHOS PARA A SEPARAÇÃO DE ISÓTOPOS	10	10%

NCM	Bens	Vida Útil	Taxa
8402	CALDEIRAS DE VAPOR (GERADORES DE VAPOR), EXCLUÍDAS AS CALDEIRAS PARA AQUECIMENTO CENTRAL CONCEBIDAS PARA PRODUÇÃO DE ÁGUA QUENTE E VAPOR DE BAIXA PRESSÃO; CALDEIRAS DENOMINADAS "DE ÁGUA SUPERAQUECIDA"	10	10%
8403	CALDEIRAS PARA AQUECIMENTO CENTRAL, EXCETO AS DA POSIÇÃO 8402	10	10%
8404	APARELHOS AUXILIARES PARA CALDEIRAS DAS POSIÇÕES 8402 OU 8403 (POR EXEMPLO: ECONOMIZADORES, SUPERAQUECEDORES, APARELHOS DE LIMPEZA DE TUBOS OU DE RECUPERACAO DE GÁS); CONDENSADORES PARA MÁQUINAS A VAPOR	10	10%
8405	GERADORES DE GÁS DE AR (GÁS POBRE) OU DE GÁS DE ÁGUA, COM OU SEM DEPURADORES; GERADORES DE ACETILENO E GERADORES SEMELHANTES DE GÁS, OPERADOS A ÁGUA, COM OU SEM DEPURADORES	10	10%
8406	TURBINAS A VAPOR	10	10%
8407	MOTORES DE PISTÃO, ALTERNATIVO OU ROTATIVO, DE IGNIÇÃO POR CENTELHA (FAÍSCA) (MOTORES DE EXPLOSÃO)	10	10%
8408	MOTORES DE PISTÃO, DE IGNIÇÃO POR COMPRESSÃO (MOTORES DIESEL OU SEMI-DIESEL)	10	10%
8410	TURBINAS HIDRÁULICAS, RODAS HIDRÁULICAS, E SEUS REGULADORES	10	10%
8411	TURBORREATORES, TURBOPROPULSORES E OUTRAS TURBINAS A GÁS	10	10%
8412	OUTROS MOTORES E MÁQUINAS MOTRIZES	10	10%
8413	BOMBAS PARA LÍQUIDOS, MESMO COM DISPOSITIVO MEDIDOR; ELEVADORES DE LÍQUIDOS	10	10%

NCM	Bens	Vida Útil	Taxa
8414	BOMBAS DE AR OU DE VÁCUO, COMPRESSORES DE AR OU DE OUTROS GASES E VENTILADORES; COIFAS ASPIRANTES (EXAUSTORES*) PARA EXTRAÇÃO OU RECICLAGEM, COM VENTILADOR INCORPORADO, MESMO FILTRANTES	10	10%
8415	MÁQUINAS E APARELHOS DE AR-CONDICIONADO CONTENDO UM VENTILADOR MOTORIZADO E DISPOSITIVOS PRÓPRIOS PARA MODIFICAR A TEMPERATURA E A UMIDADE, INCLUÍDOS AS MÁQUINAS E APARELHOS EM QUE A UMIDADE NÃO SEJA REGULÁVEL SEPARADAMENTE	10	10%
8416	QUEIMADORES PARA ALIMENTAÇÃO DE FORNALHAS DE COMBUSTÍVEIS LÍQUIDOS, COMBUSTÍVEIS SÓLIDOS PULVERIZADOS OU DE GÁS; FORNALHAS AUTOMÁTICAS, INCLUÍDAS AS ANTEFORNALHAS, GRELHAS MECÂNICAS, DESCARREGADORES MECÂNICOS DE CINZAS E DISPOSITIVOS SEMELHANTES	10	10%
8417	FORNOS INDUSTRIAIS OU DE LABORATÓRIO, INCLUÍDOS OS INCINERADORES, NÃO ELÉTRICOS	10	10%
8418	REFRIGERADORES, CONGELADORES ("FREEZERS") E OUTROS MATERIAIS, MÁQUINAS E APARELHOS PARA A PRODUÇÃO DE FRIO, COM EQUIPAMENTO ELÉTRICO OU OUTRO; BOMBAS DE CALOR, EXCLUÍDAS AS MÁQUINAS E APARELHOS DE AR-CONDICIONADO DA POSIÇÃO 8415	10	10%

NCM	Bens	Vida Útil	Taxa
8419	APARELHOS E DISPOSITIVOS, MESMO AQUECIDOS ELETRICAMENTE, PARA TRATAMENTO DE MATÉRIAS POR MEIO DE OPERAÇÕES QUE IMPLIQUEM MUDANÇA DE TEMPERATURA, TAIS COMO AQUECIMENTO, COZIMENTO, TORREFAÇÃO, DESTILAÇÃO, RETIFICAÇÃO, ESTERILIZAÇÃO, PASTEURIZAÇÃO, ESTUFAGEM, SECAGEM, EVAPORAÇÃO, VAPORIZAÇÃO, CONDENSAÇÃO OU ARREFECIMENTO, EXCETO OS DE USO DOMÉSTICO; AQUECEDORES DE ÁGUA NÃO ELÉTRICOS, DE AQUECIMENTO INSTANTÂNEO OU DE ACUMULAÇÃO	10	10%
8420	CALANDRAS E LAMINADORES, EXCETO OS DESTINADOS AO TRATAMENTO DE METAIS OU VIDRO, E SEUS CILINDROS	10	10%
8421	CENTRIFUGADORES, INCLUÍDOS OS SECADORES CENTRÍFUGOS; APARELHOS PARA FILTRAR OU DEPURAR LÍQUIDOS OU GASES	10	10%
8422	MÁQUINAS DE LAVAR LOUÇA; MÁQUINAS E APARELHOS PARA LIMPAR OU SECAR GARRAFAS OU OUTROS RECIPIENTES; MÁQUINAS E APARELHOS PARA ENCHER, FECHAR, ARROLHAR OU ROTULAR GARRAFAS, CAIXAS, LATAS, SACOS OU OUTROS RECIPIENTES; MÁQUINAS PARA CAPSULAR GARRAFAS, VASOS, TUBOS E RECIPIENTES SEMELHANTES; OUTRAS MÁQUINAS E APARELHOS PARA EMPACOTAR OU EMBALAR MERCADORIAS (INCLUÍDAS AS MÁQUINAS E APARELHOS PARA EMBALAR COM PELÍCULA TERMO-RETRÁTIL); MÁQUINAS E APARELHOS PARA GASEIFICAR BEBIDAS	10	10%
8423	APARELHOS E INSTRUMENTOS DE PESAGEM, INCLUÍDAS AS BÁSCULAS E BALANÇAS PARA VERIFICAR PEÇAS USINADAS (FABRICADAS*), EXCLUÍDAS AS BALANÇAS SENSÍVEIS A PESOS NÃO SUPERIORES A 5cg; PESOS PARA QUAISQUER BALANÇAS	10	10%

NCM	Bens	Vida Útil	Taxa
8424	APARELHOS MECÂNICOS (MESMO MANUAIS) PARA PROJETAR, DISPERSAR OU PULVERIZAR LÍQUIDOS OU PÓS; EXTINTORES, MESMO CARREGADOS; PISTOLAS AEROGRÁFICAS E APARELHOS SEMELHANTES; MÁQUINAS E APARELHOS DE JATO DE AREIA, DE JATO DE VAPOR E APARELHOS DE JATO SEMELHANTES	10	10%
8425	TALHAS, CADERNAIS E MOITÕES; GUINCHOS E CABRESTANTES; MACACOS	10	10%
8426	CÁBREAS; GUINDASTES, INCLUÍDOS OS DE CABO; PONTES ROLANTES, PÓRTICOS DE DESCARGA OU DE MOVIMENTAÇÃO, PONTES-GUINDASTES, CARROS-PÓRTICOS E CARROS-GUINDASTES	10	10%
8427	EMPILHADEIRAS; OUTROS VEÍCULOS PARA MOVIMENTAÇÃO DE CARGA E SEMELHANTES, EQUIPADOS COM DISPOSITIVOS DE ELEVAÇÃO	10	10%
8428	OUTRAS MÁQUINAS E APARELHOS DE ELEVAÇÃO, DE CARGA, DE DESCARGA OU DE MOVIMENTAÇÃO (POR EXEMPLO: ELEVADORES OU ASCENSORES, ESCADAS ROLANTES, TRANSPORTADORES, TELEFÉRICOS)	10	10%
8429	"BULLDOZERS", "ANGLEDOZERS", NIVELADORES, RASPO-TRANSPORTADORES ("SCRAPERS"), PÁS MECÂNICAS, ESCAVADORES, CARREGADORAS E PÁS CARREGADORAS, COMPACTADORES E ROLOS OU CILINDROS COMPRESSORES, AUTOPROPULSORES	4	25%
8430	OUTRAS MÁQUINAS E APARELHOS DE TERRAPLENAGEM, NIVELAMENTO, RASPAGEM, ESCAVAÇÃO, COMPACTAÇÃO, EXTRAÇÃO OU PERFURAÇÃO DA TERRA, DE MINERAIS OU MINÉRIOS; BATE-ESTACAS E ARRANCA-ESTACAS; LIMPA-NEVES	10	10%

NCM	Bens	Vida Útil	Taxa
8432	MÁQUINAS E APARELHOS DE USO AGRÍCOLA, HORTÍCOLA OU FLORESTAL, PARA PREPARAÇÃO OU TRABALHO DO SOLO OU PARA CULTURA; ROLOS PARA GRAMADOS (RELVADOS), OU PARA CAMPOS DE ESPORTE	10	10%
8433	MÁQUINAS E APARELHOS PARA COLHEITA OU DEBULHA DE PRODUTOS AGRÍCOLAS, INCLUÍDAS AS ENFARDADORAS DE PALHA OU FORRAGEM; CORTADORES DE GRAMA (RELVA) E CEIFEIRAS; MÁQUINAS PARA LIMPAR OU SELECIONAR OVOS, FRUTAS OU OUTROS PRODUTOS AGRÍCOLAS, EXCETO AS DA POSIÇÃO 8437	10	10%
8434	MÁQUINAS DE ORDENHAR E MÁQUINAS E APARELHOS PARA A INDÚSTRIA DE LATICÍNIOS	10	10%
8435	PRENSAS, ESMAGADORES E MÁQUINAS E APARELHOS SEMELHANTES, PARA FABRICAÇÃO DE VINHO, SIDRA, SUCO DE FRUTAS OU BEBIDAS SEMELHANTES	10	10%
8436	OUTRAS MÁQUINAS E APARELHOS PARA AGRICULTURA, HORTICULTURA, SILVICULTURA, AVICULTURA OU APICULTURA, INCLUÍDOS OS GERMINADORES EQUIPADOS COM DISPOSITIVOS MECÂNICOS OU TÉRMICOS E AS CHOCADEIRAS E CRIADEIRAS PARA AVICULTURA	10	10%
8437	MÁQUINAS PARA LIMPEZA, SELEÇÃO OU PENEIRAÇÃO DE GRÃOS OU DE PRODUTOS HORTÍCOLAS SECOS; MÁQUINAS E APARELHOS PARA A INDÚSTRIA DE MOAGEM OU TRATAMENTO DE CEREAIS OU DE PRODUTOS HORTÍCOLAS SECOS, EXCETO DOS TIPOS UTILIZADOS EM FAZENDAS	10	10%

NCM	Bens	Vida Útil	Taxa
8438	MÁQUINAS E APARELHOS NÃO ESPECIFICADOS NEM COMPREENDIDOS EM OUTRAS POSIÇÕES DO PRESENTE CAPÍTULO, PARA PREPARAÇÃO OU FABRICAÇÃO INDUSTRIAIS DE ALIMENTOS OU DE BEBIDAS, EXCETO AS MÁQUINAS E APARELHOS PARA EXTRAÇÃO OU PREPARAÇÃO DE ÓLEOS OU GORDURAS VEGETAIS FIXOS OU DE ÓLEOS OU GORDURAS ANIMAIS	10	10%
8439	MÁQUINAS E APARELHOS PARA FABRICAÇÃO DE PASTA DE MATÉRIAS FIBROSAS CELULÓSICAS OU PARA FABRICAÇÃO OU ACABAMENTO DE PAPEL OU CARTÃO	10	10%
8440	MÁQUINAS E APARELHOS PARA BROCHURA OU ENCADERNAÇÃO, INCLUÍDAS AS MÁQUINAS DE COSTURAR CADERNOS	10	10%
8441	OUTRAS MÁQUINAS E APARELHOS PARA O TRABALHO DA PASTA DE PAPEL, DO PAPEL OU CARTÃO, INCLUÍDAS AS CORTADEIRAS DE TODOS OS TIPOS	10	10%
8442	MÁQUINAS, APARELHOS E MATERIAL (EXCETO AS MÁQUINAS-FERRAMENTAS DAS POSIÇÕES 8456 A 8465), PARA FUNDIR OU COMPOR CARACTERES TIPOGRÁFICOS OU PARA PREPARAÇÃO OU FABRICAÇÃO DE CLICHÊS, BLOCOS, CILINDROS OU OUTROS ELEMENTOS DE IMPRESSÃO; CARACTERES TIPOGRÁFICOS, CLICHÊS, BLOCOS, CILINDROS OU OUTROS ELEMENTOS DE IMPRESSÃO; PEDRAS LITOGRÁFICAS, BLOCOS, PLACAS E CILINDROS, PREPARADOS PARA IMPRESSÃO (POR EXEMPLO: APLAINADOS, GRANULADOS OU POLIDOS)	10	10%
8443	MÁQUINAS E APARELHOS DE IMPRESSÃO, INCLUÍDAS AS MÁQUINAS DE IMPRESSÃO DE JATO DE TINTA, EXCETO AS DA POSIÇÃO 8471; MÁQUINAS AUXILIARES PARA IMPRESSÃO	10	10%

NCM	Bens	Vida Útil	Taxa
8444	MÁQUINAS PARA EXTRUDAR, ESTIRAR, TEXTURIZAR OU CORTAR MATÉRIAS TÊXTEIS SINTÉTICAS OU ARTIFICIAIS	10	10%
8445	MÁQUINAS PARA PREPARAÇÃO DE MATÉRIAS TÊXTEIS; MÁQUINAS PARA FIAÇÃO, DOBRAGEM OU TORÇÃO, DE MATÉRIAS TÊXTEIS E OUTRAS MÁQUINAS E APARELHOS PARA FABRICAÇÃO DE FIOS TÊXTEIS; MÁQUINAS DE BOBINAR (INCLUÍDAS AS BOBINADEIRAS DE TRAMA) OU DE DOBAR MATÉRIAS TÊXTEIS E MÁQUINAS PARA PREPARAÇÃO DE FIOS TÊXTEIS PARA SUA UTILIZAÇÃO NAS MÁQUINAS DAS POSIÇÕES 8446 OU 8447	10	10%
8446	TEARES PARA TECIDOS	10	10%
8447	TEARES PARA FABRICAR MALHAS, MÁQUINAS DE COSTURA POR ENTRELAÇAMENTO ("COUTURE-TRICOTAGE"), MÁQUINAS PARA FABRICAR GUIPURAS, TULES, RENDAS, BORDADOS, PASSAMANARIAS, GALÕES OU REDES; MÁQUINAS PARA INSERIR TUFOS	10	10%
8448	MÁQUINAS E APARELHOS AUXILIARES PARA AS MÁQUINAS DAS POSIÇÕES 8444, 8445, 8446 OU 8447 (POR EXEMPLO: RATIERAS, MECANISMOS "JACQUARD", QUEBRA-URDIDURAS E QUEBRA-TRAMAS, MECANISMOS TROCA-LANÇADEIRAS)	10	10%
8449	MÁQUINAS E APARELHOS PARA FABRICAÇÃO OU ACABAMENTO DE FELTRO OU DE FALSOS TECIDOS, EM PEÇA OU EM FORMAS DETERMINADAS, INCLUÍDAS AS MÁQUINAS E APARELHOS PARA FABRICAÇÃO DE CHAPÉUS DE FELTRO; FORMAS PARA CHAPÉUS E PARA ARTEFATOS DE USO SEMELHANTE	10	10%
8450	MÁQUINAS DE LAVAR ROUPA, MESMO COM DISPOSITIVOS DE SECAGEM	10	10%

NCM	Bens	Vida Útil	Taxa
8451	MÁQUINAS E APARELHOS (EXCETO AS MÁQUINAS DA POSIÇÃO 8450) PARA LAVAR, LIMPAR, ESPREMER, SECAR, PASSAR, PRENSAR (INCLUÍDAS AS PRENSAS FIXADORAS), BRANQUEAR, TINGIR, PARA APRESTO E ACABAMENTO, PARA REVESTIR OU IMPREGNAR FIOS, TECIDOS OU OBRAS DE MATÉRIAS TÊXTEIS E MÁQUINAS PARA REVESTIR TECIDOS-BASE OU OUTROS SUPORTES UTILIZADOS NA FABRICAÇÃO DE REVESTIMENTOS PARA PAVIMENTOS, TAIS COMO LINÓLEO; MÁQUINAS PARA ENROLAR, DESENROLAR, DOBRAR, CORTAR OU DENTEAR TECIDOS	10	10%
8452	MÁQUINAS DE COSTURA, EXCETO AS DE COSTURAR CADERNOS DA POSIÇÃO 8440; MÓVEIS, BASES E TAMPAS, PRÓPRIOS PARA MÁQUINAS DE COSTURA; AGULHAS PARA MÁQUINAS DE COSTURA	10	10%
8453	MÁQUINAS E APARELHOS PARA PREPARAR, CURTIR OU TRABALHAR COUROS OU PELES, OU PARA FABRICAR OU CONSERTAR CALÇADOS E OUTRAS OBRAS DE COURO OU DE PELE, EXCETO MÁQUINAS DE COSTURA	10	10%
8454	CONVERSORES, CADINHOS OU COLHERES DE FUNDIÇÃO, LINGOTEIRAS E MÁQUINAS DE VAZAR (MOLDAR), PARA METALURGIA, ACIARIA OU FUNDIÇÃO	10	10%
8455	LAMINADORES DE METAIS E SEUS CILINDROS	10	10%
8456	MÁQUINAS-FERRAMENTAS QUE TRABALHEM POR ELIMINAÇÃO DE QUALQUER MATÉRIA, OPERANDO POR "LASER" OU POR OUTROS FEIXES DE LUZ OU DE FÓTONS, POR ULTRA-SOM, ELETRO-EROSÃO, PROCESSOS ELETROQUÍMICOS, FEIXES DE ELÉTRONS, FEIXES IÔNICOS OU POR JATO DE PLASMA	10	10%

NCM	Bens	Vida Útil	Taxa
8457	CENTROS DE USINAGEM (CENTROS DE MAQUINAGEM*), MÁQUINAS DE SISTEMA MONOSTÁTICO ("SINGLE STATION") E MÁQUINAS DE ESTAÇÕES MÚLTIPLAS, PARA TRABALHAR METAIS	10	10%
8458	TORNOS (INCLUÍDOS OS CENTROS DE TORNEAMENTO) PARA METAIS.	10	10%
8459	MÁQUINAS-FERRAMENTAS (INCLUÍDAS AS UNIDADES COM CABEÇA DESLIZANTE) PARA FURAR, MANDRILAR, FRESAR OU ROSCAR INTERIOR E EXTERIORMENTE METAIS, POR ELIMINAÇÃO DE MATÉRIA, EXCETO OS TORNOS (INCLUÍDOS OS CENTROS DE TORNEAMENTO) DA POSIÇÃO 8458	10	10%
8460	MÁQUINAS-FERRAMENTAS PARA REBARBAR, AFIAR, AMOLAR, RETIFICAR, BRUNIR, POLIR OU REALIZAR OUTRAS OPERAÇÕES DE ACABAMENTO EM METAIS OU CERAMAIS ("CERMETS") POR MEIO DE MÓS, DE ABRASIVOS OU DE PRODUTOS POLIDORES, EXCETO AS MÁQUINAS DE CORTAR OU ACABAR ENGRENAGENS DA POSIÇÃO 8461	10	10%
8461	MÁQUINAS-FERRAMENTAS PARA APLAINAR, PLAINASLIMADORAS, MÁQUINAS-FERRAMENTAS PARA ESCATELAR, BROCHAR, CORTAR OU ACABAR ENGRENAGENS, SERRAR, SECCIONAR E OUTRAS MÁQUINAS-FERRAMENTAS QUE TRABALHEM POR ELIMINAÇÃO DE METAL OU DE CERAMAIS ("CERMETS"), NÃO ESPECIFICADAS NEM COMPREENDIDAS EM OUTRAS POSIÇÕES	10	10%

NCM	Bens	Vida Útil	Taxa
8462	MÁQUINAS-FERRAMENTAS (INCLUÍDAS AS PRENSAS) PARA FORJAR OU ESTAMPAR, MARTELOS, MARTELOS-PILÕES E MARTINETES, PARA TRABALHAR METAIS; MÁQUINASFERRAMENTAS (INCLUÍDAS AS PRENSAS) PARA ENROLAR, ARQUEAR, DOBRAR, ENDIREITAR, APLANAR, CISALHAR, PUNCIONAR OU CHANFRAR METAIS; PRENSAS PARA TRABALHAR METAIS OU CARBONETOS METÁLICOS, NÃO ESPECIFICADAS ACIMA	10	10%
8463	OUTRAS MÁQUINAS-FERRAMENTAS PARA TRABALHAR METAIS OU CERAMAIS ("CERMETS"), QUE TRABALHEM SEM ELIMINAÇÃO DE MATÉRIA	10	10%
8464	MÁQUINAS-FERRAMENTAS PARA TRABALHAR PEDRA, PRODUTOS CERÂMICOS, CONCRETO (BETÃO), FIBROCIMENTO OU MATÉRIAS MINERAIS SEMELHANTES, OU PARA O TRABALHO A FRIO DO VIDRO	10	10%
8465	MÁQUINAS-FERRAMENTAS (INCLUÍDAS AS MÁQUINAS PARA PREGAR, GRAMPEAR, COLAR OU REUNIR POR QUALQUER OUTRO MODO) PARA TRABALHAR MADEIRA, CORTIÇA, OSSO, BORRACHA ENDURECIDA, PLÁSTICOS DUROS OU MATÉRIAS DURAS SEMELHANTES	10	10%
8467	FERRAMENTAS PNEUMÁTICAS, HIDRÁULICAS OU DE MOTOR, NÃO ELÉTRICO, INCORPORADO, DE USO MANUAL	10	10%
8468	MÁQUINAS E APARELHOS PARA SOLDAR, MESMO DE CORTE, EXCETO OS DA POSIÇÃO 8515; MÁQUINAS E APARELHOS A GÁS, PARA TÊMPERA SUPERFICIAL	10	10%
8469	MÁQUINAS DE ESCREVER, EXCETO AS IMPRESSORAS DA POSIÇÃO 8471; MÁQUINAS DE TRATAMENTO DE TEXTOS	10	10%

NCM	Bens	Vida Útil	Taxa
8470	MÁQUINAS DE CALCULAR QUE PERMITAM GRAVAR, REPRODUZIR E VISUALIZAR INFORMAÇÕES, COM FUNÇÃO DE CÁLCULO INCORPORADA; MÁQUINAS DE CONTABILIDADE, MÁQUINAS DE FRANQUEAR, DE EMITIR BILHETES E MÁQUINAS SEMELHANTES, COM DISPOSITIVO DE CÁLCULO INCORPORADO; CAIXAS REGISTRADORAS		
8470.21	Máquinas eletrônicas de calcular com dispositivo impressor incorporado	10	10%
8470.29	Outras máquinas eletrônicas de calcular, exceto de bolso	10	10%
8470.30	Outras máquinas de calcular	10	10%
8470.40	Máquinas de contabilidade	10	10%
8470.50	Caixas registradoras	10	10%
8470.90	Máquinas de franquear correspondência	10	10%
8471	MÁQUINAS AUTOMÁTICAS PARA PROCESSAMENTO DE DADOS E SUAS UNIDADES; LEITORES MAGNÉTICOS OU ÓPTICOS, MÁQUINAS PARA REGISTRAR DADOS EM SUPORTE SOB FORMA CODIFICADA, E MÁQUINAS PARA PROCESSAMENTO DESSES DADOS, NÃO ESPECIFICADAS NEM COMPREENDIDAS EM OUTRAS POSIÇÕES	5	20%
8472	OUTRAS MÁQUINAS E APARELHOS DE ESCRITÓRIO [POR EXEMPLO: DUPLICADORES HECTOGRÁFICOS OU A ESTÊNCIL, MÁQUINAS PARA IMPRIMIR ENDEREÇOS, DISTRIBUIDORES AUTOMÁTICOS DE PAPEL-MOEDA, MÁQUINAS PARA SELECIONAR, CONTAR OU EMPACOTAR MOEDAS, APONTADORES (AFIADORES) MECÂNICOS DE LÁPIS, PERFURADORES OU GRAMPEADORES]	10	10%

NCM	Bens	Vida Útil	Taxa
8474	MÁQUINAS E APARELHOS PARA SELECIONAR, PENEIRAR, SEPARAR, LAVAR, ESMAGAR, MOER, MISTURAR OU AMASSAR TERRAS, PEDRAS, MINÉRIOS OU OUTRAS SUBSTÂNCIAS MINERAIS SÓLIDAS (INCLUÍDOS OS PÓS E PASTAS); MÁQUINAS PARA AGLOMERAR OU MOLDAR COMBUSTÍVEIS MINERAIS SÓLIDOS, PASTAS CERÂMICAS, CIMENTO, GESSO OU OUTRAS MATÉRIAS MINERAIS EM PÓ OU EM PASTA; MÁQUINAS PARA FAZER MOLDES DE AREIA PARA FUNDIÇÃO	5	20%
8475	MÁQUINAS PARA MONTAGEM DE LÂMPADAS, TUBOS OU VÁLVULAS, ELÉTRICOS OU ELETRÔNICOS, OU DE LÂMPADAS DE LUZ RELÂMPAGO ("FLASH"), QUE TENHAM INVÓLUCRO DE VIDRO; MÁQUINAS PARA FABRICAÇÃO OU TRABALHO A QUENTE DO VIDRO OU DAS SUAS OBRAS	10	10%
8476	MÁQUINAS AUTOMÁTICAS DE VENDA DE PRODUTOS (POR EXEMPLO: SELOS, CIGARROS, ALIMENTOS OU BEBIDAS), INCLUÍDAS AS MÁQUINAS DE TROCAR DINHEIRO	10	10%
8477	MÁQUINAS E APARELHOS PARA TRABALHAR BORRACHA OU PLÁSTICOS OU PARA FABRICAÇÃO DE PRODUTOS DESSAS MATÉRIAS, NÃO ESPECIFICADOS NEM COMPREENDIDOS EM OUTRAS POSIÇÕES DESTE CAPÍTULO	10	10%
8478	MÁQUINAS E APARELHOS PARA PREPARAR OU TRANSFORMAR FUMO (TABACO), NÃO ESPECIFICADOS NEM COMPREENDIDOS EM OUTRAS POSIÇÕES DESTE CAPÍTULO	10	10%
8479	MÁQUINAS E APARELHOS MECÂNICOS COM FUNÇÃO PRÓPRIA, NÃO ESPECIFICADOS NEM COMPREENDIDOS EM OUTRAS POSIÇÕES DESTE CAPÍTULO		
8479.10	Máquinas e aparelhos para obras públicas, construção civil ou trabalhos semelhantes	4	25%

NCM	Bens	Vida Útil	Taxa
8479.20	Máquinas e aparelhos para extração ou preparação de óleos ou gorduras vegetais fixos ou de óleos ou gorduras animais	10	10%
8479.30	Prensas para fabricação de painéis de partículas, de fibras de madeira ou de outras matérias lenhosas, e outras máquinas e aparelhos para tratamento de madeira ou de cortiça	10	10%
8479.40	Máquinas para fabricação de cordas ou cabos	10	10%
8479.50	Robôs industriais, não especificados nem compreendidos em outras posições	10	10%
8479.60	Aparelhos de evaporação para arrefecimento do ar	10	10%
8479.8	Outras máquinas e aparelhos		
8479.81	Para tratamento de metais, incluídas as bobinadoras para enrolamentos elétricos	10	10%
8479.82	Para misturar, amassar, esmagar, moer, separar, peneirar, homogeneizar, emulsionar ou agitar	10	10%
8479.89	Outros	10	10%
8480	CAIXAS DE FUNDIÇÃO; PLACAS DE FUNDO PARA MOLDES; MODELOS PARA MOLDES; MOLDES PARA METAIS (EXCETO LINGOTEIRAS), CARBONETOS METÁLICOS, VIDRO, MATÉRIAS MINERAIS, BORRACHA OU PLÁSTICOS	3	33,30%
8483	ÁRVORES (VEIOS) DE TRANSMISSÃO [INCLUÍDAS AS ÁRVORES DE EXCÊNTRICOS (CAMES) E VIRABREQUINS (CAMBOTAS)] E MANIVELAS; MANCAIS (CHUMACEIRAS) E "BRONZES"; ENGRENAGENS E RODAS DE FRICÇÃO; EIXOS DE ESFERAS OU DE ROLETES; REDUTORES, MULTIPLICADORES, CAIXAS DE TRANSMISSÃO E VARIADORES DE VELOCIDADE, INCLUÍDOS OS CONVERSORES DE TORQUE (BINÁRIOS); VOLANTES E POLIAS, INCLUÍDAS AS POLIAS PARA CADERNAIS; EMBREAGENS E DISPOSITIVOS DE ACOPLAMENTO, INCLUÍDAS AS JUNTAS DE ARTICULAÇÃO		

NCM	Bens	Vida Útil	Taxa
8483.40	Caixas de transmissão, redutores, multiplicadores e variadores de velocidade, incluídos os conversores de torque (binários)	10	10%
Capítulo 85	MÁQUINAS, APARELHOS E MATERIAIS ELÉTRICOS, APARELHOS DE GRAVAÇÃO OU DE REPRODUÇÃO DE SOM, APARELHOS DE GRAVAÇÃO OU DE REPRODUÇÃO DE IMAGENS E DE SOM EM TELEVISÃO		
8501	MOTORES E GERADORES, ELÉTRICOS, EXCETO OS GRUPOS ELETROGÊNEOS	10	10%
8502	GRUPOS ELETROGÊNEOS E CONVERSORES ROTATIVOS, ELÉTRICOS	10	10%
8504	TRANSFORMADORES ELÉTRICOS, CONVERSORES ELÉTRICOS ESTÁTICOS (RETIFICADORES, POR EXEMPLO), BOBINAS DE REATÂNCIA E DE AUTOINDUÇÃO	10	10%
8508	FERRAMENTAS ELETROMECÂNICAS DE MOTOR ELÉTRICO INCORPORADO, DE USO MANUAL	5	20%
8510	APARELHOS OU MÁQUINAS DE TOSQUIAR DE MOTOR ELÉTRICO INCORPORADO	5	20%
8514	FORNOS ELÉTRICOS INDUSTRIAIS OU DE LABORATÓRIO, INCLUÍDOS OS QUE FUNCIONAM POR INDUÇÃO OU POR PERDAS DIELÉTRICAS; OUTROS APARELHOS INDUSTRIAIS OU DE LABORATÓRIO PARA TRATAMENTO TÉRMICO DE MATÉRIAS POR INDUÇÃO OU POR PERDAS DIELÉTRICAS	10	10%
8515	MÁQUINAS E APARELHOS PARA SOLDAR (MESMO DE CORTE) ELÉTRICOS (INCLUÍDOS OS A GÁS AQUECIDO ELETRICAMENTE), A "LASER" OU OUTROS FEIXES DE LUZ OU DE FÓTONS, A ULTRA-SOM, A FEIXES DE ELÉTRONS, A IMPULSOS MAGNÉTICOS OU A JATO DE PLASMA; MÁQUINAS E APARELHOS ELÉTRICOS PARA PROJEÇÃO A QUENTE DE METAIS OU DE CERAMAIS ("CERMETS")	10	10%

NCM	Bens	Vida Útil	Taxa
8516	APARELHOS ELÉTRICOS PARA AQUECIMENTO DE AMBIENTES, DO SOLO OU PARA USOS SEMELHANTES	10	10%
8517	APARELHOS ELÉTRICOS PARA TELEFONIA OU TELEGRAFIA, POR FIO, INCLUÍDOS OS APARELHOS TELEFÔNICOS POR FIO CONJUGADO COM UM APARELHO TELEFÔNICO PORTÁTIL SEM FIO E OS APARELHOS DE TELECOMUNICAÇÃO POR CORRENTE PORTADORA OU DE TELECOMUNICAÇÃO DIGITAL; VIDEOFONES (Retificado no DOU de 13/04/2017, pág. 53)	5	20%
8520	GRAVADORES DE DADOS DE VOO	5	20%
8521	APARELHOS VIDEOFÔNICOS DE GRAVAÇÃO OU DE REPRODUÇÃO, MESMO INCORPORANDO UM RECEPTOR DE SINAIS VIDEOFÔNICOS		
8521.10	Gravador-reprodutor de fita magnética, sem sintonizador	5	20%
8521.90	Gravador-reprodutor e editor de imagem e som, em discos, por meio magnético, óptico ou opto-magnético	5	20%
8524	DISCOS, FITAS E OUTROS SUPORTES GRAVADOS, COM EXCLUSÃO DOS PRODUTOS DO CAPÍTULO 37		
8524.3	Discos para sistemas de leitura por raio "laser":	3	33,30%
8524.40	Fitas magnéticas para reprodução de fenômenos diferentes do som e da imagem	3	33,30%
8524.5	Outras fitas magnéticas	3	33,30%
8524.60	Cartões magnéticos	3	33,30%
8525	APARELHOS TRANSMISSORES (EMISSORES) PARA RADIOTELEFONIA, RADIOTELEGRAFIA, RADIODIFUSÃO OU TELEVISÃO, MESMO INCORPORANDO UM APARELHO DE RECEPÇÃO OU UM APARELHO DE GRAVAÇÃO OU DE REPRODUÇÃO DE SOM; CÂMERAS DE TELEVISÃO; CÂMERAS DE VÍDEO DE IMAGENS FIXAS E OUTRAS CÂMERAS ("CAMCORDERS")	5	20%

NCM	Bens	Vida Útil	Taxa
8526	APARELHOS DE RADIODETECÇÃO E DE RADIOSSONDAGEM (RADAR), APARELHOS DE RADIONAVEGAÇÃO E APARELHOS DE RADIOTELECOMANDO	5	20%
8527	APARELHOS RECEPTORES PARA RADIOTELEFONIA, RADIOTELEGRAFIA OU RADIODIFUSÃO, EXCETO DE USO DOMÉSTICO	5	20%
8531	APARELHOS ELÉTRICOS DE SINALIZAÇÃO ACÚSTICA OU VISUAL (POR EXEMPLO: CAMPAINHAS, SIRENAS, QUADROS INDICADORES, APARELHOS DE ALARME PARA PROTEÇÃO CONTRA ROUBO OU INCÊNDIO), EXCETO OS DAS POSIÇÕES 8512 OU 8530		
8531.20	Painéis indicadores com dispositivos de cristais líquidos (LCD) ou de diodos emissores de luz (LED), próprios para anúncios publicitários	5	20%
8543	MÁQUINAS E APARELHOS ELÉTRICOS COM FUNÇÃO PRÓPRIA, NÃO ESPECIFICADOS NEM COMPREENDIDOS EM OUTRAS POSIÇÕES DESTE CAPÍTULO	10	10%
Capítulo 86	VEÍCULOS E MATERIAL PARA VIAS FÉRREAS OU SEMELHANTES, APARELHOS MECÂNICOS (INCLUÍDOS OS ELETROMECÂNICOS) DE SINALIZAÇÃO PARA VIAS DE COMUNICAÇÃO		
8601	LOCOMOTIVAS E LOCOTRATORES, DE FONTE EXTERNA DE ELETRICIDADE OU DE ACUMULADORES ELÉTRICOS	10	10%
8602	OUTRAS LOCOMOTIVAS E LOCOTRATORES; TÊNDERES	10	10%
8603	LITORINAS (AUTOMOTORAS), MESMO PARA CIRCULAÇÃO URBANA, EXCETO AS DA POSIÇÃO 8604	10	10%

NCM	Bens	Vida Útil	Taxa
8604	VEÍCULOS PARA INSPEÇÃO E MANUTENÇÃO DE VIAS FÉRREAS OU SEMELHANTES, MESMO AUTOPROPULSORES (POR EXEMPLO: VAGÕES-OFICINAS, VAGÕES-GUINDASTES, VAGÕES EQUIPADOS COM BATEDORES DE BALASTRO, ALINHADORES DE VIAS, VIATURAS PARA TESTES E DRESINAS)	10	10%
8605	VAGÕES DE PASSAGEIROS, FURGÕES PARA BAGAGEM, VAGÕES-POSTAIS E OUTROS VAGÕES ESPECIAIS, PARA VIAS FÉRREAS OU SEMELHANTES (EXCLUÍDAS AS VIATURAS DA POSIÇÃO 8604)	10	10%
8606	VAGÕES PARA TRANSPORTE DE MERCADORIAS SOBRE VIAS FÉRREAS	10	10%
8608	APARELHOS MECÂNICOS (INCLUÍDOS OS ELETROMECÂNICOS) DE SINALIZAÇÃO, DE SEGURANÇA, DE CONTROLE OU DE COMANDO PARA VIAS FÉRREAS OU SEMELHANTES, RODOVIÁRIAS OU FLUVIAIS, PARA ÁREAS OU PARQUES DE ESTACIONAMENTO, INSTALAÇÕES PORTUÁRIAS OU PARA AERÓDROMOS	10	10%
8609	CONTEINERES (CONTENTORES), INCLUÍDOS OS DE TRANSPORTE DE FLUIDOS, ESPECIALMENTE CONCEBIDOS E EQUIPADOS PARA UM OU VÁRIOS MEIOS DE TRANSPORTE	10	10%
Capítulo 87	VEÍCULOS AUTOMÓVEIS, TRATORES, CICLOS E OUTROS VEÍCULOS TERRESTRES		
8701	TRATORES (EXCETO OS CARROS-TRATORES DA POSIÇÃO 8709)	4	25%
8702	VEÍCULOS AUTOMÓVEIS PARA TRANSPORTE DE 10 PESSOAS OU MAIS, INCLUINDO O MOTORISTA	4	25%
8703	AUTOMÓVEIS DE PASSAGEIROS E OUTROS VEÍCULOS AUTOMÓVEIS PRINCIPALMENTE CONCEBIDOS PARA TRANSPORTE DE PESSOAS (EXCETO OS DA POSIÇÃO 8702), INCLUÍDOS OS VEÍCULOS DE USO MISTO ("STATION WAGONS") E OS AUTOMÓVEIS DE CORRIDA	5	20%

NCM	Bens	Vida Útil	Taxa
8704	VEÍCULOS AUTOMÓVEIS PARA TRANSPORTE DE MERCADORIAS	4	25%
8705	VEÍCULOS AUTOMÓVEIS PARA USOS ESPECIAIS (POR EXEMPLO: AUTO-SOCORROS, CAMINHÕES-GUINDASTES, VEÍCULOS DE COMBATE A INCÊNDIOS, CAMINHÕESBETONEIRAS, VEÍCULOS PARA VARRER, VEÍCULOS PARA ESPALHAR, VEÍCULOS-OFICINAS, VEÍCULOS RADIOLÓGICOS), EXCETO OS CONCEBIDOS PRINCIPALMENTE PARA TRANSPORTE DE PESSOAS OU DE MERCADORIAS	4	25%
8709	VEÍCULOS AUTOMÓVEIS SEM DISPOSITIVO DE ELEVAÇÃO, DOS TIPOS UTILIZADOS EM FÁBRICAS, ARMAZÉNS, PORTOS OU AEROPORTOS, PARA TRANSPORTE DE MERCADORIAS A CURTAS DISTÂNCIAS; CARROS-TRATORES DOS TIPOS UTILIZADOS NAS ESTAÇÕES FERROVIÁRIAS	10	10%
8711	MOTOCICLETAS (INCLUÍDOS OS CICLOMOTORES) E OUTROS CICLOS EQUIPADOS COM MOTOR AUXILIAR, MESMO COM CARRO LATERAL; CARROS LATERAIS	4	25%
8716	REBOQUES E SEMI-REBOQUES, PARA QUAISQUER VEÍCULOS; OUTROS VEÍCULOS NÃO AUTOPROPULSORES	5	20%
Capítulo 88	AERONAVES E APARELHOS ESPACIAIS		
8801	BALÕES E DIRIGÍVEIS; PLANADORES, ASAS VOADORAS E OUTROS VEÍCULOS AÉREOS, NÃO CONCEBIDOS PARA PROPULSÃO COM MOTOR	10	10%
8802	OUTROS VEÍCULOS AÉREOS (POR EXEMPLO: HELICÓPTEROS, AVIÕES); VEÍCULOS ESPACIAIS (INCLUÍDOS OS SATÉLITES) E SEUS VEÍCULOS DE LANÇAMENTO, E VEÍCULOS SUBORBITAIS	10	10%
8804	PÁRA-QUEDAS (INCLUÍDOS OS PÁRA-QUEDAS DIRIGÍVEIS E OS PARAPENTES) E OS PÁRA-QUEDAS GIRATÓRIOS	10	10%

NCM	Bens	Vida Útil	Taxa
8805	APARELHOS E DISPOSITIVOS PARA LANÇAMENTO DE VEÍCULOS AÉREOS; APARELHOS E DISPOSITIVOS PARA ATERRISSAGEM DE VEÍCULOS AÉREOS EM PORTA-AVIÕES E APARELHOS E DISPOSITIVOS SEMELHANTES; APARELHOS SIMULADORES DE VOO EM TERRA	10	10%
Capítulo 89	EMBARCAÇÕES E ESTRUTURAS FLUTUANTES		
8901	TRANSATLÂNTICOS, BARCOS DE CRUZEIRO, "FERRY-BOATS", CARGUEIROS, CHATAS E EMBARCAÇÕES SEMELHANTES, PARA O TRANSPORTE DE PESSOAS OU DE MERCADORIAS	20	0,05
8902	BARCOS DE PESCA; NAVIOS-FÁBRICAS E OUTRAS EMBARCAÇÕES PARA O TRATAMENTO OU CONSERVAÇÃO DE PRODUTOS DA PESCA	20	0,05
8903	IATES E OUTROS BARCOS E EMBARCAÇÕES DE RECREIO OU DE ESPORTE; BARCOS A REMOS E CANOAS		
8903.10	Barcos infláveis	5	20%
8903.9	Outros	10	10%
8904	REBOCADORES E BARCOS CONCEBIDOS PARA EMPURRAR OUTRAS EMBARCAÇÕES	20	0,05
8905	BARCOS-FARÓIS, BARCOS-BOMBAS, DRAGAS, GUINDASTES FLUTUANTES E OUTRAS EMBARCAÇÕES EM QUE A NAVEGAÇÃO É ACESSÓRIA DA FUNÇÃO PRINCIPAL; DOCAS OU DIQUES FLUTUANTES; PLATAFORMAS DE PERFURAÇÃO OU DE EXPLORAÇÃO, FLUTUANTES OU SUBMERSÍVEIS	20	0,05
8906	OUTRAS EMBARCAÇÕES, INCLUÍDOS OS NAVIOS DE GUERRA E OS BARCOS SALVA-VIDAS, EXCETO OS BARCOS A REMO	20	0,05
8907	OUTRAS ESTRUTURAS FLUTUANTES (POR EXEMPLO: BALSAS, RESERVATÓRIOS, CAIXÕES, BÓIAS DE AMARRAÇÃO, BÓIAS DE SINALIZAÇÃO E SEMELHANTES)		

NCM	Bens	Vida Útil	Taxa
8907.10	Balsas infláveis	5	20%
8907.90	Outras	20	0,05
Capítulo 90	INSTRUMENTOS E APARELHOS DE ÓPTICA, FOTOGRAFIA OU CINEMATOGRAFIA, MEDIDA, CONTROLE OU DE PRECISÃO; INSTRUMENTOS E APARELHOS MÉDICO-CIRÚRGICOS		
9005	BINÓCULOS, LUNETAS, INCLUÍDAS AS ASTRONÔMICAS, TELESCÓPIOS ÓPTICOS, E SUAS ARMAÇÕES; OUTROS INSTRUMENTOS DE ASTRONOMIA E SUAS ARMAÇÕES, EXCETO OS APARELHOS DE RADIOASTRONOMIA	10	10%
9006	APARELHOS FOTOGRÁFICOS; APARELHOS E DISPOSITIVOS, EXCLUÍDAS AS LÂMPADAS E TUBOS, DE LUZ-RELÂMPAGO ("FLASH"), PARA FOTOGRAFIA	10	10%
9007	CÂMERAS E PROJETORES, CINEMATOGRÁFICOS, MESMO COM APARELHOS DE GRAVAÇÃO OU DE REPRODUÇÃO DE SOM INCORPORADOS	10	10%
9008	APARELHOS DE PROJEÇÃO FIXA; APARELHOS FOTOGRÁFICOS, DE AMPLIAÇÃO OU DE REDUÇÃO	10	10%
9009	APARELHOS DE FOTOCÓPIA, POR SISTEMA ÓPTICO OU POR CONTATO, E APARELHOS DE TERMOCÓPIA	10	10%
9010	APARELHOS DOS TIPOS USADOS NOS LABORATÓRIOS FOTOGRÁFICOS OU CINEMATOGRÁFICOS (INCLUÍDOS OS APARELHOS PARA PROJEÇÃO OU EXECUÇÃO DE TRAÇADOS DE CIRCUITOS SOBRE SUPERFÍCIES SENSIBILIZADAS DE MATERIAIS SEMICONDUTORES); NEGATOSCÓPIOS; TELAS PARA PROJEÇÃO	10	10%
9011	MICROSCÓPIOS ÓPTICOS, INCLUÍDOS OS MICROSCÓPIOS PARA FOTOMICROGRAFIA, CINEFOTOMICROGRAFIA OU MICROPROJEÇÃO	10	10%
9012	MICROSCÓPIOS (EXCETO ÓPTICOS) E DIFRATÓGRAFOS	10	10%

NCM	Bens	Vida Útil	Taxa
9014	BÚSSOLAS, INCLUÍDAS AS AGULHAS DE MAREAR, OUTROS INSTRUMENTOS E APARELHOS DE NAVEGAÇÃO	10	10%
9015	INSTRUMENTOS E APARELHOS DE GEODÉSIA, TOPOGRAFIA, AGRIMENSURA, NIVELAMENTO, FOTOGRAMETRIA, HIDROGRAFIA, OCEANOGRAFIA, HIDROLOGIA, METEOROLOGIA OU DE GEOFÍSICA, EXCETO BÚSSOLAS; TELÊMETROS	10	10%
9016	BALANÇAS SENSÍVEIS A PESOS IGUAIS OU INFERIORES A 5cg, COM OU SEM PESOS	10	10%
9017	INSTRUMENTOS DE DESENHO, DE TRAÇADO OU DE CÁLCULO (POR EXEMPLO: MÁQUINAS DE DESENHAR, PANTÓGRAFOS, TRANSFERIDORES, ESTOJOS DE DESENHO, RÉGUAS DE CÁLCULO E DISCOS DE CÁLCULO); INSTRUMENTOS DE MEDIDA DE DISTÂNCIAS DE USO MANUAL (POR EXEMPLO: METROS, MICRÔMETROS, PAQUÍMETROS E CALIBRES), NÃO ESPECIFICADOS NEM COMPREENDIDOS EM OUTRAS POSIÇÕES DESTE CAPÍTULO	10	10%
9018	INSTRUMENTOS E APARELHOS PARA MEDICINA, CIRURGIA, ODONTOLOGIA E VETERINÁRIA, INCLUÍDOS OS APARELHOS PARA CINTILOGRAFIA E OUTROS APARELHOS ELETROMÉDICOS, BEM COMO OS APARELHOS PARA TESTES VISUAIS		
9018.1	Aparelhos de eletrodiagnóstico (incluídos os aparelhos de exploração funcional e os de verificação de parâmetros fisiológicos)	10	10%
9018.20	Aparelhos de raios ultravioleta ou infravermelhos	10	10%
9018.4	Outros instrumentos e aparelhos para odontologia		
9018.41	Aparelhos dentários de brocar, mesmo combinados numa base comum com outros equipamentos dentários	10	10%

NCM	Bens	Vida Útil	Taxa
9018.49	Outros instrumentos e aparelhos para odontologia	10	10%
9018.50	Outros instrumentos e aparelhos para oftalmologia	10	10%
9018.90	Outros instrumentos e aparelhos	10	10%
9019	APARELHOS DE MECANOTERAPIA; APARELHOS DE MASSAGEM; APARELHOS DE PSICOTÉCNICA; APARELHOS DE OZONOTERAPIA, DE OXIGENOTERAPIA, DE AEROSSOLTERAPIA, APARELHOS RESPIRATÓRIOS DE REANIMAÇÃO E OUTROS APARELHOS DE TERAPIA RESPIRATÓRIA	10	10%
9020	OUTROS APARELHOS REPIRATÓRIOS E MÁSCARAS CONTRA GASES, EXCETO AS MÁSCARAS DE PROTEÇÃO DESPROVIDAS DE MECANISMO E DE ELEMENTO FILTRANTE AMOVÍVEL	10	10%
9022	APARELHOS DE RAIOS X E APARELHOS QUE UTILIZEM RADIAÇÕES ALFA, BETA OU GAMA, MESMO PARA USOS MÉDICOS, CIRÚRGICOS, ODONTOLÓGICOS OU VETERINÁRIOS, INCLUÍDOS OS APARELHOS DE RADIOFOTOGRAFIA OU DE RADIOTERAPIA, OS TUBOS DE RAIOS X E OUTROS DISPOSITIVOS GERADORES DE RAIOS X, OS GERADORES DE TENSÃO, AS MESAS DE COMANDO, AS TELAS DE VISUALIZAÇÃO, AS MESAS, POLTRONAS E SUPORTES SEMELHANTES PARA EXAME OU TRATAMENTO	10	10%
9024	MÁQUINAS E APARELHOS PARA ENSAIOS DE DUREZA, TRAÇÃO, COMPRESSÃO, ELASTICIDADE OU DE OUTRAS PROPRIEDADES MECÂNICAS DE MATERIAIS (POR EXEMPLO: METAIS, MADEIRA, TÊXTEIS, PAPEL, PLÁSTICOS)	10	10%
9025	DENSÍMETROS, AREÔMETROS, PESA-LÍQUIDOS E INSTRUMENTOS FLUTUANTES SEMELHANTES, TERMÔMETROS, PIRÔMETROS, BARÔMETROS, HIGRÔMETROS E PSICRÔMETROS, REGISTRADORES OU NÃO, MESMO COMBINADOS ENTRE SI	10	10%

NCM	Bens	Vida Útil	Taxa
9026	INSTRUMENTOS E APARELHOS PARA MEDIDA OU CONTROLE DA VAZÃO (CAUDAL), DO NÍVEL, DA PRESSÃO OU DE OUTRAS CARACTERÍSTICAS VARIÁVEIS DOS LÍQUIDOS OU GASES [POR EXEMPLO: MEDIDORES DE VAZÃO (CAUDAL), INDICADORES DE NÍVEL, MANÔMETROS, CONTADORES DE CALOR], EXCETO OS INSTRUMENTOS E APARELHOS DAS POSIÇÕES 9014, 9015, 9028 OU 9032	10	10%
9027	INSTRUMENTOS E APARELHOS PARA ANÁLISES FÍSICAS OU QUÍMICAS [POR EXEMPLO: POLARÍMETROS, REFRATÔMETROS, ESPECTRÔMETROS, ANALISADORES DE GASES OU DE FUMAÇA]; INSTRUMENTOS E APARELHOS PARA ENSAIOS DE VISCOSIDADE, POROSIDADE, DILATAÇÃO, TENSÃO SUPERFICIAL OU SEMELHANTES OU PARA MEDIDAS CALORIMÉTRICAS, ACÚSTICAS OU FOTOMÉTRICAS (INCLUÍDOS OS INDICADORES DE TEMPO DE EXPOSIÇÃO); MICRÓTOMOS	10	10%
9028	CONTADORES DE GASES, LÍQUIDOS OU DE ELETRICIDADE, INCLUÍDOS OS APARELHOS PARA SUA AFERIÇÃO	10	10%
9029	OUTROS CONTADORES (POR EXEMPLO: CONTADORES DE VOLTAS, CONTADORES DE PRODUÇÃO, TAXÍMETROS, TOTALIZADORES DE CAMINHO PERCORRIDO, PODÔMETROS); INDICADORES DE VELOCIDADE E TACÔMETROS, EXCETO OS DAS POSIÇÕES 9014 OU 9015; ESTROBOSCÓPIOS	10	10%
9030	OSCILOSCÓPIOS, ANALISADORES DE ESPECTRO E OUTROS INSTRUMENTOS E APARELHOS PARA MEDIDA OU CONTROLE DE GRANDEZAS ELÉTRICAS; INSTRUMENTOS E APARELHOS PARA MEDIDA OU DETECÇÃO DE RADIAÇÕES ALFA, BETA, GAMA, X, CÓSMICAS OU OUTRAS RADIAÇÕES IONIZANTES	10	10%

NCM	Bens	Vida Útil	Taxa
9031	INSTRUMENTOS, APARELHOS E MÁQUINAS DE MEDIDA OU CONTROLE, NÃO ESPECIFICADOS NEM COMPREENDIDOS EM OUTRAS POSIÇÕES DESTE CAPÍTULO; PROJETORES DE PERFIS	10	10%
9032	INSTRUMENTOS E APARELHOS PARA REGULAÇÃO OU CONTROLE, AUTOMÁTICOS	10	10%
Capítulo 94	MÓVEIS; MOBILIÁRIO MÉDICO-CIRÚRGICO; CONSTRUÇÕES PRÉ-FABRICADAS		
9402	MOBILIÁRIO PARA MEDICINA, CIRURGIA, ODONTOLOGIA OU VETERINÁRIA (POR EXEMPLO: MESAS DE OPERAÇÃO, MESAS DE EXAMES, CAMAS DOTADAS DE MECANISMOS PARA USOS CLÍNICOS, CADEIRAS DE DENTISTA); CADEIRAS PARA SALÕES DE CABELEIREIRO E CADEIRAS SEMELHANTES, COM DISPOSITIVOS DE ORIENTAÇÃO E DE ELEVAÇÃO	10	10%
9403	OUTROS MÓVEIS PARA ESCRITÓRIO	10	10%
9406	CONSTRUÇÕES PRÉ-FABRICADAS	25	4%
Capítulo 95	ARTIGOS PARA DIVERTIMENTO OU PARA ESPORTE		
9506	ARTIGOS E EQUIPAMENTOS PARA CULTURA FÍSICA E GINÁSTICA; PISCINAS	10	10%
9508	CARROSSÉIS, BALANÇOS, INSTALAÇÕES DE TIRO-AO-ALVO E OUTRAS DIVERSÕES DE PARQUES E FEIRAS; CIRCOS, COLEÇÕES DE ANIMAIS E TEATROS AMBULANTES	10	10%

28. GASTOS DE DESMONTAGEM – ATIVO IMOBILIZADO

Os gastos de desmontagem e retirada de item de ativo imobilizado ou restauração do local onde está situado somente serão dedutíveis quando efetivamente incorridos.

A provisão constituída para gastos de desmontagem e retirada de item de ativo imobilizado ou restauração do local onde está situado deverá ser adicionada ao lucro líquido para fins de apuração do lucro real e do resultado ajustado no período de apuração em que o imobilizado for realizado, inclusive por depreciação, amortização, exaustão, alienação ou baixa.

Eventuais efeitos contabilizados no resultado, provenientes de ajustes na provisão ou de atualização de seu valor, não serão computados na determinação do lucro real e do resultado ajustado.

29. AMORTIZAÇÃO DO INTANGÍVEL

A amortização de direitos classificados no ativo não circulante intangível, registrada com observância das normas contábeis, é dedutível na determinação do lucro real e do resultado ajustado, desde que o direito seja intrinsecamente relacionado com a produção ou comercialização dos bens e serviços.

Poderão ser excluídos, para fins de apuração do lucro real e do resultado ajustado, os gastos com desenvolvimento de inovação tecnológica, contratados no País com universidade, instituição de pesquisa ou inventor independente quando registrados no ativo não circulante intangível, no período de apuração em que forem incorridos, observado:

- Os dispêndios e pagamentos:
    - serão controlados contabilmente em contas específicas
    - somente poderão ser deduzidos se pagos a pessoas físicas ou jurídicas residentes e domiciliadas no País.
- O gozo dos benefícios fiscais e da subvenção fica condicionado à comprovação da regularidade fiscal da pessoa jurídica.
- O descumprimento de qualquer obrigação assumida para obtenção dos incentivos bem como a utilização indevida dos incentivos fiscais neles referidos implicam perda do direito aos incentivos ainda não utilizados e o recolhimento do valor correspondente aos tributos não pagos em decorrência dos incentivos já utilizados, acrescidos de juros e multa, de mora ou de ofício, previstos na legislação tributária, sem prejuízo das sanções penais cabíveis.

Valores excluídos na parte "A" do e-Lalur e e-Lacs serão controlados na parte "B" dos mesmos livros para futura adição à mediante a realização do ativo, inclusive por amortização, alienação ou baixa.

30. DESPESAS PRÉ-OPERACIONAIS OU PRÉ-INDUSTRIAIS

Para fins de determinação do lucro real e do resultado ajustado, não serão computadas, no período de apuração em que incorridas, as despesas:

a) de organização pré-operacionais ou pré-industriais, inclusive da fase inicial de operação, quando a empresa utilizou apenas parcialmente o seu equipamento ou as suas instalações;

b) de expansão das atividades industriais.

As despesas poderão ser excluídas para fins de determinação do lucro real e do resultado ajustado em quotas fixas mensais e no prazo mínimo de 5 anos, a partir:

- do início das operações ou da plena utilização das instalações, no caso previsto na letra "a".
- do início das atividades das novas instalações, no caso previsto na letra "b".

Os valores das despesas pré-operacionais ou pré-industriais adicionadas ao lucro real serão controlados na parte "B" do e-Lalur e do e-Lacs.

31. Teste de recuperabilidade

A pessoa jurídica poderá reconhecer na apuração do lucro real somente os valores contabilizados como redução ao valor recuperável de ativos que não tenham sido objeto de reversão, quando ocorrer a alienação ou baixa do ativo correspondente.

Segundo a nova regra contábil, a empresa deve avaliar, em cada data de divulgação, se existe qualquer indicação de que um ativo possa estar desvalorizado. Se tal indicação existir, a empresa deve estimar o valor recuperável do ativo. Se não existir indicação de desvalorização, não é necessário estimar o valor recuperável.

Considera-se valor recuperável O MAIOR VALOR entre o valor líquido de venda do ativo e o seu valor em uso.

O registro contábil dessa perda deverá ser evidenciado em conta específica ao ativo (conta redutora) e também na de resultado de exercício.

A perda estimada deverá ser adicionada ao lucro líquido contábil quando reconhecida no período e controladas na parte B do e-Lalur e do e-Lacs.

As reversões das perdas por desvalorização de bens que foram objeto de redução ao valor recuperável de ativos serão excluídas do lucro líquido contábil e baixadas da parte B do e-Lalur e do e-Lacs.

Exemplo:

AVALIAÇÃO DE *IMPAIRMENT* DE MÁQUINAS DE GRANDE PORTE		
Valor contábil líquido	1.000.000	
Valor em uso	950.000	Valor recuperável $ 950.000 (o maior valor)
Valor líquido de venda	900.000	
Perda por *impairment*	50.000	($ 1.000.000 – $ 950.000)

Contabilização

D – Perda por Desvalorização de Ativos (CR)

C – Perda por Desvalorização de Máquinas e Equipamentos (redutora do ANC)

32. Benefícios a Empregados e Dirigentes

32.1. Serviços Assistenciais

Os gastos realizados pelas pessoas jurídicas com seguros e planos de saúde destinados indistintamente a todos os seus empregados e dirigentes é tratado como despesa operacional dedutível na apuração do lucro real e da base de cálculo negativa da CSLL.

Considera-se serviços assistenciais:
- assistência médica
- odontológica
- farmacêutica
- social

Para serem dedutíveis os recursos aplicados devem ser comprovados e contabilizados em conta que seja possível identificar os registros dessas despesas e a empresa prestadora também deve manter sistema contábil que possa ser identificado as parcelas de receita e de custo dos referidos serviços prestados.

32.2. Benefícios Previdenciários

Os valores destinados a custear planos de benefícios complementares ao da previdência oficial, chamados de PGBL são dedutíveis na apuração do IRPJ e CSLL, quando instituídos em favo dos empregados e dirigentes da pessoa jurídica.

Para fins de dedutibilidade os valores custeados pela pessoa jurídica não podem ser superiores a 20% do total dos salários dos empregados e da remuneração dos dirigentes em cada período de apuração. O valor excedente será adicionado ao lucro real e a base de cálculo da CSLL.

Para planos de seguro de vida, fica condicionado a:

- limite de 20% do total dos salários, e
- a que o seguro seja oferecido indistintamente aos empregados e dirigentes.

33. Remuneração indireta a administradores e terceiros

A remuneração indireta paga a administradores e dirigentes terá o seguinte tratamento na apuração do lucro real:

- quando pagos a beneficiários identificados e individualizados, são dedutíveis; e
- quando pagos a beneficiários não identificados ou a beneficiários identificados e não individualizados, são indedutíveis, inclusive o imposto incidente na fonte.

Integrarão a remuneração dos beneficiários:

- a contraprestação de arrendamento mercantil ou o aluguel ou, quando for o caso, os respectivos encargos de depreciação, atualizados monetariamente até a data do balanço de veículos utilizados no transporte e de imóveis cedido

- as despesas com benefícios e vantagens concedidos pela empresa a administradores, diretores, gerentes e seus assessores, pagos diretamente ou através da contratação de terceiros, tais como; alimentos, salários de empregados a disposição do beneficiário, entre outros.

34. Contribuições e doações

As contribuições e doações são consideradas indedutível na apuração do IRPJ e CSLL, exceto:

a) as doações efetuadas a projetos culturais aprovados nos termos dos arts. 25 e 26 da Lei nº 8.313/1991;

b) as doações efetuadas às instituições de ensino e pesquisa cuja criação tenha sido autorizada por lei federal, até o limite de 1,5% do lucro operacional, antes de computada a sua dedução e a de 2% da letra "c"; e

c) as doações, até o limite de 2% do lucro operacional da pessoa jurídica, antes de computada a sua dedução, efetuadas a entidades civis, legalmente constituídas no Brasil, sem fins lucrativos, que prestam serviços gratuitos em benefício de empregados da pessoa jurídica doadora e respectivos dependentes, ou em benefício da comunidade onde atuam.

Condições para as doações de 2%:

a) as doações em dinheiro, serão feitas diretamente à entidade beneficiária, mediante crédito em conta corrente bancária;

b) a pessoa jurídica doadora manterá em arquivo, à disposição da fiscalização, declaração, segundo modelo aprovado pela RFB, que se compromete a aplicar os recursos de acordo com o seu objetivo social, identificação do responsável e a não distribui lucros, bonificações ou vantagens a seus dirigentes, observado cumulativamente que:

  o comprove finalidade não lucrativa

  o aplique seus excedentes financeiros em educação

Capítulo – Lucro Real

- o assegure a destinação de seu patrimônio a outra escola comunitária, filantrópica ou confessional, ou ao Poder Público, no caso de encerramento de suas atividades.

c) a entidade beneficiária deverá ser organização da sociedade civil, conforme a Lei nº 13.019/2014, desde que cumpridos os requisitos previstos nos arts. 3º e 16 da Lei nº 9.790/1999, independentemente de certificação.

No caso da doação ou patrocínio ser efetuada com a prestação de serviços ou material de consumo para projetos culturais, o limite será o custo contábil do bem ou serviço.

Para a composição do lucro operacional das doações previstas nas letras "b" e "c", não será incluída outras receitas e outras despesas, tais como, receitas de alienações de bens do ativo não circulante (investimento, imobilizados e intangíveis), e as despesas relativas aos valores contábeis desses bens alienados.

34.1. OSCIP

As doações a Organização da sociedade civil de interesse público – OSCIP poderá ser beneficiaria da dedutibilidade para fins de apuração do IRPJ e CSLL, nas condições previstas no item 34, desde que enquadradas na Lei 9.790/1999.

Para ser dedutível as doações às OCISP têm que ser de utilidade pública comprada por órgão da União com ato formal.

35. Despesas com alimentação

As despesas com alimentação somente poderão ser deduzidas na apuração do IRPJ e da CSLL quando fornecida pela pessoa jurídica, indistintamente, a todos os seus empregados.

A dedutibilidade independe da existência de Programa de Alimentação do Trabalhador – PAT e aplica-se, também, às cestas básicas de alimentos fornecidas pela empresa indistintamente a todos os empregados.

36. Receitas e despesas financeiras

36.1. Receitas Financeiras

As receitas auferidas de juros, desconto obtidos, mercado de renda fixa e variável, lucro na operação de reporte, serão incluídos no lucro operacional, para fins de apuração do IRPJ e CSLL.

36.2. Despesas Financeiras

Os juros pagos ou incorridos são dedutíveis como custo ou despesa operacional, observadas as seguintes normas:

- a) os juros pagos antecipadamente, os descontos de títulos de crédito e o deságio concedido na colocação de debêntures ou títulos de crédito deverão ser apropriados, *pro rata temporis*, nos períodos de apuração a que competirem; e
- b) os juros e outros encargos, associados a empréstimos contraídos, especificamente ou não, para financiar a aquisição, construção ou produção de bens classificáveis como estoques de longa maturação, propriedade para investimento, ativo imobilizado ou ativo intangível podem ser registrados como custo do ativo adquirido, construído ou produzido.
- a. Esses juros somente poderão ser apropriados como custo até o momento em que o ativo estiver pronto para seu uso ou venda;
- b. poderão ser excluídos na determinação do lucro real e do resultado ajustado do período de apuração em que forem incorridos, devendo a exclusão ser feita na parte A do e-Lalur e do e-Lacs e controlada, de forma individualizada para cada bem ou grupo de bens de mesma natureza e uso, na parte B;
- c. os valores excluídos deverão ser adicionados na parte A do e-Lalur e do e-Lacs à medida que o ativo for realizado, inclusive mediante depreciação, amortização, exaustão, alienação ou baixa.

Considera-se como encargo associado a empréstimo aquele em que o tomador deve necessariamente incorrer para fins de obtenção dos recursos.

No caso de empresa controlada ou coligada, independentemente do local de seu domicílio, os juros relativos a empréstimos não serão dedutíveis na apuração do IRPJ e da CSLL.

37. Variações Monetárias

A partir de 1º de janeiro de 2000, as variações monetárias dos direitos de crédito e das obrigações da pessoa jurídica, em função da taxa de câmbio, serão consideradas, para efeito de determinação da base de cálculo do imposto de renda e da contribuição social sobre o lucro líquido, bem assim da determinação do lucro da exploração, quando da liquidação da correspondente operação (art. 30 da MP nº 1.858-10/1999, e reedições, IN SRF nº 345/2003 e na IN RFB nº 1.079/2010).

À opção da pessoa jurídica, as variações monetárias poderão ser consideradas na determinação da base de cálculo do IRPJ e CSLL, segundo o regime de competência e deve ser aplicada para todo o ano-calendário.

A partir do ano-calendário de 2011:

a) o direito de efetuar a opção pelo regime de competência somente poderá ser exercido no mês de janeiro; e

b) o direito de alterar o regime adotado na forma do item "a", no decorrer do ano-calendário, é restrito aos casos em que ocorra elevada oscilação da taxa de câmbio.

Considera-se elevada oscilação da taxa de câmbio aquela superior ao percentual determinado pelo Poder Executivo.

O contribuinte deve efetuar o acompanhamento individualizado de cada operação, a fim de apurar os valores que devem compor o lucro da exploração e a base de cálculo do imposto de renda e da contribuição social sobre o lucro líquido e o controle no e-Lalur e e-Lacs.

No registro das operações a ser realizado o controle deve observar o seguinte:

- as variações cambiais devem ser apuradas, no mínimo, em períodos correspondentes aos meses calendário
- antes do registro das liquidações ocorridas, ainda que parciais, deve ser apurada a variação cambial verificada entre a data da última apuração e a data da liquidação

- na coluna "Principal em R$" deve ser informado o valor resultante da multiplicação do valor liquidado em moeda estrangeira, a ser indicado na coluna "Principal em US$", pela cotação do dólar na data da liquidação, total ou parcial, da operação.
- a variação cambial liquidada deve ser calculada mediante a multiplicação do valor liquidado em moeda estrangeira pela diferença entre:
  o o valor da cotação da moeda estrangeira na data da liquidação, total ou parcial, da operação; e
  o o valor da cotação da moeda estrangeira em 31/12/1999 ou na data de início da operação, se a mesma tiver sido iniciada após 31/12/1999.
- nas colunas V.C.A. R$ e V.C.P. R$ devem ser informadas as variações cambiais ativas (V.C.A. R$) ou passivas (V.C.P. R$) verificadas
- o controle dos valores, para fins de determinação do imposto de renda com base no lucro real, deve ser feito no e-Lalur.

Exemplo (Retirado do ADE Cofis nº 86/2020, pág. 196 e seguintes – Manual de Orientação da ECF, Leiaute 7):

Em 31/12/20X1, a pessoa jurídica registrou em seu ativo circulante um direito de crédito no valor de R$ 340.000,00, correspondente a US$ 200.000,00, admitindo o valor hipotético de cotação de R$ 1,70 por dólar.

QUADRO DE ACOMPANHAMENTO POR OPERAÇÃO CONSTANTE DO BALANÇO

Direito de Crédito na Empresa ERG

Data	Histórico	Taxa US$	Apropriação das Variações			V.C.P R$	Saldo em R$	Saldo em US$
31/12/20X1	Saldo Inicial	1,70					340.000,00	200.000,00
31/01/20X2	V.C.A. – janeiro/2021	1,73			6.000,00		346.000,00	200.000,00
28/02/20X2	V.C.A. – fevereiro/20X1	1,75			4.000,00		350.000,00	200.000,00
28/02/20X2	Liquidação Parcial	1,75	20.000,00	35.000,00	1.000,00 (1)		315.000,00	180.000,00
31/03/20X2	V.C.A. – março/20X1	1,80			9.000,00		324.000,00	180.000,00
1º Trim/20X2	Total			1.000,00	19.000,00			
30/04/20X2	V.C.A. – abril/20X1	1,90			18.000,00		342.000,00	180.000,00
30/04/20X2	Liquidação Parcial	1,90	90.000,00	171.000,00	18.000,00 (2)		171.000,00	90.000,00
31/05/20X2	V.C.A. – maio/20X1	1,95			4.500,00		Operações Liquidadas	90.000,00
30/06/20X2	V.C.A. – junho/20X1	2,00			4.500,00		Principal em US$	Principal em R$
2º Trim/20X2	Total			18.000,00	27.000,00			

Data	Evento	Cotação								
31/07/20X2	V.C.P. – julho/20X1	1,50						45.000,00	135.000,00	90.000,00
31/08/20X2	V.C.P. agosto/20X1	1,00						45.000,00	90.000,00	90.000,00
15/09/20X2	V.C.A. – 31/08 a 15/09	1,20			18.000,00				108.000,00	90.000,00
15/09/20X2	Liquidação Parcial	1,20	45.000,00	54.000,00		22.500,00 (3)			54.000,00	45.000,00
30/09/20X2	V.C.P. – 15/09 a 31/09	1,15					2.250,00		51.750,00	45.000,00
30/09/20X2	Liquidação Parcial	1,15	45.000,00	51.750,00		24.750,00 (4)			0,00	0,00
3º Trim/20X2	Total					47.250,00	18.000,00	2.250,00	92.250,00	

(1) Variação cambial ativa liquidada em 28 de fevereiro de 20X3 = (Cotação em 28/02/20X3 – Cotação em 31/12/20X2) x Principal liquidado em dólares = (R$ 1,75 – R$ 1,70) x US$ 20.000,00 = R$ 1.000,00

(2) Variação cambial ativa liquidada em 30 de abril de 20X3= (Cotação em 30/04/20X3 – Cotação em 31/12/20X2) x Principal liquidado em dólares = (R$ 1,90 – R$ 1,70) x US$ 90.000,00 = R$ 18.000,00

(3) Variação cambial passiva liquidada em 15 de setembro de 20X3 = (Cotação em 15/09/20X3 – Cotação em 31/12/20X2) x Principal liquidado em dólares = (R$ 1,20 – R$ 1,70) x US$ 45.000,00 = R$ 22.500,00

Como a cotação do dólar em 15/09/20X2 era menor que a cotação do dólar em 31/12/20X1, o valor apurado deve ser considerado como variação cambial passiva liquidada.

(4) Variação cambial passiva liquidada em 30 de setembro de 20X2 = (Cotação em 30/09/20X2 – Cotação em 31/12/20X1) x Principal liquidado em dólares = (R$ 1,15 – R$ 1,70) x US$ 45.000,00 = R$ 24.750,00

Capítulo – Lucro Real

Como a cotação do dólar em 30/09/20X2 era menor que a cotação do dólar em 31/12/20X1, o valor apurado deve ser considerado como variação cambial passiva liquidada.

37.1. Do Lucro Real

A pessoa jurídica tributada com base no lucro real trimestral deve demonstrar o reconhecimento das variações cambiais na ECF conforme o disposto a seguir. Procedimento similar deve ser adotado pelas pessoas jurídicas que apuram o imposto de renda anualmente.

Demonstração do Resultado – Pessoa Jurídica em Geral

	1º Trimestre	2º Trimestre	3º Trimestre
Lucro Bruto	100.000,00	40.000,00	60.000,00
Variações Cambiais Ativas	19.000,00	27.000,00	18.000,00
Outras Receitas Financeiras	3.000,00	1.000,00	4.000,00
Variações Cambias Passivas	0,00	0,00	-92.250,00
Outras Despesas Financeiras	-1.000,00	-5.000,00	0,00
Lucro Líquido antes da CSLL	**121.000,00**	**63.000,00**	**-10.250,00**
CSLL	-10.000,00	-3.000,00	-20.000,00
Lucro Líquido antes do IRPJ	**111.000,00**	**60.000,00**	**-30.250,00**

Demonstração do Lucro Real – Pessoa Jurídica em Geral

	1º Trimestre	2º Trimestre	3º Trimestre
Lucro Líquido antes do IRPJ	111.000,00	60.000,00	-30.250,00,
CSLL	10.000,00	3.000,00	20.000,00
Variações Cambiais Passivas (MP nº 1.858-10/1999)	0,00	0,00	92.250,00
Variações Cambiais Ativas – Operações Liquidadas	1.000,00	18.000,00	0,00
Variações Cambiais Ativas (MP nº 1.858-10/1999)	-19.000,00	-27.000,00	-18.000,00
Variações Cambiais Passivas – Operações Liquidadas	0,00	0,00	-47.250,00
Lucro Real	**103.000,00**	**54.000,00**	**16.750,00**

37.2. Lucro da Exploração

A pessoa jurídica que estiver sujeita ao cálculo do lucro da exploração deve preencher da seguinte forma a **Demonstração do Lucro da Exploração** – Pessoa Jurídica em Geral:

	1º Trimestre	2º Trimestre	3º Trimestre
Lucro Líquido Antes do IRPJ	111.000,00	60.000,00	-30.250,00,
CSLL	10.000,00	3.000,00	20.000,00
Variações Cambiais Passivas (MP nº 1.858-10/1999)	0,00	0,00	92.250,00
Variações Cambiais Ativas – Operações Liquidadas	1.000,00	18.000,00	0,00
Variações Cambiais Ativas (MP nº 1.858-10/1999)	-19.000,00	-27.000,00	-18.000,00
Variações Cambiais Passivas – Operações Liquidadas	0,00	0,00	-47.250,00
Receitas Financeiras Excedentes das Despesas Financeiras	-3.000,00	-14.000,00	0,00
Lucro da Exploração	**100.000,00**	**40.000,00**	**16.750,00**

37.3. e-Lalur e e-Lacs

A Parte B deve ser preenchida conforme o disposto a seguir:

Histórico	Data	Débito	Crédito	Saldo	D/C
Saldo Inicial	31/12			0,00	
Variação Cambial Ativa Jan	31/01		6.000,00	6.000,00	C
Variação Cambial Ativa Fev	28/02		4.000,00	10.000,00	C
Variação Cambial Ativa – Oper. Liquidada	28/02	1.000,00		9.000,00	C
Variação Cambial Ativa Mar	31/03		9.000,00	18.000,00	C
Variação Cambial Ativa Abr	30/04		18.000,00	36.000,00	C
Variação Cambial Ativa – Oper. Liquidada	30/04	18.000,00		18.000,00	C
Variação Cambial Ativa Maio	31/05		4.500,00	22.500,00	C

Histórico	Data	Débito	Crédito	Saldo	D/C
Variação Cambial Ativa Jun	30/06		4.500,00	27.000,00	C
Variação Cambial Passiva Jul	31/07	45.000,00		(18.000,00)	D
Variação Cambial Passiva Ago	31/08	45.000,00		(63.000,00)	D
Variação Cambial Ativa 31/08 a 15/09	15/09		18.000,00	(45.000,00)	D
Variação Cambial Passiva – Oper. Liquidada	15/09		22.500,00	(22.500,00)	D
Variação Cambial Passiva 15/09 a 30/09	30/09	2.250,00		(24.750,00)	D
Variação Cambial Passiva – Oper. Liquidada	30/09		24.750,00	0,00	
Saldo em 31/12	31/12			0,00	

37.4. Alteração do Critério de Reconhecimento das Variações Monetárias

Na alteração do critério de reconhecimento das variações monetárias para o regime de competência, devem ser computadas, na base de cálculo do IRPJ e da CSLL, em 31 de dezembro do período de encerramento do ano precedente ao da opção, as variações monetárias incorridas até essa data, inclusive as de períodos anteriores.

Para o caso de alteração do critério de reconhecimento das variações monetárias pelo regime de competência para o regime de reconhecimento quando da liquidação da operação, no período de apuração em que ocorrer essa liquidação devem ser computadas, na base de cálculo do IRPJ e da CSLL, as variações monetárias relativas ao período de 1º de janeiro do ano-calendário da opção até a data da liquidação.

38. Contratos a longo prazo

Apuração dos contratos de Longo Prazo segundo o CPC 17 – Contratos de Construção.

O Pronunciamento determina a forma de apuração dos custos e receitas a serem reconhecidas no resultado do período.

Esse pronunciamento técnico estipula dois métodos de apuração do custo:

- a) Custo fixo é um contrato de construção em que o contratante concorda com o preço pré-fixado ou com a taxa pré-fixada, por unidade concluída que, em alguns casos, estão sujeitos às cláusulas de custos escalonados.

- b) Custo mais margem de lucro é um contrato de construção em que o contratado é reembolsado por custos projetados e aprovados pelas partes – ou de outra forma definidos – acrescido de percentual sobre tais custos ou por remuneração pré-fixada.

38.1. Apuração IRPJ/CSLL

Os contratos com prazo de execução superior a um ano, de construção por empreitada ou de fornecimento, a preço predeterminado, de bens ou serviços a serem produzidos, serão computados em cada período para fins de apuração do IRPJ e da CSLL:

- o custo de construção ou de produção dos bens ou serviços incorrido durante o período
- parte do preço total da empreitada, ou dos bens ou serviços a serem fornecidos, determinada mediante aplicação, sobre esse preço total, da porcentagem do contrato ou da produção executada no período.

A porcentagem do contrato ou da produção executada durante o período poderá ser determinada:

- a) com base na relação entre os custos incorridos no período e o custo total estimado da execução da empreitada ou da produção; ou

- b) com base em laudo técnico de profissional habilitado, segundo a natureza da empreitada ou dos bens ou serviços, que certifique a porcentagem executada em função do progresso físico da empreitada ou produção.

Dessa forma qualquer critério diferente que venha a resultar em valor diferente do previsto nas letras "a" e "b" deverá ser adicionado ou excluído, conforme o caso na apuração do IRPJ e da CSLL.

Exemplo:

Contrato de R$ 90.000
Custo estimado R$ 80.000
Prazo de execução 3 anos
1º Ano custos revistos em R$ 500
2º Ano revisão do contrato: + R$ 2.000 de receita e 1.500 de custos
2º Ano + custo de R$ 1.000 (materiais adquiridos) – utilização será no 3º ano

	1º Ano	2º Ano	3º Ano
Receita inicialmente projetada	90.000	90.000	90.000
Variação no contrato	2.000	2.000	2.000
Custos Incorridos	20.930	60.680	82.000
Custo a Incorrer	59.570	21.320	00
Custo total Estimado	80.500	82.000	82.000
Resultado Estimado	9.500	10.000	10.000
% de execução	26%	74%	100%

O estágio de execução relativo ao 2º ano (74%) é obtido após eliminar os custos incorridos no 1º ano e os $ 1000 relativos aos materiais estocados que somente serão utilizados no 3º ano.

39. Contratos de concessão de serviços público

Entende-se como contratos de serviços públicos:

- fase de construção:
  - a fase em que a concessionária realiza serviços de construção, recuperação, reforma, ampliação ou melhoramento da infraestrutura de prestação dos serviços.
- fase de operação:
  - aquela em que a concessionária efetivamente presta ou disponibiliza os serviços públicos para os quais foi contratada, mediante a operação e manutenção da infraestrutura.

39.1. Ativos Intangíveis:

A concessionária reconhece como receita o resultado à medida que ocorrer a realização do ativo intangível, inclusive sobre amortização, alienação ou baixa.

O resultado é a receita liquida menos os custos diretos e indiretos incorridos na construção, recuperação, reforma ampliação ou melhoramento da infraestrutura.

39.2. Ativos Financeiros:

O lucro decorrente da receita reconhecida na fase de construção cuja contrapartida seja ativo financeiro representativo de direito contratual incondicional de receber caixa ou outro ativo financeiro poderá ser tributado à medida do efetivo recebimento.

Entende-se como fase de execução de um contrato de concessão de serviços públicos a realização serviços de construção, recuperação, reforma, ampliação ou melhoramento da infraestrutura de prestação dos serviços pela concessionária.

Em cada período de apuração, o referido lucro será a receita líquida diminuída dos custos diretos e indiretos incorridos.

Para fins do diferimento, a concessionária deverá realizar os seguintes ajustes no e-Lalur e no e-Lacs:

- exclusão do lucro, com registro do valor excluído na parte B; e
- adição do lucro diferido na proporção dos recebimentos, e respectiva baixa na parte B.

O valor a ser adicionado será calculado pela aplicação da seguinte fórmula:

```
Valor a ser adicionado = LD x (R/V), onde:
LD = Total do lucro diferido na fase de construção
R = Valor do pagamento contratado, recebido no período de
    apuração
V = Valor total contratado
```

Os valores decorrentes do ajuste a valor presente, referentes aos ativos financeiros a receber decorrentes das receitas de serviços da fase de construção, serão tributados no mesmo período de apuração em que a receita ou resultado da operação deva ser oferecido à tributação. Neste caso, a concessionária deverá realizar os seguintes ajustes no e-Lalur e no e-Lacs:

- exclusão da receita financeira relativa aos valores decorrentes do ajuste a valor presente apropriada no período, com registro do valor excluído na parte B
- adição de parte do total dos valores decorrentes do ajuste a valor presente, previsto para todo o contrato, na mesma proporção em que o lucro diferido for adicionado, e respectiva baixa na parte B.

A concessionária deverá manter controle específico capaz de demonstrar, em relação a cada contrato e a cada período de apuração, o lucro apurado e o cálculo das adições e exclusões realizadas na apuração do lucro real e do resultado ajustado.

40. Arrendamento mercantil

O arrendamento mercantil é uma forma de financiamento de bens de capital. Sua base é um contrato que determinará as características para sua contabilização.

40.1. Arrendadora

Na apuração do IRPJ e CSLL os contratos de arrendamento previsto na Lei 6.099/1974 tem o seguinte tratamento tributário na arrendadora:

- o valor da contraprestação é considerado receita da atividade da pessoa jurídica
- são dedutíveis os encargos de depreciação gerados por bem objeto de arrendamento mercantil.

Este tratamento cabe também para operações não sujeitas ao controle e fiscalização do Banco Central do Brasil, exceto quando tenha transferência substancial dos riscos e benefícios inerentes à propriedade do ativo.

Em havendo transferência dos riscos e benefícios o resultado relativo à operação de arrendamento mercantil deverá ser reconhecido proporcionalmente ao valor de cada contraprestação durante o período de vigência do contrato.

Considera-se resultado a diferença entre o valor do contrato de arrendamento e o somatório dos custos diretos iniciais e o custo de aquisição, produção ou construção dos bens arrendados.

Exemplo:

- veículo de passeio;
- data da assinatura do contrato 15.12.20X0;
- o valor justo do bem arrendado (conforme nota fiscal) é de R$ 30.000,00;
- o prazo de vigência do contrato é de 36 meses;
- o valor das prestações mensais é de R$ 1.038,89;
- o valor do contrato é de R$ 37.400,00, que corresponde às 36 parcelas de R$ 1.038,89;
- os encargos financeiros incidentes sobre o contrato totalizaram R$ 7.400,00, e correspondem à diferença entre o valor do contrato (R$ 37.400,00) e o valor justo do bem arrendado (R$ 30.000,00).

Contas Contábeis	Débito	Crédito
Bens em Arrendamento (Ativo Não Circulante)	30.000,00	
Caixa ou Bancos (Ativo Circulante)	1.038,89	30.000,00
Crédito – Arrendamento Financeiro a Receber (Ativo Circulante)	37.400,00	
Receita de Arrendamento Financeiro a Apropriar (Conta Redutora do Ativo Circulante)	1.038,89	37.400,00
Crédito – Arrendamento Financeiro a Receber (Ativo Circulante)		1.038,89
Receita de Arrendamento Financeiro (Conta Resultado)		1.038,89

NOTA:
O valor de 1.038,89 refere-se à primeira parcela, sendo as demais do mesmo valor

40.1.1. Operações não sujeitas a Lei 6.099/1974

Na apuração do lucro real de pessoa jurídica arrendadora, que realize operações em que haja transferência substancial dos riscos e benefícios inerentes à propriedade do ativo e que não estejam sujeitas ao tratamento tributário disciplinado pela Lei nº 6.099/1974, o resultado relativo à operação de arrendamento mercantil deverá ser reconhecido proporcionalmente ao valor de cada contraprestação durante o período de vigência do contrato.

A pessoa jurídica deverá proceder, caso seja necessário, aos ajustes ao lucro líquido para fins de apuração do lucro real, no Lalur.

Entende-se por resultado a diferença entre o valor do contrato de arrendamento e o somatório dos custos diretos iniciais e o custo de aquisição, produção ou construção dos bens arrendados.

Também se aplica aos contratos não tipificados como arrendamento mercantil que contenham elementos contabilizados como arrendamento mercantil por força de normas contábeis e da legislação comercial.

O resultado da operação de arrendamento deve ser apurado no começo do contrato de arrendamento mercantil, que corresponde à data a partir da qual o arrendatário passa a poder exercer o seu direito de usar o ativo arrendado.

Consideram-se:

- valor do Contrato de Arrendamento Mercantil – somatório dos valores a serem pagos pela arrendatária a arrendadora em decorrência do contrato, excluídos os acréscimos decorrentes da mora no cumprimento das obrigações ou pelo descumprimento de cláusulas contratuais
- Custos Diretos Iniciais – são os custos incrementais que são diretamente atribuíveis à negociação e estruturação de um arrendamento mercantil.

O resultado da operação de arrendamento mercantil faz parte integrante do lucro líquido contábil para fins de apuração do IRPJ/CSLL em cada período proporcional a contraprestação vencida no respectivo período.

As receitas financeiras reconhecidas como tal contabilmente em relação a um arrendamento mercantil e que estão computadas no resultado da operação serão excluídas do lucro rela e da base de cálculo da CSLL.

No caso de ajuste a valor presente – AVP das contraprestações a receber e respectivos saldos de juros a apropriar serem atualizados em função da taxa de câmbio ou de índices ou coeficientes aplicáveis por disposição legal ou contratual, o resultado da operação ainda não tributado será recalculado mediante correção no valor do contrato de arrendamento mercantil.

As variações monetárias ativas ou passivas decorrentes da atualização do ajuste a valor presente – AVP computadas no resultado da operação serão excluídas ou adicionadas ao lucro líquido na apuração do lucro real e do resultado ajustado nos períodos de apuração em que forem reconhecidas conforme as normas contábeis e legislação comercial.

40.1.2. Indedutibilidade

Não será dedutível, para fins de apuração do lucro real, a diferença a menor entre o valor contábil residual do bem arrendado e o seu preço de venda, quando do exercício da opção de compra.

40.2. Arrendatária

Na apuração do lucro real da pessoa jurídica arrendatária:

a) poderão ser computadas as contraprestações pagas ou creditadas por força de contrato de arrendamento mercantil, referentes a bens móveis ou imóveis intrinsecamente relacionados com a produção ou comercialização dos bens e serviços, inclusive as despesas financeiras nelas consideradas;

b) são indedutíveis as despesas financeiras incorridas pela arrendatária em contratos de arrendamento mercantil, inclusive os valores decorrentes do ajuste a valor presente – AVP;

c) são vedadas as deduções de despesas de depreciação, amortização e exaustão geradas por bem objeto de arrendamento mercantil, na hipótese em que a arrendatária reconheça contabilmente o encargo, inclusive depois do prazo de encerramento do contrato;

d) na hipótese da letra "c", não comporá o custo de produção dos bens ou serviços os encargos de depreciação, amortização e exaustão, gerados por bem objeto de arrendamento mercantil.

A pessoa jurídica arrendatária que reconheça contabilmente o bem, em decorrência de o contrato de arrendamento prever a transferência substancial dos benefícios e riscos e controle do bem arrendado, deverá proceder aos ajustes ao lucro líquido para fins de apuração do lucro real, no Lalur.

No caso previsto na letra "d", a pessoa jurídica deverá proceder ao ajuste no lucro líquido para fins de apuração do lucro real, no período de apuração em que o encargo de depreciação, amortização ou exaustão for apropriado como custo de produção.

Também se aplica aos contratos não tipificados como arrendamento mercantil que contenham elementos contabilizados como arrendamento mercantil por força de normas contábeis e da legislação comercial.

Consideram-se contraprestações creditadas, as contraprestações vencidas.

Entende-se por despesa financeira os juros computados no valor da contraprestação de arrendamento mercantil.

No caso de bem objeto de arrendamento mercantil, não é necessária a evidenciação em subconta vinculadas ao ativo.

Exemplo:
- veículo de passeio;
- data da assinatura do contrato 15.12.20X0;
- o valor justo do bem arrendado (conforme nota fiscal) é de R$ 30.000,00;
- o prazo de vigência do contrato é de 36 meses;
- o valor das prestações mensais é de R$ 1.038,89;
- o valor do contrato é de R$ 37.400,00, que corresponde às 36 parcelas de R$ 1.038,89;
- os encargos financeiros incidentes sobre o contrato totalizaram R$ 7.400,00, e correspondem à diferença entre o valor do contrato (R$ 37.400,00) e o valor justo do bem arrendado (R$ 30.000,00).

Pela assinatura do contrato:

Contas Contábeis	Débito – R$	Crédito – R$	Encargos a Vencer
Veículos (Ativo Não Circulante – Imobilizado)	30.000,00		
Encargos Financeiros a Apropriar (Passivo Circulante)	2.400,00		Até 31.12.20X1
Encargos Financeiros a Apropriar (Passivo Não Circulante)	5.000,00		Depois 31.12.20X1
Arrendamentos Mercantis Financeiros a Pagar (Passivo Circulante)		12.466,66	12 parcelas Até 31.12.20X1
Arrendamentos Mercantis Financeiros a Pagar (Passivo Não Circulante)		24.933,34	24 parcelas Depois 31.12.20X1

40.2.1. Depreciação

Não havendo certeza razoável de que o arrendatário irá adquirir a propriedade do bem arrendado no fim do prazo do arrendamento mercantil, o ativo deverá ser totalmente depreciado durante o prazo de vigência do contrato ou da sua vida útil, dos dois o menor.

Caso haja certeza o período de uso esperado corresponderá à vida útil do bem. Caso contrário, o ativo deverá ser depreciado durante o prazo do arrendamento mercantil ou da sua vida útil, dos dois o menor.

O valor depreciável dos ativos arrendados deve ser alocado a cada período contábil durante o período de uso esperado em base sistemática consistente com a política de depreciação que o arrendatário adote para os demais ativos depreciáveis da entidade.

Exemplo:

- valor justo do bem R$ 30.000,00
- prazo de vida útil 5 anos, ou seja, 60 meses
- taxa depreciação 20% ao ano
- taxa mensal 1.66666%
- encargos financeiros do contrato 7.400,00
- 36 parcelas

Capítulo – Lucro Real

	Débito	Crédito
Despesa de Depreciação de Veículos (Conta de Resultado)	500,00	
Depreciação Acumulada (Conta Redutora do Ativo Não Circulante – Imobilizado)		500,00
Encargos Financeiros de Contratos de Arrendamento Mercantil (Conta de Resultado)	205,55	
Encargos Financeiros a Apropriar (Conta Redutora do Passivo Circulante)		205,55

Lalur

Lucro Líquido	700,00
Adições Despesa bem arrendado	500,00
Exclusões Contraprestações	1.038,89
Lucro Real	161,11

40.2.2. Descaracterização

A aquisição pelo arrendatário de bens arrendados em desacordo com as disposições contidas na Lei nº 6.099/1974, nas operações em que seja obrigatória a sua observância, será considerada operação de compra e venda a prestação.

O preço de compra e venda será o total das contraprestações pagas durante a vigência do arrendamento, acrescido da parcela paga a título de preço de aquisição.

As importâncias já deduzidas, como custo ou despesa operacional pela adquirente, acrescerão ao lucro tributável, no período de apuração correspondente à respectiva dedução.

Os tributos não recolhidos serão devidos com acréscimos previstos na legislação vigente.

Exemplo:
- Valor do bem R$ 24.000,00
- Contraprestação mensal R$ 1.000,00
- Prazo 24 meses
- Vida útil do bem 5 anos

Ano	Lalur	
	Como Arrendamento	Descaracterização
1º	Exclusão	Adição
2º	Exclusão	Adição

40.2.3. Ganho de Capital

A determinação do ganho ou perda de capital de bens ou direitos que tenham sido objeto de arrendamento mercantil terá por base o valor contábil do bem, assim entendido o que estiver registrado na escrituração do contribuinte, diminuído, se for o caso, da depreciação, amortização ou exaustão acumulada e das perdas estimadas no valor de ativos.

O ganho ou perda de capital não será aplicado quando o valor contábil do bem já tiver sido computado na determinação do lucro real ou do resultado ajustado pela arrendatária a título de contraprestação de arrendamento mercantil.

Também se aplica aos contratos não tipificados como arrendamento mercantil que contenham elementos contabilizados como arrendamento mercantil por força de normas contábeis e da legislação comercial.

Exemplo:
- Bem objeto de arrendamento no valor de 20.000,00
- Prazo do arrendamento 20 meses
- Valor das prestações 1.000,00
- Vida útil do bem 5 anos
- Venda do bem no terceiro ano (janeiro)
- Depreciação 4.000 por ano
- Venda por 30.000,00

Valor Contábil do Bem
Bem 20.000,00
(-) Depreciação Acumulada 8.000,00
Valor Contábil 12.000,00
Ganho de Capital
Valor de venda 30.000,00

Valor Contábil 12.000,00
Lucro 18.000,00

e-Lalur

Ano	Descrição	Valor
31.12.20X1	Lucro Contábil	15.000,00
	Adição • Depreciação	4.000,00
	Exclusão • Contraprestação	12.000,00
	Lucro Real	7.000,00
31.12.20X2	Lucro Contábil	10.000,00
	Adição • Depreciação	4.000,00
	Exclusão • Contraprestação	8.000,00
	Lucro Real	6.000,00
31.12.20X3	Lucro Contábil	18.000,00
	Adição • Custo Contábil	12.000,00
	Exclusão • Contraprestação	0,00
	Lucro Real	30.000,00

O valor do custo contábil de 12.000,00 foi adicionado tendo em vista que todo o valor do bem já foi excluído do lucro líquido contábil e, portanto, na venda esse custo é zero, para fins de apuração do IRPJ/CSLL.

No caso de ajuste a valor presente – AVP das contraprestações a receber e respectivos saldos de juros a apropriar serem atualizados em função da taxa de câmbio ou de índices ou coeficientes aplicáveis por disposição legal ou contratual, as variações monetárias ativas ou passivas decorrentes desta atualização que tiverem sido computadas na contraprestação serão excluídas ou adicionadas ao lucro líquido na apuração do lucro real e do resultado ajustado nos períodos de apuração em que forem reconhecidas conforme as normas contábeis e legislação comercial.

41. PARTICIPAÇÕES EM COLIGADAS E CONTROLADAS

41.1. Controladas

Considera-se controlada a sociedade na qual a controladora, diretamente ou por intermédio de outras controladas, é titular de direitos de sócio que lhe assegurem, de modo permanente, preponderância nas deliberações sociais e o poder de eleger a maioria dos administradores.

Exemplo:

Empresa BETA participa com 51% do capital votante da empresa ALFA, portanto, BETA controla a empresa ALFA.

Consideremos ainda que:

a) a empresa BETA detém 15% do capital votante da empresa GAMA;

b) a empresa ALFA (que, como vimos, é controlada por "BETA") participa com 40% do capital votante da empresa GAMA.

Nesse caso, a empresa BETA é controladora também da empresa GAMA, porque a soma das participações (15% própria e 40% de sua controlada ALFA) ultrapassa 50% do capital votante.

41.2. Coligadas

São coligadas as sociedades nas quais a investidora tenha influência significativa, observando-se que:

a) considera-se que há influência significativa quando a investidora detém ou exerce o poder de participar nas decisões das políticas financeira ou operacional da investida, sem controlá-la;

b) é presumida influência significativa quando a investidora for titular de 20% ou mais do capital votante da investida, sem controlá-la.

Exemplo:

Empresa BETA detém 20% do capital da empresa ALFA; estas empresas são coligadas. Caso a participação fosse de 5%, não seriam coligadas.

A coligação abrange tanto o "capital votante" quanto o "capital não votante", ou seja, o total de ações ou quotas integralizadas.

41.3. Desdobramento do Custo de Aquisição com Base em Laudo

41.3.1. Custo de Aquisição

Os investimentos realizados em controladas e coligadas calculados pelo MEP sofreram alterações e principalmente para separar a Avaliação a Valor Justo (AVJ) dos ativos líquidos da investida, chamado de mais ou menos-valia e a diferença decorrentes da rentabilidade futura (*goodwill*).

O desdobramento do custo de aquisição do investimento será o seguinte:

a) valor de patrimônio líquido na época da aquisição, determinado de acordo com o disposto no artigo 179 da IN RFB nº 1.700/2017;

b) mais ou menos-valia que corresponde à diferença entre o valor justo dos ativos líquidos da investida, na proporção da porcentagem da participação adquirida, e o valor de que trata a letra "a"; e

c) ágio por rentabilidade futura (*goodwill*), que corresponde à diferença entre o custo de aquisição do investimento e o somatório dos valores de que tratam as letras "a" e "b".

Os valores de que tratam às letras "a" a "c" serão registrados em subcontas distintas.

41.3.2. Laudo

A comprovação da mais ou menos-valia deverá estar coberta por laudo prescrito por perito independente quando for o caso e deverá ser registrado na Receita Federal ou Cartório de Registro de Títulos e Documentos (até 13º mês subsequente ao da aquisição da participação).

Exemplo:
- Aquisição da participação em dezembro de 20X1
- Prazo para o registro 30 de janeiro de 20X3

O protocolo do laudo na Secretaria da Receita Federal do Brasil ocorrerá com o envio do seu inteiro teor utilizando-se de processo eletrônico da Secretaria da Receita Federal do Brasil no prazo previsto e o contribuinte deverá informar o número do processo eletrônico no 1º Lalur a ser entregue depois do prazo previsto para entrega do laudo. Esse atendimento dispensa o registro do sumário em Cartório de Registro de Títulos e Documentos.

O laudo deverá ser observado ainda que o valor da mais ou menos-valia seja zero.

O sumário do laudo a ser registrado em Cartório de Registro de Títulos e Documentos deverá conter no mínimo as seguintes informações:

a) qualificação da adquirente, alienante e adquirida;

b) data da aquisição;

c) percentual adquirido do capital votante e do capital total;

d) principais motivos e descrição da transação, incluindo potenciais direitos de voto;

e) discriminação e valor justo dos itens que compõem a contraprestação total transferida;

f) relação individualizada dos ativos identificáveis adquiridos e dos passivos assumidos com os respectivos valores contábeis e valores justos;

g) identificação e assinatura do perito independente e do responsável pelo adquirente.

41.3.3. Descumprimento

O desatendimento do desdobramento do custo de aquisição e laudo implica:

a) no não aproveitamento da mais-valia;

b) em considerar a menos-valia como integrante do custo dos bens ou direitos que forem realizados em menor prazo;
c) no não aproveitamento do ágio por rentabilidade futura (*goodwill*).

41.3.4. Exigência para a Equivalência Patrimonial

A aquisição de participação societária sujeita à avaliação pelo valor do patrimônio líquido exige:

- primeiramente, a mensuração dos ativos identificáveis adquiridos e dos passivos assumidos a valor justo; e
- posteriormente, o reconhecimento do ágio por rentabilidade futura (*goodwill*) ou do ganho proveniente de compra vantajosa.

Exemplo:
- Aquisição de Investimento na empresa "A"   R$ 500.000,00
- Patrimônio Líquido da empresa "A"   R$ 1.200.000,00
- Percentual de participação 30%
- Valor justo do imobilizado maior que o contabilizado   R$ 100.000,00
- Valor da empresa maior que o PL ajuste pelo valor justo

Cálculo:
Valor contábil da participação – R$ 1.200.000,00 x 30% = R$ 360.000,00
Valor contábil mais valor justo do ativo – R$ 1.200.000,00 + R$ 100.000,00 = R$ 1.300.000,00
Mais-valia – R$ 1.300.000,00 x 30% = R$ 390.000,00 – R$ 360.000,00 = R$ 30.000,00
Rentabilidade Futura – R$ 500.000,00 – R$ 390.000,00 = R$ 110.000,00

Registro do investimento na empresa "A"

Contas Contábeis	Débito – R$	Crédito – R$
Participação na Empresa "A" (Ativo Não Circulante – Investimento)	360.000,00	
Mais-valia na empresa "A" (Ativo Não Circulante – Investimento)	30.000,00	
Ágio por Rentabilidade Futura na empresa "A" (Ativo Não Circulante – Investimento)	110.000,00	
Bancos Conta Movimento (Ativo Circulante)		500.000,00

41.3.5. Compra Vantajosa

O ganho proveniente de compra vantajosa, que corresponde ao excesso do valor justo dos ativos líquidos da investida, na proporção da participação adquirida, em relação ao custo de aquisição do investimento, será computado na determinação do lucro real no período de apuração da alienação ou baixa do investimento.

O ganho proveniente de compra vantajosa registrado em conta de resultado deverá ser registrado no Lalur como:

    a) exclusão ao lucro líquido para apuração do lucro real na Parte "A" e registro na Parte "B" do valor excluído, quando do seu reconhecimento; e

    b) adição ao lucro líquido para apuração do lucro real na Parte "A" e respectiva baixa na Parte "B", quando da apuração do ganho ou perda de capital na alienação ou baixa do investimento.

Exemplo:

Valor do Investimento	R$ 20.000,00
Patrimônio Líquido da Investida	R$ 10.200,00
Bem do Ativo	R$ 8.000,00
Valor Justo do bem	R$ 6.000,00
Menos-valia	R$ 2.000,00
Participação de	70%

Cálculos da participação

PL – 10.200,00x70% =   7.140,00
Menos-valia – 2.000,00 x 70% =   1.400,00
Goodwill – 20.000,00-7.140,00-1.400 =   14.260,00

Registro do investimento na empresa "B"

Contas Contábeis	Débito – R$	Crédito – R$
Participação na Empresa "X" (Ativo Não Circulante – Investimento)	7.140,00	
Ágio por Rentabilidade Futura (Ativo Não Circulante – Investimento)	14.260,00	
Ganho por Compra Vantajosa (Conta de Resultado)		1.400,00
Bancos Conta Movimento (Ativo Circulante)		20.000,00

Lalur

Lucro Líquido	1.400,00
Adições	
Exclusões Ganho por Compra Vantajosa	1.400,00
Lucro Real	0,00

41.3.6. Composição do Custo

A composição do custo de aquisição respeitará o disposto na legislação comercial, considerando inclusive contraprestações contingentes, sendo o seu tratamento tributário disciplinado em relação à combinação de negócios.

41.4. Avaliação do Investimento

41.4.1. Disposições Gerais

Em cada balanço, o contribuinte deverá avaliar o investimento pelo valor de patrimônio líquido da investida, de acordo com o disposto no art. 248 da Lei nº 6.404/1976, e com as seguintes normas:

a) o valor de patrimônio líquido será determinado com base em balanço patrimonial ou balancete de verificação da investida levantado na mesma data do balanço do contribuinte ou até dois meses, no máximo, antes dessa data, com observância da lei comercial, inclusive quanto à dedução das participações nos resultados e da provisão para o imposto sobre a renda;

b) se os critérios contábeis adotados pela investida e pelo contribuinte não forem uniformes, o contribuinte deverá fazer no balanço ou balancete da investida os ajustes necessários para eliminar as diferenças relevantes decorrentes da diversidade de critérios;

c) o balanço ou balancete da investida, levantado em data anterior à do balanço do contribuinte, deverá ser ajustado para registrar os efeitos relevantes de fatos extraordinários ocorridos no período;

d) o prazo de 2 dois meses de que trata a letra "a" aplica-se aos balanços ou balancetes de verificação das sociedades de que a investida participe, direta ou indiretamente, com investimentos que devam ser avaliados pelo valor de patrimônio líquido para efeito de determinar o valor de patrimônio líquido da investida;

e) o valor do investimento do contribuinte será determinado mediante a aplicação sobre o valor de patrimônio líquido ajustado de acordo com os incisos anteriores da porcentagem da participação do contribuinte na investida; e

f) no caso de filiais, sucursais, controladas e coligadas, domiciliadas no exterior, aplicam-se as normas da legislação correspondente do país de domicílio.

No caso da letra "e", o patrimônio será apurado de acordo com a legislação correspondente do país de domicílio, ajustando-o para eliminar as diferenças relevantes decorrentes da diversidade de critérios conforme disposto na letra "b".

Capítulo – Lucro Real

41.4.2. Ajuste do Valor Contábil do Investimento

O valor do investimento na data do balanço deverá ser ajustado ao valor de patrimônio líquido determinado de acordo com o o subitem anterior, mediante lançamento da diferença a débito ou a crédito da conta de investimento.

Os lucros ou dividendos distribuídos pela investida deverão ser registrados pelo contribuinte como diminuição do valor do investimento, e não influenciarão as contas de resultado.

Contrapartida do Ajuste

A contrapartida do ajuste, por aumento ou redução no valor de patrimônio líquido do investimento, não será computada na determinação do lucro real.

A exclusão do lucro líquido para apuração do lucro real somente poderá ser efetuada caso haja evidenciação por meio de subconta nas condições determinadas pelos dispositivos legais mencionados.

Não serão computadas na determinação do lucro real as contrapartidas de ajuste do valor do investimento ou da redução dos valores de que tratam as letras "b" e "c" do subitem 41.4.1, derivados de investimentos em sociedades estrangeiras que não funcionem no País.

Redução da Mais-valia ou Menos-valia e do Goodwill

A contrapartida da redução dos valores de mais ou menos-valia e ágio por rentabilidade futura registrada em conta de resultado não será computada na determinação do lucro real, observado o resultado na alienação do investimento.

A contrapartida deverá ser registrada no e-Lalur e e-Lacs como:
   a) adição ao lucro líquido para apuração do lucro real na Parte "A", relativamente à mais-valia e ao ágio por rentabilidade futura (*goodwill*), e controlada na Parte "B" para exclusão futura quando da apuração do ganho ou perda de capital na alienação ou liquidação do investimento; e

b) exclusão ao lucro líquido para apuração do lucro real Parte "A", relativamente à menos-valia, e controlada na Parte "B" para adição futura quando da apuração do ganho ou perda de capital na alienação ou liquidação do investimento.

Exemplo:

- Empresa BETA investe 70% na empresa GAMA pagando R$ 20.000,00
- Patrimônio Líquido da empresa GAMA no valor de R$ 10.200,00
- Imobilizado com valor contábil de R$ 8.000,00
- Valor Justo do Imobilizado R$ 12.000,00

Valores da participação:

	Custo	Investimento
Patrimônio Liquido	5.100,00 x 70%	7.140,00
Mais-valia	4.000,00 x 70%	2.800,00
Goodwill	20.000,00-9.940,00 (7.140,00 + 2.800,00)	10.060,00

Registro do investimento na empresa "BETA"

Contas Contábeis	Débito – R$	Crédito – R$
Participação na Empresa "GAMA" (Ativo Não Circulante – Investimento)	7.140,00	
Mais-valia (Ativo Não Circulante – Investimento)	2.800,00	
Ágio por Rentabilidade Futura (Ativo Não Circulante – Investimento)	10.060,00	
Bancos Conta Movimento (Ativo Circulante)		20.000,00

Empresa GAMA deprecia o bem resultado da mais-valia em 10% ao ano. Em 31.12.20X1, o valor foi de 280,00 (2.800,00 x 10%).

Registro da depreciação na empresa "BETA"

Contas Contábeis	Débito – R$	Crédito – R$
Resultado de Equivalência Patrimonial (Conta de Resultado)	280,00	
Mais-valia (Ativo Não Circulante – Investimento)		280,00

Aplicando o teste de recuperabilidade do *goodwill* (rentabilidade futura), apresentou uma perda de R$ 400,00.

Registro da perda na empresa "BETA"

Contas Contábeis	Débito – R$	Crédito – R$
Despesa com Recuperabilidade (Conta de Resultado)	400,00	
Perda por Desvalorização – *Goodwill* (Ativo Não Circulante – Investimento)		400,00

Lucro auferido na empresa GAMA no valor de 1.000,00 com distribuição de 50% de dividendos.

Lucro a ser reconhecido na empresa BETA no valor de 700,00 (1.000,00 x 70%) e dividendos no valor de 350,00 (700,00 x 50%)

Registro do lucro na empresa "BETA"

Contas Contábeis	Débito – R$	Crédito – R$
Participação na Empresa "AMA" (Ativo Não Circulante – Investimento)	700,00	
Resultado de Equivalência Patrimonial (Conta de Resultado)		700,00

Registro dos dividendos na empresa "BETA"

Contas Contábeis	Débito – R$	Crédito – R$
Dividendos a Receber (Ativo Circulante)	350,00	
Participação na Empresa "AMA" (Ativo Não Circulante – Investimento)		350,00

e-Lalur /e-Lacs

Lucro Líquido	20,00
Adições Despesa de Recuperabilidade	400,00
Exclusões Resultado da Equivalência	420,00
Lucro Real	0,00

Demonstrativo da conta Resultado de Equivalência:

D- 280

C- 700

Saldo a crédito de 420,00

41.5. Da Aquisição de Participação Societária em Estágios

Na aquisição com controle de outra pessoa jurídica na qual se detinha participação societária anterior, deverá observar as seguintes regras:

- a) o ganho ou a perda decorrente de avaliação da participação societária anterior com base no valor justo, apurado na data da aquisição, poderá ser computado no lucro real no momento em que ocorrer a venda ou baixa do investimento;
- b) o mesmo tratamento será dado no caso de ganho decorrente de excesso do valor justo dos ativos líquidos da investida, proporcionalmente a participação anterior em relação ao valor dessa participação;
- c) os valores das letras "a" e "b" devem ser controlados na Parte "B" do Lalur.

Os valores apurados em decorrência da operação, relativos à participação societária anterior, que tenham a natureza de mais ou menos-valia e *goodwill*, sujeitam-se ao mesmo tratamento tributário dado a essas parcelas.

Deverão ser contabilizados em contas distintas:

- a) a mais ou menos-valia e o ágio por rentabilidade futura relativa à participação societária anterior, existente antes da aquisição do controle; e

b) as variações nos valores da letra "a", em decorrência da aquisição do controle.

Serão aplicados aos demais casos em que o contribuinte avalia a valor justo a participação societária anterior no momento da aquisição da nova participação societária.

Exemplo:

Em 14/04/20X1, a empresa "A" adquire 10% de participação no capital (votante e total) da empresa "B", sem controlá-la. O custo de aquisição do investimento foi desdobrado em:

- Valor do Patrimônio Líquido (10%) =   R$ 1.000
- Mais-valia Participação I =   R$ 200
- *Goodwill* Participação I =   R$ 100
- Total =   R$ 1.300

A Mais-valia está relacionada a um bem (Máquina X) no ativo da entidade "B", adquirida em 02/01/20X0, e uma vida útil de 5 anos (depreciação de 20% ao ano).

Em 18/09/20x1, a entidade "A" compra mais 40% de participação de capital (votante e total) na entidade "B", obtendo o controle. Custo de aquisição:

- Valor do Patrimônio Líquido (40%) =   R$ 4.000
- Mais-valia Participação II =   R$ 1.200
- *Goodwill* Participação II =   R$ 600
- Total =   R$ 5.800

De acordo com o Pronunciamento Técnico do Comitê de Pronunciamentos Contábeis CPC 15, na combinação de negócios em estágios, o adquirente deve remensurar sua participação anterior na adquirida pelo valor justo na data da aquisição e deve reconhecer no resultado do período o ganho ou a perda resultante, se houver. Nesse exemplo, será considerado que a primeira participação avaliada a valor justo na data de aquisição do controle (2ª participação) correspondia ao valor de R$ 1.450, desdobrada da seguinte forma (valores em R$):

Custo de Aquisição	1ª Aquisição	1ª Aquisição Avaliada a Valor Justo	Diferença
Participação	1.000	1.000	0
Mais-valia	200	300	100
Goodwill	100	150	50
Total	1.300	1.450	150

No Balanço de 31.12.20x1, a empresa investida teve um lucro de R$ 1.000.

Em 02.01.20X2, a empresa "A" incorpora a empresa "B".

A Máquina X está intrinsecamente relacionada com a produção ou comercialização dos bens e serviços das empresas "A" e "B".

As empresas "A" e "B" são tributadas pelo lucro real anual.

Lançamentos contábeis em 20X1: aquisição da primeira participação (10%):

Contas Contábeis	Débito – R$	Crédito – R$
Participação na Empresa "B" (Ativo Não Circulante – Investimento)	1.000	
Mais-valia Participação I – Empresa "B" (Ativo Não Circulante – Investimento)	200	
Goodwill Participação I – Empresa "B" (Ativo Não Circulante – Investimento)	100	
Bancos Conta Movimento (Ativo Circulante)		1.300

Lançamentos contábeis em 20X1: aquisição da segunda participação (40%):

Contas Contábeis	Débito – R$	Crédito – R$
Participação na Empresa "B" (Ativo Não Circulante – Investimento)	4.000	
Mais-valia Participação II – Empresa "B" (Ativo Não Circulante – Investimento)	1.200	
Goodwill Participação II – Empresa "B" (Ativo Não Circulante – Investimento)	600	
Bancos Conta Movimento (Ativo Circulante)		5.800

Capítulo – Lucro Real

Lançamentos contábeis em 20X1: avaliação "Participação I" a Valor Justo:

Contas Contábeis	Débito – R$	Crédito – R$
Mais-valia Participação I – AVJ (Ativo Não Circulante – Investimento)	100	
Goodwill Participação I – AVJ (Ativo Não Circulante – Investimento)	50	
Bancos Conta Movimento (Ativo Circulante)		150

Lançamentos contábeis em 20X1: Equivalência Patrimonial

Contas Contábeis	Débito – R$	Crédito – R$
Participação Empresa "B" (Ativo Não Circulante – Investimento)	500	
Resultado Equivalência Patrimonial (Conta de Resultado)		500

Lançamentos contábeis em 20X1: Realização da Mais-valia (em decorrência de depreciação do bem na empresa "B"):

Contas Contábeis	Débito – R$	Crédito – R$
Resultado Equivalência Patrimonial (Conta de Resultado)	117	
Mais-valia Participação I – Empresa "B" (Ativo Não Circulante – Investimento)		30
Mais-valia Participação II – Empresa "B" (Ativo Não Circulante – Investimento)		80
Mais-valia Participação I – Empresa "B" – AVJ (Ativo Não Circulante – Investimento)		7

Comentário:

1. Deverão ser contabilizadas em subcontas distintas:

a) a mais-valia ou menos-valia e o ágio por rentabilidade futura (*goodwill*) relativos à participação societária anterior, existente antes da aquisição do controle (no exemplo corresponde à "Mais-valia Participação I" e ao "*Goodwill* Participação I"); e

b) as variações nos valores a que se refere a alínea "a", em decorrência da aquisição do controle (no exemplo: "AVJ – Mais-valia Participação I" e "AVJ – *Goodwill* Participação I").

b.1) Demonstração do Lucro Real de 20X1, transcrita no e-Lalur: e e-Lacs

Lucro líquido antes do IRPJ
(+) Adições 117
(−) Exclusões (150 + 500)
(=) Lucro real antes da comp. prej.
(−) Compensação de prejuízos fiscais
(=) Lucro real

Comentários:
1. Exclusão de R$ 500 (sem controle na Parte "B" do Lalur)
2. Exclusão de R$ 150 (com controle na Parte "B" do Lalur)
3. Adição de R$ 117 (com controle na Parte "B" do Lalur)

Lançamentos Contábeis em 20x2 quando da Incorporação da entidade "B" pela entidade "A" − *Goodwill*:

Contas Contábeis	Débito − R$	Crédito − R$
Goodwill Participação − Empresa "B" (Ativo Não Circulante − Intangível)	700	
AVJ − Goodwill Participação I (Ativo Não Circulante − Intangível)	50	
Goodwill Participação I − Empresa "B" (Ativo Não Circulante − Investimento)		100
Goodwill Participação II − Empresa "B" (Ativo Não Circulante − Investimento)		600
AVJ − *Goodwill* Participação (Ativo Não Circulante − Investimento)		50

Lançamentos Contábeis em 20x2 quando da incorporação da entidade "B" pela entidade "A" − Mais-valia:

Contas Contábeis	Débito − R$	Crédito − R$
Máquina X (Ativo Não Circulante)	1.290	
Máquina X − AVJ − Mais-valia Participação I (Ativo Não Circulante)	93	
Mais-valia Participação I − Empresa "B" (Ativo Não Circulante − Investimento)		170
Mais-valia Participação II − Empresa "B" (Ativo Não Circulante − Investimento)		1.120
AVJ − Mais-valia Participação I (Ativo Não Circulante − Investimento)		93

Comentários:

1. A pessoa jurídica resultante da incorporação poderá considerar como integrante do custo do bem ou direito que lhe deu causa o saldo existente na contabilidade, na data da aquisição da participação societária. Tal regra não alcança o valor correspondente ao "AVJ Mais-valia Participação I".

2. Para utilização do saldo existente na contabilidade é necessário que a pessoa jurídica determine na data do evento de incorporação a diferença entre o valor da Mais-valia na data da aquisição da participação societária e na data do evento. No exemplo, temos o seguinte resultado:

Nas datas de aquisições = Mais-valia Participação I + Mais-valia Participação II = 200 + 1.200 = R$ 1.400

Saldo na data da incorporação = Mais-valia Participação I + Mais-valia Participação II = 170 + 1.120 = R$ 1.290

Diferença = 1.400 - 1.290 = R$ 110

Caso o *Goodwill* tivesse sofrido redução ainda na entidade "A", antes da incorporação, deveria ser adotado o mesmo procedimento.

3. A diferença de R$ 110 poderá ser excluída na apuração do lucro real, à medida que a "Máquina X" for sendo realizada. Do valor de R$ 117 registrado na Parte "B" do e-Lalur em 31.12.20X1, R$ 7 serão baixados quando da incorporação da entidade "B" pela entidade "A", resultando nos R$ 110 a serem excluídos.

4. A incorporadora deve manter em subcontas distintas os valores da Mais-valia e do *Goodwill*, conforme demonstrado no exemplo, sob pena de não poder usufruir do saldo existente na contabilidade e do saldo do ágio por rentabilidade futura.

5. O valor de R$ 150, correspondente ao "Ganho Avaliação Participação I - AVJ", controlado na Parte "B" do e-Lalur e do e-Lacs da investidora, em virtude do diferimento da tributação, quando da avaliação a valor justo da Participação I, deverá ser baixado.

6. A baixa do valor de R$ 93, correspondente à "Máquina X - AVJ - Mais-valia Participação I" é indedutível, e deverá ser adicionado à medida que o bem for sendo realizado.

7. No que se refere ao ágio por rentabilidade futura (*Goodwill*), a empresa poderá excluir 1/60 de R$ 700 nos próximos 60 meses.

8. Demonstração do Lucro Real de 20X2, transcrita no e-Lalur e do e-Lacs da incorporadora:

Lucro líquido antes do IRPJ

(+) Adições 31

(−) Exclusões (140 + 37)

(=) Lucro real antes da comp. prej.

(−) Compensação de prejuízos fiscais

(=) Lucro real

Comentários:

1. Exclusão de R$ 140 = dedução do *Goodwill* = 700/5 = R$ 140.

2. Exclusão de R$ 37 = parcela correspondente à diferença entre o saldo contábil da Mais-valia na data da aquisição da participação societária e na data da incorporação = 110/3 = R$ 37.

3. Adição de R$ 31 = parcela da Depreciação relacionada à conta "Máquina X − AVJ − Mais-valia Participação I" = 93/3 = R$ 31.

41.6. Resultado na Alienação do Investimento

O valor contábil, para efeito de determinar o ganho ou a perda de capital na alienação ou liquidação do investimento avaliado pelo valor de patrimônio líquido, será a soma algébrica dos seguintes valores:

a) do patrimônio líquido pelo qual o investimento estiver registrado na contabilidade do contribuinte;

b) da mais ou menos-valia e o ágio por rentabilidade futura, ainda que tenham sido realizados na escrituração comercial do contribuinte.

Não será computado na determinação do lucro real o acréscimo ou a diminuição do valor de patrimônio líquido de investimento, decorrente de ganho ou perda por variação na porcentagem de participação do contribuinte no capital social da investida.

42. Subvenções para investimentos

As subvenções para investimentos e as doações feitas pelo poder público, registradas em conta de reserva de incentivos fiscais, não serão computadas na determinação do lucro real.

Exemplo:

Recebimento de subvenção no valor de R$ 200.000,00, contabilizada segundo as regras do CPC 07 (R1) e art. 195-A da Lei nº 6.404/1976.

Registro da subvenção

Contas Contábeis	Débito – R$	Crédito – R$
Bancos Conta Movimento (Ativo Não Circulante)	200.000,00	
Subvenção para Investimento (Conta de Resultado)		200.000,00

Transferência de lucros para reserva

Contas Contábeis	Débito – R$	Crédito – R$
Lucros Acumulados (Ativo Não Circulante)	200.000,00	
Reservas de Lucros – Subvenção para Investimento (Conta de Resultado)		200.000,00

e-Lalur e e-Lacs

Lucro Líquido	200.000,00
Adições	0,00
Exclusões Subvenções para Investimento	200.000,00
Lucro Real	0,00

Os valores registrados em conta de Reserva de incentivos fiscais, somente terão o benefício da não tributação se forem utilizados para:

    a) absorção de prejuízos desde que anteriormente já tenham sido totalmente absorvidas as demais Reservas de Lucros, com exceção da Reserva Legal; ou

    b) aumento do capital social.

Exemplo da letra "a"

Subvenção registrada em conta do patrimônio líquido no valor de R$ 200.000,00.

Prejuízo apurado no período no valor de R$ 50.000,00 e o saldo das demais reservas estão zero.

Neste caso, compensam-se os R$ 50.000,00 com os R$ 200.00,00, tudo mediante contas patrimoniais. O valor de R$ 50.000,00 compensado deve ser reposto quando a empresa obtiver lucro.

No caso da letra "a", a reserva de incentivos fiscais deverá ser reposta à medida que forem sendo apurados lucros nos períodos seguintes. Nesta situação, caso não haja reposição dos valores em função de destinação diversa do lucro, as doações e subvenções serão tributadas, inclusive na hipótese de:

a) capitalização do valor e posterior restituição de capital aos sócios ou ao titular, mediante redução do capital social, hipótese em que a base para a incidência será o valor restituído, limitado ao valor total das exclusões decorrentes de doações ou subvenções governamentais para investimentos;

b) restituição de capital aos sócios ou ao titular, mediante redução do capital social, nos cinco anos anteriores à data da doação ou da subvenção, com posterior capitalização do valor da doação ou da subvenção, hipótese em que a base para a incidência será o valor restituído, limitada ao valor total das exclusões decorrentes de doações ou de subvenções governamentais para investimentos; ou

c) integração à base de cálculo dos dividendos obrigatórios.

Se, no período de apuração, a pessoa jurídica apurar prejuízo contábil ou lucro líquido contábil inferior à parcela decorrente de doações e de subvenções governamentais e, nesse caso, não puder ser constituída como parcela de lucros, esta deverá ocorrer à medida que forem apurados lucros nos períodos subsequentes.

No caso de período de apuração trimestral do imposto e contribuição social, o registro na reserva de incentivos fiscais deverá ser efetuado até 31 de dezembro do ano em curso.

Capítulo – Lucro Real

O valor que constituir exclusão na Parte "A" do e-Lalur e do e-Lacs será registrado na Parte "B" e será baixado:

a) no momento de sua utilização para aumento do capital social, na hipótese absorção por prejuízo;

b) no momento em que for adicionado no e-Lalur e e-Lacs, na Parte "A".

NOTA:

Não se aplica às subvenções concedidas por pessoas jurídicas de direito privado, que constituem receita da pessoa jurídica beneficiária.

Não poderá ser excluído da apuração do lucro real a subvenção recebida do Poder Público, em função de benefício fiscal, quando os recursos puderem ser livremente movimentados pelo beneficiário, isto é, quando não houver obrigatoriedade de aplicação da totalidade dos recursos na aquisição de bens ou direitos necessários à implantação ou expansão de empreendimento econômico, inexistindo sincronia e vinculação entre a percepção da vantagem e a aplicação dos recursos.

Os incentivos e benefícios fiscais relativos ao ICMS, concedidos pelos Estados e pelo Distrito Federal, são considerados subvenções para investimento, vedada a exigência de outros requisitos ou condições não previstos neste subitem.

43. Prêmio na emissão de debêntures

O prêmio na emissão de debêntures poderá ser excluído na determinação do lucro real e da base de cálculo da CSLL, desde que:

- a titularidade da debênture não seja de sócio ou titular da pessoa jurídica emitente, ou seja, sócios com participação igual ou superior a 10% do capital da pessoa jurídica emitente; e

- seja registrado em reserva de lucros específica, que somente poderá ser utilizada para:
  - absorção de prejuízos desde que anteriormente já tenham sido totalmente absorvidas as demais Reservas de Lucros, com exceção da Reserva Legal. Neste caso a reserva deverá ser recomposta com lucro dos períodos seguintes; ou
  - aumento do capital social.

Considera-se Prêmio na emissão de debêntures ou de outros títulos e valores mobiliários o valor recebido que supera o de resgate desses títulos na data do próprio recebimento ou o valor formalmente atribuído aos valores mobiliários.

Caso não seja registrado em conta de reserva de lucros, será tributada pelo IRPJ e CSL, inclusive nas seguintes situações:

a) capitalização do valor e posterior restituição de capital aos sócios ou ao titular, mediante redução do capital social, hipótese em que a base para a incidência será o valor restituído, limitado ao valor total das exclusões decorrentes do prêmio na emissão de debêntures;

b) restituição de capital aos sócios ou ao titular, mediante redução do capital social, nos cinco anos anteriores à data da emissão das debêntures, com posterior capitalização do valor do prêmio na emissão de debêntures, hipótese em que a base para a incidência será o valor restituído, limitada ao valor total das exclusões decorrentes de prêmio na emissão de debêntures; ou

c) integração à base de cálculo dos dividendos obrigatórios.

Quando apurar prejuízo contábil ou o lucro contábil for inferior ao valor dos prêmios por emissões de debêntures, na medida em que venha apurar lucro, deverá constituir a reserva de lucros no valor dos prêmios.

Se, no período de apuração, a pessoa jurídica apurar prejuízo contábil ou lucro líquido contábil inferior à parcela decorrente de prêmio na emissão de debêntures e, nesse caso, não puder ser constituída como parcela de lucros, esta deverá ocorrer à proporção que forem apurados lucros nos períodos subsequentes.

No caso de período de apuração trimestral do imposto, o registro na reserva de lucros específica deverá ser efetuado até 31 de dezembro do ano em curso.

O valor que constituir exclusão na Parte "A" do e-Lalur e do e-Lacs, será registrado na Parte "B" e será baixado:

a) no momento de sua utilização para aumento do capital social; ou

b) no momento em que for adicionado no Lalur, na Parte "A".

Exemplo

Desenvolvido segundo o CPC 08 (R1) – Custos de Transação e Prêmios na Emissão de Títulos e Valores Mobiliários:
- Captação via debêntures de 1.000.000
- Prazo para pagamento em oito anos no valor de 161.040
- Custo de transação 60.000
- Taxa inferior a 6% (5,02%)
- Valor captado 1.100.000
- Valor líquido 1.040.000

Ano	Saldo Inicial	Amortização	Saldo Final	Saldo Inicial	Amortização	Saldo Final
	Custo Transação	DRE	Custo Transação	Prêmio Debêntures	DRE	Prêmio Debêntures
1	60.000,00	-11.699,65	48.300,35	100.000	19.499,42	80.500,58
2	48.300,35	-10.800,53	37.499,82	80.500,58	18.000,88	62.499,70
3	37.499,82	-9.767,09	27.732,73	62.499,70	16.278,49	46.221,21
4	27.732,73	-8.587,25	19.145,47	46.221,21	14.312,09	31.909,12
5	19.145,47	-7.247,99	11.897,48	31.909,12	12.079,08	19.829,14
6	11.897,48	-5.735,29	6.162,50	19.829,14	9.558,82	10.270,33
7	6.162,50	-4.034,07	2.128,12	10.270,33	6.723,45	3.546,87
8	2.128,12	-2.128,12	0,00	3.546,87	3.546,87	0,00
		60.000,00			100.000,00	

Fim do período zero

Lançamento no ano 20X0

Contas Contábeis	Débito – R$	Crédito – R$
Banco Conta Movimento (Ativo Circulante)	1.040.000	
Custo a Amortizar (Conta Redutora do Passivo Não Circulante)	60.000	
Empréstimos e Financiamentos (Passivo Não Circulante)		1.000.000
Prêmio a Amortizar (Passivo Não Circulante)		100.000

Demonstrativo da conta de empréstimos

Empréstimos e Financiamentos   1.000.000
+ Prêmio a Amortizar 100.000
- Custo a Amortizar   60.000
Total   1.040.000

Fim do Período 1 – Encargos Financeiros
Lançamento no ano 20X1

Contas Contábeis	Débito – R$	Crédito – R$
Encargos Financeiros (Ativo Circulante)	52.200,23	
Prêmio a Amortizar (Passivo Não Circulante)	19.499,42	
Empréstimos e Financiamentos (Passivo Não Circulante)		60.000,00
Custos a amortizar (Conta Redutora do Passivo Não Circulante)		11.699,65

O valor de 52.200,23 corresponde ao pagamento das despesas financeiras + amortização de custos 11.699,65 – amortização do prêmio 19.499,42

Fim do período 1 – Parcela de pagamento do empréstimo
Lançamento no ano 20X1

Contas Contábeis	Débito – R$	Crédito – R$
Encargos Financeiros (Ativo Circulante)	161.035,94	
Banco Conta Movimento (Ativo Circulante)		161.035,94

O valor de 161.035,94 corresponde ao pagamento dos juros de 60.000,00 + amortização do principal 101.035,94.

Demonstrativo da conta de empréstimos

Empréstimos e Financiamentos   898.964,06
+ Prêmio a Amortizar   80.500,58
- Custo a Amortizar   48.300,35
Total   931.164,29

44. Ganhos e perdas de capital

Os ganhos e perdas de capital na alienação, baixa, perecimento, extinção, desgaste, obsolescência ou exaustão serão comutados na apuração do IRPJ e CSLL de bens classificados no ativo não circulante (investimentos, imobilizado ou intangível).

Ressalvadas as disposições especiais, a determinação do ganho ou perda de capital terá por base o valor contábil do bem, assim entendido o que estiver registrado na escrituração do contribuinte, diminuído, se for o caso, da depreciação, amortização ou exaustão acumulada e das perdas estimadas no valor de ativos.

Nas vendas de bens do ativo não circulante, para recebimento do preço, no todo ou em parte, depois do término do exercício social seguinte ao da contratação, o contribuinte poderá, para efeito de determinar o lucro real, reconhecer o lucro na proporção da parcela do preço recebida em cada período de apuração.

45. Lucro da Exploração

O lucro da exploração é calculado pelas pessoas jurídicas que tem empreendimentos na área de atuação (observados as regras dos artigos 185 e 627 e seguintes do RIR/2018):

- da Superintendência do Desenvolvimento do Nordeste – Sudene
- da Superintendência do Desenvolvimento da Amazônia – Sudam
- Do Programa Universidade para Todos

45.1. Composição do Lucro da Exploração

Lucro da exploração é o lucro líquido do período de apuração, antes de deduzida a provisão para o imposto sobre a renda, ajustado pela exclusão dos seguintes valores:

a) a parte das receitas financeiras que exceder às despesas financeiras;

b) os rendimentos e os prejuízos das participações societárias;

c) as outras receitas ou despesas;

d) as subvenções para investimento, inclusive por meio de isenção e redução de impostos, concedidas como estímulo à implantação ou à expansão de empreendimentos econômicos, e as doações feitas pelo Poder Público; e

e) os ganhos ou as perdas decorrentes de avaliação de ativo ou passivo com base no valor justo.

Para cálculo do lucro da exploração deve pegar o lucro líquido contábil depois de deduzidos a provisão da CSLL

O lucro da exploração poderá ser ajustado por meio da adição ao lucro líquido de valor igual ao baixado de reserva de reavaliação, nas hipóteses em que o valor realizado dos bens objeto da reavaliação tenha sido registrado como custo ou despesa operacional e a baixa da reserva tenha sido efetuada em contrapartida à conta de:

a) outras receitas ou

b) patrimônio líquido, não computada no resultado do mesmo período de apuração.

45.2. Tabela para o Cálculo

Base de Cálculo	Normas
Receita Líquida da Atividade de Ensino Superior Isenta – Prouni	Valor da receita líquida da atividade decorrente de ensino superior, proveniente de cursos de graduação ou cursos sequenciais de formação específica, quando a instituição privada de ensino superior, com fins lucrativos ou sem fins lucrativos não beneficente, aderir ao Programa Universidade para Todos (Prouni).
Receita Líquida da Atividade Isenta – Projeto Industrial ou Agrícola – Sudam/Sudene	Valor da receita líquida da atividade decorrente de: a) empreendimento industrial ou agrícola que tenha sido instalado, ampliado, modernizado ou diversificado, até 31 de dezembro de 1997, nas áreas de atuação da Sudam e da Sudene; b) empreendimento industrial ou agrícola, nas áreas de atuação da Sudam e da Sudene, cujo projeto tenha sido aprovado ou protocolizado até 14 de novembro de 1997.

Base de Cálculo	Normas
Receita Líquida da Atividade Isenta – Projeto de Tecnologia Digital Integrante de Programa de Inclusão Digital – Sudam/Sudene	Valor da receita líquida da atividade auferida a partir da data de publicação da Medida Provisória nº 540/2011 (Convertida na lei 12.546/2011), decorrente de empreendimento fabricante de máquinas, equipamentos, instrumentos e dispositivos, baseados em tecnologia digital, voltados para o programa de inclusão digital, cujo projeto tenha sido aprovado.
Receita Líquida da Atividade Isenta – Transporte Internacional	Valor da receita líquida da atividade decorrente de: a) transporte internacional aéreo e marítimo, quando a pessoa jurídica for empresa de navegação aérea e marítima estrangeira; b) transporte terrestre, auferido no tráfego internacional por empresa estrangeira.
Receita Líquida da Atividade com Redução de 100% – Padis	Valor da receita líquida decorrente da venda de: a) eletrônicos semicondutores classificados nas posições 85.41 e 85.42 da Nomenclatura Comum do Mercosul NCM; b) mostradores de informações (displays) relacionados em ato do Poder Executivo, com tecnologia baseada em componentes de cristal líquido – LCD, fotoluminescentes (painel mostrador de plasma – PDP), eletroluminescentes (diodos emissores de luz – LED, diodos emissores de luz orgânicos – OLED ou displays eletroluminescentes a filme fino – TFEL) ou similares com microestruturas de emissão de campo elétrico, destinados à utilização como insumo em equipamentos eletrônicos; e, c) projeto (design) de tais eletrônicos semicondutores e/ou mostradores de informação (displays) citados nos itens a e b imobilizado, destinados exclusivamente às atividades exercidas isoladas ou em conjunto.
Receita Líquida da Atividade com Redução de 75%	Valor da receita líquida da atividade decorrente de projetos protocolizados e aprovados após 23 de agosto de 2000, desde que enquadrados em setores da economia considerados, em ato do Poder Executivo, prioritários para o desenvolvimento regional, nas áreas de atuação da Sudene e da Sudam.
Receita Líquida da Atividade com Redução de 70%	Valor da receita líquida decorrente de exploração da atividade hoteleira e outros meios de hospedagem, conforme projetos aprovados pelo Conselho Nacional de Turismo até 31/12/1985.

Base de Cálculo	Normas
Receita Líquida da Atividade com Redução de 50%	Informar: a) o valor da receita líquida da atividade decorrente da exploração de restaurante de turismo e de empreendimentos de apoio à atividade turística, conforme projetos aprovados pelo Conselho Nacional de Turismo até 31/12/1985; b) o valor da receita líquida decorrente de exploração da atividade hoteleira e outros meios de hospedagem, de projeto de ampliação do empreendimento.
Receita Líquida da Atividade com Redução de 33,33%	Valor da receita líquida decorrente da atividade hoteleira e outros meios de hospedagem, conforme projeto de ampliação aprovado pelo Conselho Nacional de Turismo até 31/12/1985.
Receita Líquida da Atividade com Redução de 25%	Informar: a) o valor da receita líquida decorrente de exploração de empreendimento industrial ou agrícola, nas áreas de atuação da Sudam e da Sudene, cujo projeto tenha sido aprovado ou protocolizado após 14 de novembro de 1997, e até 23 de agosto de 2000; b) o valor da receita líquida decorrente de exploração de empreendimento industrial ou agrícola que tenha sido instalado, ampliado, modernizado ou diversificado, a partir de 1º de janeiro de 1998, nas áreas de atuação da Sudam e da Sudene, desde que o projeto tenha sido aprovado ou protocolizado até 23 de agosto de 2000.
Receita Líquida da Atividade com Redução de 12,5%	Valor da receita líquida das atividades referentes a empreendimentos industriais ou agrícolas enquadrados em setores da economia considerados, em ato do Poder Executivo, prioritários para o desenvolvimento regional, mantidos em operação nas áreas de atuação da Sudam e da Sudene, ou sediados na Zona Franca de Manaus, reconhecidos como de interesse para o desenvolvimento da região.
Receita Líquida da Atividade com Redução por Reinvestimento	Os incentivos de redução do imposto por reinvestimento podem ser utilizados somente em relação aos empreendimentos dos setores da economia considerados, em ato do Poder Executivo, prioritários para o desenvolvimento regional.
Receita Líquida das Demais Atividades	Valor da receita líquida das demais atividades não contempladas nas linhas anteriores.
TOTAL DA RECEITA LÍQUIDA	

Capítulo – Lucro Real

Base de Cálculo	Normas
CÁLCULO DO LUCRO DA EXPLORAÇÃO	
Lucro Líquido antes do IRPJ	
Outras Despesas (Lei nº 6.404/1976, art. 187, IV)	
Contribuição Social sobre o Lucro Líquido	
Prejuízos na Alienação de Participações Integrantes do Ativo Circulante ou do Ativo Realizável a Longo Prazo	
Resultados Negativos em Participações Societárias e em SCP	
Variações Cambiais Passivas (MP nº 1.858-10/1999, art. 30)	Esta linha deve ser preenchida somente pelas pessoas jurídicas que optaram por considerar, para fins de determinação da base de cálculo do imposto de renda, da contribuição social sobre o lucro líquido, e da contribuição para o PIS/Pasep e Cofins, o valor correspondente às variações monetárias das obrigações e direitos de crédito, em função da taxa de câmbio, quando da liquidação da correspondente operação. Indicar, o valor correspondente à variação cambial passiva, ainda que tal variação corresponda a operação liquidada no período de apuração. Também deve ser indicado o valor do resultado líquido negativo decorrente do ajuste em Reais de obrigações e créditos, efetuado em virtude de variação nas taxas de câmbio ocorrida no ano-calendário 2007, que tenha sido registrado em conta do ativo diferido.
Variações Cambiais Ativas – Operações Liquidadas (MP nº 1.858-10/1999, art. 30)	Deve ser preenchida exclusivamente pelas pessoas jurídicas que optaram, a partir de 1º de janeiro de 2000, pelo reconhecimento, na determinação do lucro real e do lucro da exploração, das variações monetárias, em função da taxa de câmbio, quando da liquidação da correspondente operação. Deve ser informado nesta linha o valor das variações cambiais ativas verificadas a partir de 1º de janeiro de 2000, cujas operações tenham sido liquidadas no período de apuração.

Base de Cálculo	Normas
Perdas em Operações Realizadas no Exterior	
Tributos com Exigibilidade Suspensa	Valor correspondente aos tributos, cuja exigibilidade esteja suspensa, nos termos dos incisos II a V do art. 151 da Lei nº 5.172, de 1966 (CTN), ainda que haja depósito judicial.
Ajuste de Receitas de Exportação – Preços de Transferências	Valor que exceder – em decorrência da aplicação dos métodos de ajuste de preços de transferência sobre a parcela das receitas auferidas nas exportações às pessoas vinculadas, às interpostas pessoas, ou aos países com tributação favorecida – ao valor já apropriado na escrituração da pessoa jurídica.
Ajustes: Reservas de Reavaliação e Especial	Reserva de Reavaliação: O lucro da exploração pode ser ajustado mediante adição ao lucro líquido, de valor igual ao baixado na conta de reserva de reavaliação, nos casos em que o valor realizado dos bens objeto da reavaliação tenha sido registrado como custo ou despesa operacional e a baixa da reserva tenha sido efetuada em contrapartida à conta de: a) receita não operacional; b) patrimônio líquido, não computada no resultado do mesmo período de apuração. Na hipótese da letra "a", o valor da reserva baixado deve ser informado como outras receitas.
Despesas e Custos com Pesquisa e Desenvolvimento de Produtos e Processos Inovadores em Empresas e Entidades Nacionais Realizados com Recursos de Subvenções Governamentais (Lei nº 10.973/2004, art. 19)	Indicar, no período de recebimento da subvenção, o valor empregado dos recursos decorrentes das subvenções governamentais, inclusive as despesas e custos já considerados na base de cálculo em períodos anteriores ao do recebimento da subvenção.

Capítulo – Lucro Real

Base de Cálculo	Normas
Despesas e Custos com Remuneração de Pesquisadores Empregados em Atividades de Inovação Tecnológica em Empresas no País Realizados com Recursos de Subvenções Governamentais (Lei nº 11.196/2005, art. 21)	Indicar, no período de recebimento da subvenção, o valor do empregado dos recursos decorrentes das subvenções governamentais, inclusive as despesas e custos já considerados na base de cálculo em períodos anteriores ao do recebimento da subvenção.
Perdas Decorrentes de Avaliação de Ativos ou Passivos com Base no Valor Justo (Decreto nº 1.598/77, art. 19, VI).	Valor correspondente às perdas decorrentes de avaliação de ativos ou passivo com base no valor justo. A Lei nº 12.973/2014 alterou o art. 19 do Decreto-Lei nº 1.598/77 para adicionar lucro líquido as perdas decorrentes de ajustes a valor justo, a fins de obter o lucro da exploração.
(-) Outras Receitas (Lei nº 6.404/1976, art. 187, IV)	
(-) Ganhos na Alienação de Participações Integrantes do Ativo Circulante ou do Ativo Realizável a Longo Prazo	
(-) Resultados Positivos em Participações Societárias e em SCP	
(-) Rendimentos e Ganhos de Capital Auferidos no Exterior	
(-) Variações Cambiais Ativas (MP nº 1.858-10/1999, art. 30)	Esta linha deve ser preenchida somente pelas pessoas jurídicas que optaram por considerar, para fins de determinação da base de cálculo do imposto de renda, da contribuição social sobre o lucro líquido, e da contribuição para o PIS/Pasep e Cofins, o valor correspondente às variações monetárias das obrigações e direitos de crédito, em função da taxa de câmbio, quando da liquidação da correspondente operação. Indicar, nesta linha, o valor correspondente à variação cambial ativa, ainda que tal variação corresponda a operação liquidada no período de apuração.

Base de Cálculo	Normas
(-) Variações Cambiais Passivas – Operações Liquidadas (MP nº 1.858-10/1999, art. 30)	Esta linha deve ser preenchida exclusivamente pelas pessoas jurídicas que optaram, a partir de 1º de janeiro de 2000, pelo reconhecimento, na determinação do lucro real e do lucro da exploração, das variações monetárias, em função da taxa de câmbio, quando da liquidação da correspondente operação. Deve ser informado nesta linha o valor das variações cambiais passivas verificadas a partir de 1º de janeiro de 2000, cujas operações tenham sido liquidadas no período de apuração.
(-) Prêmios na Emissão de Debêntures	
(-) Doações e Subvenções para Investimento	
(-) Receitas de Subvenções Governamentais para Pesquisa e Desenvolvimento de Produtos e Processos Inovadores em Empresas e Entidades Nacionais. (Lei nº 10.973/2004, art. 19)	Valor correspondente ao recebimento de recursos financeiros, humanos, materiais ou de infraestrutura, destinados a apoiar atividades de pesquisa e desenvolvimento, para atender às prioridades da política industrial e tecnológica nacional (subvenções econômicas).
(-) Receitas de Subvenções Governamentais para Remuneração de Pesquisadores Empregados em Atividades de Inovação Tecnológica em Empresas no País. (Lei nº 11.196/2005, art. 21)	Valor correspondente ao recebimento de subvenção para a remuneração de pesquisadores, titulados como mestres ou doutores, empregados em atividades de inovação tecnológica em empresas localizadas no território brasileiro.
(-) Receitas Financeiras Excedentes das Despesas Financeiras	Deve ser preenchida pela pessoa jurídica e deverá indicar o valor correspondente à diferença entre o somatório das receitas financeiras e o somatório das despesas financeiras somente quando essa diferença for positiva, conforme as observações que se seguem: a) pessoa jurídica que adotou o regime de competência para considerar as variações cambiais dos direitos de crédito e das obrigações na base de cálculo do IRPJ, CSLL, PIS/Pasep e Cofins; b) pessoa jurídica que considerou as variações cambiais dos direitos de crédito e das obrigações na base de cálculo do IRPJ, CSLL, PIS/Pasep e Cofins, quando da liquidação das operações.

Base de Cálculo	Normas
(-) Ganhos Decorrentes de Avaliação de Ativos ou Passivos com Base no Valor Justo (Decreto nº 1.598/77, art. 19, VI).	Valor correspondente aos ganhos decorrentes de avaliação de ativos ou passivo com base no valor justo. A Lei nº 12.973/2014 alterou o art. 19 do Decreto-Lei nº 1.598/77 para excluir do lucro líquido as subvenções para investimento, doações e ganhos decorrentes de ajustes a valor justo, a fins de obter o lucro da exploração.
(-) Outras Exclusões	Valor correspondente às outras exclusões determinadas por lei que não foram contempladas nas linhas anteriores.
LUCRO DA EXPLORAÇÃO	
DISTRIBUIÇÃO POR ATIVIDADE	
Parcela Isenta Correspondente à Atividade de Ensino Superior – Prouni	Indicar, a parcela do lucro da exploração correspondente à atividade isenta, calculada com base na operação.
Parcela Isenta Correspondente a Projeto Industrial ou Agrícola – Sudam/Sudene	Informa a parcela do lucro da exploração correspondente à atividade isenta, calculada com base na operação.
Parcela Isenta Correspondente à Atividade Integrante de Programa de Inclusão Digital – Sudam/Sudene	Informar a parcela do lucro da exploração correspondente à atividade isenta, calculada com base na operação.
Parcela Isenta Correspondente à Atividade de Transporte Internacional	Informar a parcela do lucro da exploração correspondente à atividade isenta, calculada com base na operação.
Parcela Correspondente à Atividade com Redução de 100% – Padis	Indicar, nesta linha, a parcela do lucro da exploração correspondente à atividade com redução de 100%, calculada com base na operação.
Parcela Correspondente à Atividade com Redução de 75%	Indicar a parcela do lucro da exploração correspondente à atividade com redução de 75%, calculada com base na operação.
Parcela Correspondente à Atividade com Redução de 70%	Indicar a parcela do lucro da exploração correspondente à atividade com redução de 70%, calculada com base na operação.

Base de Cálculo	Normas
Parcela Correspondente à Atividade com Redução de 50%	Indicar a parcela do lucro da exploração correspondente à atividade com redução de 50%, calculada com base na operação.
Parcela Correspondente à Atividade com Redução de 33,33%	Indicar a parcela do lucro da exploração correspondente à atividade com redução de 33,33%, calculada com base na operação.
Parcela Correspondente à Atividade com Redução de 25%	Indicar a parcela do lucro da exploração correspondente à atividade com redução de 25%, calculada com base na operação.
Parcela Correspondente à Atividade com Redução de 12,5%	Indicar a parcela do lucro da exploração correspondente à atividade com redução de 12,5%, calculada com base na operação.
Parcela Correspondente à Atividade com Redução por Reinvestimento	Indicar a parcela do lucro da exploração correspondente à atividade sem direito aos incentivos acima, mas passível de redução do imposto por reinvestimento, calculada com base na operação.
Parcela Correspondente às Demais Atividades	Indicar a parcela do lucro da exploração correspondente às demais atividades, que corresponde ao resultado da operação.

Fonte: Tabela Dinâmica da ECF Leiaute 7 publicada no site do Sped (http://sped.rfb.gov.br/arquivo/show/5718)

Exemplo:

Conta Contábil	Demonstração do Resultado do Exercício	
	Receita Bruta	50.000.000,00
3.01.01.01.01.04	Receitas de Produtos	15.000.000,00
3.01.01.01.01.05	Receita de Revenda	12.000.000,00
	Deduções	0,00
	Receita Líquida	50.000.000,00
	Custos	20.050.000,00
3.01.01.03.01.01	Salários	20.050.000,00
	Lucro Bruto	**29.950.000,00**
	Despesa Operacional	12.650.000,00
3.11.01.07.01.02	Salários	12.650.000,00
	Financeiras	50.000,00

Capítulo – Lucro Real

Conta Contábil	Demonstração do Resultado do Exercício	
3.01.01.05.01.02	Receita – Renda Variável	900.000,00
3.01.01.09.01.02	Despesa – Perda	500.000,00
3.01.01.09.01.01	Variação Cambial Passiva	350.000,00
	Outras Receitas	1.550.000,00
3.01.01.01.01.98	Outras Receitas	1.100.000,00
3.01.01.05.01.07	Resulta Positivo SCP	950.000,00
3.01.01.09.01.10	Resulta Negativo SCP	500.000,00
	Lucro Operacional	**11.050.000,00**
	Lucro Antes da CSLL	18.900.000,00
3.02.01.01.01.01	Provisão CSLL	1.753.650,00
	Lucro Antes do IRPJ	**17.146.350,00**

Demonstração Lucro Real	
Lucro Líquido do Exercício	17.146.350,00
Adições	
Despesas Não Dedutíveis	720.000,00
CSLL	1.753.650,00
Exclusões	
Dividendos (custo Aquisição)	135.000,00
Lucro Real	19.485.000,00

Demonstração do Lucro da Exploração	
Receita Liquida por Atividade	**Valor**
Receita Com Redução	20.000.000,00
Receita Demais Atividades	30.000.000,00
Receita Liquida Total	50.000.000,00
Cálculo do Lucro da Exploração	
Lucro Líquido antes do IRPJ	17.146.350,00
Variação Cambial Passiva	350.000,00
CSLL	1.753.650,00
Resultado Negativo SCP	500.000,00

Demonstração do Lucro da Exploração	
(-) Resultado Positivo SCP	950.000,00
(-) Receita Financeira Excedente	400.000,00
(-) Outras Receitas	1.100.000,00
(=) Lucro da Exploração	17.300.000,00
Distribuição por Atividade	
Parcela a 75%	6.920.000,00
Parcela Demais Atividades	10.380.000,00

NOTA:
Memória de Cálculo distribuição por atividade
20.000.000,00 x 100 / 50.000.000,00 = 40% ou 0,40
17.300.000,00 x 0,40 = 6.920.000,00

30.000.000,00 x 100 / 50.000.000,00 = 60% ou 0,60
17.300.000,00 x 0,60 = 10.380.000,00

Cálculo do IRPJ	
IRPJ sobre o Lucro Real	
IRPJ Alíquota 15%	2.922.750,00
Adicional Alíquota 10%	1.924.500,00
Dedução	
Isenção/Redução	1.291.107,39
IRPJ Estimado	1.246.000,00
IRPJ a Pagar	2.310.142,61

NOTA:
Memória de Cálculo Adicional IRPJ
19.485.000,00 - 240.000,00 = 19.245.000,00 x 0,10 = 1.924.500,00

Cálculo da Isenção/Redução	
Lucro Expl. Redução 75%	6.920.000,00
IRPJ - 15%	1.038.000,00
Adicional IRPJ - 10%	683.476,52
Subtotal	1.721.476,52
Total Redução	1.291.107,39
Total Isenção/Redução	1.291.107,39

Capítulo – Lucro Real

NOTA:
Memória de Cálculo Adicional IRPJ sobre lucro da exploração
6.920.000,00 x 1.924.500,00 = 683.476,52
19.485.000,00
1.721.476,52 x 0,75 = 1.291.107,39

Demonstração da CSLL	
Lucro Líquido do Exercício	18.900.000,00
Adições	
Despesas Não Dedutíveis	720.000,00
Exclusões	
Dividendos (custo Aquisição)	135.000,00
BC da CSLL	19.485.000,00

Cálculo da CSLL	
CSLL sobre o Lucro Real	
CSLL Alíquota 9%	1.753.650,00
Dedução	
CSLL Estimativa	1.703.650,00
CSLL a Pagar	50.000,00

46. Juros sobre o Capital Próprio

Na apuração do lucro real a pessoa jurídica poderá deduzir os juros sobre o capital próprio pagos ou creditados, individualizadamente, ao titular, aos sócios ou aos acionistas, limitados à variação, *pro rata die*, da Taxa de Juros de Longo Prazo (TJLP) e calculados, exclusivamente, sobre as seguintes contas do patrimônio líquido:

- capital social;
- reservas de capital;
- reservas de lucros;
- ações em tesouraria; e
- prejuízos acumulados.

O Tratamento Contábil e de despesa financeira – Juros sobre o Capital Próprio e o cálculo são feitos no patrimônio líquido da investida x TJLP a.a., que resultará no valor a ser pago aos sócios ou acionistas.

A dedutibilidade fica condicionada ao maior valor entre o limite de 50% do lucro líquido do exercício e os lucros acumulados (atualmente, está deslocado para reservas de lucros).

Esses juros têm tributação na fonte – alíquota de 15%.

Exemplo da evolução do cálculo dos Juros sobre o Capital Próprio:

Até 2007	De 2008 a 2013	A partir de 2014
Capital Social	Capital Social	Capital Social
Reservas de Capital	Reservas de Capital	Reservas de Capital
Reservas de Lucros	Reservas de Lucros	Reservas de Lucros
Lucros ou Prejuízos Acumulados	Ajustes de Avaliação Patrimonial	Ações em Tesouraria
	Ações em Tesouraria	Prejuízos Acumulados
	Prejuízos Acumulados	

Patrimônio Líquido	31.12.2007	2008 a 2013	A partir de 2014
Capital	100.000	100.000	100.000
Reserva de Capital	50.000	50.000	50.000
Reserva de Lucros	15.000	15.000	15.000
Ações em Tesouraria	0	1.000	1.000
Ajuste Avaliação Patrimonial	0	3.000	3.000
Prejuízo Acumulado	2	2.000	2.000
Total do PL	**163.000**	**167.000**	**167.000**
TJLP	163.000 x 6% = 9.780	167.000 x 5% = 8.350	164.000 x 5% = 8.200,00
Cálculo do Limite de 50%			
Lucros do Período	3.000 x 50% = 1.500	3.000 x 50% = 1.500	3.000 x 50% = 1.500
Reservas de Lucros	15.000 x 50% = 7.500	15.000 x 50% = 7.500	15.000 x 50% = 7.500
Parcela Não Dedutível	2.280 (9.780 – 7.500)	850 (8.350 – 7.500)	700 (8.200 – 7.500)

A dedução dos juros remuneratórios do capital próprio, na apuração do lucro real e da base de cálculo da CSLL, fica limitada a 50% do maior entre os seguintes valores:

a) lucro líquido correspondente ao período de apuração dos juros, depois da dedução da CSL e antes da dedução da Provisão para o Imposto de Renda (PIR) e dos juros remuneratórios; ou

b) do somatório dos lucros acumulados e reservas de lucros.

No caso de integralização de aumento de capital com os juros menos o imposto retido, não prejudica o direito à dedução dos juros.

O valor dos juros sobre o capital próprio passível de dedução poderá ser excluído na Parte A do e-Lalur e e-Lacs.

Capítulo
LUCRO PRESUMIDO

1. CONCEITO

O lucro presumido é uma forma de tributação simplificada para determinar a base de cálculo do Imposto de Renda e da Contribuição Social Sobre o Lucro Líquido das pessoas jurídicas que não estiverem obrigadas, no ano-calendário, à apuração do lucro real.

2. OPÇÃO PELO LUCRO PRESUMIDO

A opção pelo regime de tributação com base no lucro presumido será manifestada com o pagamento da primeira ou única quota do imposto devido correspondente ao primeiro período de apuração de cada ano-calendário (art. 214 da IN RFB nº 1.700/2017).

A pessoa jurídica que iniciar atividades a partir do segundo trimestre manifestará a opção com o pagamento da primeira ou única quota do imposto devido relativa ao período de apuração do início de atividade.

A opção pela apuração do imposto de renda com base no lucro presumido é definitiva para o ano-calendário.

3. PESSOAS JURÍDICAS QUE PODEM OPTAR PELA TRIBUTAÇÃO DO LUCRO PRESUMIDO

Podem optar pela tributação com base no lucro presumido as pessoas jurídicas que, não estando obrigadas ao regime de tributação pelo lucro real, tenham auferido, no ano-calendário anterior, receita total igual ou inferior a R$ 78.000.000,00 (setenta e oito milhões de reais).

NOTAS:

1ª) Considera-se receita total o somatório da receita bruta mensal; dos ganhos líquidos obtidos em operações realizadas em bolsa de valores, de mercadorias e futuros e em mercado de balcão organizado; dos rendimentos produzidos por aplicações financeiras de renda fixa e de renda variável; das demais receitas e ganhos de capital; das parcelas de receitas auferidas nas exportações às pessoas vinculadas ou aos países com tributação favorecida que excederem o valor já apropriado na escrituração da empresa, na forma prevista na IN RFB nº 1.312/2012; e dos juros sobre o capital próprio que não tenham sido contabilizados como receita, conforme disposto no parágrafo único do art. 76 da IN RFB nº 1.700/2017.

2ª) Não integram a receita total as saídas que não decorram de vendas, a exemplo das transferências de mercadorias para outros estabelecimentos da mesma empresa.

3ª) No caso de início de atividade, o limite será proporcional, à razão de R$ 6.500.000,00 (seis milhões e quinhentos mil reais) multiplicado pelo número de meses do período.

Podem, também, optar pela tributação com base no lucro presumido as pessoas jurídicas que iniciarem atividades ou que resultarem de incorporação, fusão ou cisão, desde que não estejam obrigadas à tributação pelo lucro real.

As pessoas jurídicas, tributadas pelo lucro presumido, e que, em qualquer trimestre do ano-calendário, tiverem seu lucro arbitrado, podem permanecer no regime de tributação com base no lucro presumido relativamente aos demais trimestres do ano-calendário, desde que atendidas as disposições legais pertinentes (§ 2º do art. 47 da Lei nº 8.981/1995; art. 1º da Lei nº 9.430/1996 e art. 235 da IN RFB nº 1.700/2017).

3.1. Operações imobiliárias

Não podem optar pelo regime de tributação com base no lucro presumido as pessoas jurídicas que exercerem atividades de compra e venda, loteamento, incorporação e construção de imóveis, enquanto não concluídas as operações imobiliárias para as quais haja registro de custo orçado.

4. REGIME DE CAIXA E DE COMPETÊNCIA

A pessoa jurídica optante pelo regime de tributação com base no lucro presumido pode adotar o critério de reconhecimento de suas receitas de venda de bens ou direitos ou de prestação de serviços pelo regime de caixa ou de competência (§ 9º do art. 215 da IN RFB nº 1.700/2017).

4.1. Regime de caixa

A pessoa jurídica optante pelo regime de tributação com base no lucro presumido que adotar o critério de reconhecimento de suas receitas na medida do recebimento e mantiver a escrituração do livro Caixa deverá indicar, nesse livro, em registro individual, a nota fiscal a que corresponder cada recebimento (art. 223 da IN RFB nº 1.700/2017).

A pessoa jurídica que mantiver escrituração contábil, na forma prevista na legislação comercial, deverá controlar os recebimentos de suas receitas em conta específica, na qual, em cada lançamento, será indicada a nota fiscal a que corresponder o recebimento.

Os valores recebidos adiantadamente, por conta de venda de bens ou direitos ou de prestação de serviços, serão computados como receita do mês em que se der o faturamento, a entrega do bem ou do direito ou a conclusão dos serviços, o que primeiro ocorrer.

Os valores recebidos, a qualquer título, do adquirente do bem ou direito ou do contratante dos serviços serão considerados como recebimento do preço ou de parte deste, até o seu limite.

O cômputo da receita em período de apuração posterior sujeitará a pessoa jurídica ao pagamento do IRPJ e da CSLL com os acréscimos de juros de mora e de multa de mora ou de ofício, conforme o caso, calculados na forma da legislação específica.

A pessoa jurídica que apura a CSLL com base no resultado presumido somente poderá adotar o regime de caixa na hipótese de adotar esse mesmo regime para apurar o IRPJ com base no lucro presumido (art. 224 da IN RFB nº 1.700/2017).

5. PERÍODO DE APURAÇÃO

O IRPJ e a CSLL com base no lucro presumido serão determinados por períodos de apuração trimestrais, encerrados nos dias 31 de março, 30 de junho, 30 de setembro e 31 de dezembro de cada ano-calendário (art. 1º da Lei 9.430/1996).

6. DETERMINAÇÃO DO LUCRO PRESUMIDO

O lucro presumido será determinado mediante aplicação dos seguintes percentuais sobre a receita bruta relativa a cada atividade, auferida em cada período de apuração trimestral, deduzida das devoluções e vendas canceladas e dos descontos incondicionais concedidos (art. 33 da IN RFB nº 1.700/2017):

NOTAS:
1ª) A receita bruta compreende (art. 26 da IN RFB nº 1.700/2017):
I – o produto da venda de bens nas operações de conta própria;
II – o preço da prestação de serviços em geral;
III – o resultado auferido nas operações de conta alheia; e
IV – as receitas da atividade ou objeto principal da pessoa jurídica, não compreendidas nos incisos I a III.
2ª) Os valores decorrentes do ajuste a valor presente de que trata o inciso VIII do caput do art. 183 da Lei nº 6.404/1976, incluem-se na respectiva receita bruta.

ITEM	ATIVIDADES	PERCENTUAIS DE REDUÇÃO
1	Receita bruta auferida na revenda, para consumo, de combustível derivado de petróleo, álcool etílico carburante e gás natural.	1,6%
2	Prestação de serviços hospitalares e de auxílio diagnóstico e terapia, fisioterapia e terapia ocupacional, fonoaudiologia, patologia clínica, imagenologia, radiologia, anatomia patológica e citopatologia, medicina nuclear e análises e patologias clínicas, exames por métodos gráficos, procedimentos endoscópicos, radioterapia, quimioterapia, diálise e oxigenoterapia hiperbárica, desde que a prestadora desses serviços seja organizada sob a forma de sociedade empresária e atenda às normas da Agência Nacional de Vigilância Sanitária (Anvisa).	8%
3	Prestação de serviços de transporte de carga.	8%
4	Atividades imobiliárias relativas a desmembramento ou loteamento de terrenos, incorporação imobiliária, construção de prédios destinados à venda e a venda de imóveis construídos ou adquiridos para revenda.	8%
5	Atividade de construção por empreitada com emprego de todos os materiais indispensáveis à sua execução, sendo tais materiais incorporados à obra.	8%
6	Prestação de serviços de transporte de passageiro.	16%

ITEM	ATIVIDADES	PERCENTUAIS DE REDUÇÃO
7	Atividades desenvolvidas por bancos comerciais, bancos de investimentos, bancos de desenvolvimento, agências de fomento, caixas econômicas, sociedades de crédito, financiamento e investimento, sociedades de crédito imobiliário, sociedades corretoras de títulos, valores mobiliários e câmbio, distribuidoras de títulos e valores mobiliários, empresas de arrendamento mercantil, cooperativas de crédito, empresas de seguros privados e de capitalização e entidades de previdência privada aberta.	16%
8	Prestação de serviços relativos ao exercício de profissão legalmente regulamentada.	32%
9	Intermediação de negócios.	32%
10	Administração, locação ou cessão de bens imóveis, móveis e direitos de qualquer natureza.	32%
11	Construção por administração ou por empreitada unicamente de mão de obra ou com emprego parcial de materiais.	32%
12	Construção, recuperação, reforma, ampliação ou melhoramento de infraestrutura, no caso de contratos de concessão de serviços públicos, independentemente do emprego parcial ou total de materiais.	32%
13	Prestação cumulativa e contínua de serviços de assessoria creditícia, mercadológica, gestão de crédito, seleção de riscos, administração de contas a pagar e a receber, compra de direitos creditórios resultantes de vendas mercantis a prazo ou de prestação de serviços (*factoring*).	32%
14	Coleta e transporte de resíduos até aterros sanitários ou local de descarte.	32%
15	Exploração de rodovia mediante cobrança de preço dos usuários, inclusive execução de serviços de conservação, manutenção, melhoramentos para adequação de capacidade e segurança de trânsito, operação, monitoração, assistência aos usuários e outros definidos em contratos, em atos de concessão ou de permissão ou em normas oficiais, pelas concessionárias ou subconcessionárias de serviços públicos.	32%

ITEM	ATIVIDADES	PERCEN-TUAIS DE REDUÇÃO
16	Prestação de serviços de suprimento de água tratada e os serviços de coleta e tratamento de esgotos deles decorrentes, cobrados diretamente dos usuários dos serviços pelas concessionárias ou subconcessionárias de serviços públicos.	32%
17	Prestação de qualquer outra espécie de serviço não mencionada nos itens anteriores.	32%
18	Prestação de serviços em geral, como limpeza e locação de mão de obra, ainda que sejam fornecidos os materiais	32%
19	Atividades de operação de empréstimo, de financiamento e de desconto de títulos de crédito realizadas por Empresa Simples de Crédito (ESC).	38,4%

As pessoas jurídicas exclusivamente prestadoras de serviços em geral, mencionadas nos itens 9, 10, 11, 13, 14 e 17, cuja receita bruta anual seja de até R$ 120.000,00 (cento e vinte mil reais), poderão utilizar, na determinação da parcela da base de cálculo do IRPJ o percentual de 16% (dezesseis por cento).

As atividades de corretagem (seguros, imóveis etc.) e as de representação comercial são consideradas atividades de intermediação de negócios.

A pessoa jurídica que houver utilizado o percentual de 16% para o pagamento mensal do IRPJ, cuja receita bruta acumulada até determinado mês do ano-calendário exceder o limite de R$ 120.000,00 (cento e vinte mil reais), ficará sujeita ao pagamento da diferença do imposto postergado, apurada em relação a cada mês transcorrido. Esta diferença deve ser paga em quota única, por meio de Darf separado, no código 2089, até o último dia útil do mês subsequente ao trimestre em que ocorrer o excesso. Após esse prazo, a diferença será paga com os acréscimos legais.

No caso de atividades diversificadas, deve ser aplicado o percentual correspondente sobre a receita proveniente de cada atividade.

As receitas próprias da venda de unidades imobiliárias (bem assim, as receitas financeiras e variações monetárias decorrentes dessa operação) que compõem a incorporação imobiliária inscrita no regime especial de tributação (RET) de que tratam os arts. 1º a 4º da

Lei nº 10.931/2004, alterados pelo art. 111 da Lei nº 11.196/2005, não deverão ser computadas na receita bruta para efeito de apuração do IRPJ com base no lucro presumido.

6.1. Valores acrescidos a base de cálculo do IRPJ

O lucro presumido, apurado trimestralmente, é a soma dos seguintes valores (§ 3º do art. 215 da IN RFB nº 1.700/2017):

I. do valor obtido pela aplicação dos percentuais especificados no item 6;

II. os ganhos de capital, demais receitas e resultados positivos auferidos no mesmo período, inclusive:

   a) os ganhos de capital auferidos na alienação de participações societárias permanentes em sociedades coligadas e controladas, e de participações societárias que permaneceram no ativo da pessoa jurídica até o término do ano-calendário seguinte ao de suas aquisições;

   b) os ganhos auferidos em operações de cobertura (*hedge*) realizadas em bolsas de valores, de mercadorias e de futuros ou no mercado de balcão organizado;

   c) a receita de locação de imóvel, quando não for este o objeto social da pessoa jurídica, deduzida dos encargos necessários à sua percepção;

   d) os juros equivalentes à taxa referencial do Selic, para títulos federais, relativos a impostos e contribuições a serem restituídos ou compensados;

   e) os rendimentos auferidos nas operações de mútuo realizadas entre pessoas jurídicas ou entre pessoa jurídica e pessoa física;

   f) as receitas financeiras decorrentes das variações monetárias dos direitos de crédito e das obrigações do contribuinte, em função de índices ou coeficientes aplicáveis por disposição legal ou contratual;

   g) os ganhos de capital auferidos na devolução de capital em bens e direitos;

h) a diferença entre o valor em dinheiro ou o valor dos bens e direitos recebidos de instituição isenta, a título de devolução de patrimônio, e o valor em dinheiro ou o valor dos bens e direitos entregue para a formação do referido patrimônio;

III. os rendimentos e ganhos líquidos auferidos em aplicações financeiras de renda fixa e renda variável;

IV. os juros sobre o capital próprio auferidos;

V. os valores recuperados, correspondentes a custos e despesas, inclusive com perdas no recebimento de créditos, salvo se a pessoa jurídica comprovar não os ter deduzido em período anterior no qual tenha se submetido ao regime de tributação com base no lucro real e no resultado ajustado, ou que se refiram a período no qual tenha se submetido ao regime de tributação com base no lucro presumido ou arbitrado;

VI. o valor resultante da aplicação dos percentuais de que tratam o item 6, sobre a parcela das receitas auferidas em cada atividade, no respectivo período de apuração, nas exportações às pessoas vinculadas ou aos países com tributação favorecida que exceder o valor já apropriado na escrituração da empresa, na forma prevista na IN RFB nº 1.312/2012;

VII. a diferença de receita financeira calculada conforme disposto no Capítulo V e no art. 58 da IN RFB nº 1.312/2012;

VIII. as multas ou qualquer outra vantagem paga ou creditada por pessoa jurídica, ainda que a título de indenização, por causa de rescisão de contrato.

NOTAS:

1ª) As variações monetárias ativas dos direitos de crédito e das obrigações do contribuinte, em função da taxa de câmbio, são consideradas, para efeito de determinação da base de cálculo, quando da liquidação da correspondente operação. À opção da pessoa jurídica, as variações monetárias podem ser consideradas, na determinação da base de cálculo, pelo regime de competência, sendo que a opção se aplica a todo ano-calendário (MP nº 1.858-10/1999, art. 31, e reedições).

2ª) Os valores que tratam os incisos VI e VII serão apurados anualmente e acrescidos a base de cálculo do último trimestre do ano-calendário para efeitos de se determinar o tributo devido.

3ª) Os rendimentos auferidos em aplicações de renda fixa e os ganhos líquidos auferidos em aplicações de renda variável serão acrescidos às bases de cálculo do lucro presumido (IRPJ) no período de apuração da alienação, resgate ou cessão do título ou aplicação, não lhes sendo aplicável o regime de competência (art. 216 da IN RFB nº 1.700/2017).

6.2. Alíquota

O imposto devido em cada trimestre é calculado mediante a aplicação da alíquota de 15% (quinze por cento) sobre a base de cálculo (art. 29 da IN RFB nº 1.700/2017).

A parcela do lucro presumido que exceder o valor resultante da multiplicação de R$ 20.000,00 (vinte mil reais) pelo número de meses do respectivo período de apuração, sujeita-se à incidência de adicional do imposto sobre a renda à alíquota de 10% (dez por cento).

Exemplo:

Considerando que o lucro presumido do trimestre seja de R$ 80.000,00, o imposto e o adicional do imposto serão apurados da seguinte forma:

CÁLCULO IRPJ NORMAL	
Base de cálculo	R$ 80.000
(x) Alíquota do IRPJ	15%
(=) IRPJ Normal	R$ 12.000

CÁLCULO DO ADICIONAL DO IMPOSTO (AIR)	
Base de cálculo (R$ 80.000 – R$ 60.000)	R$ 20.000
(x) Alíquota do AIR	10%
(=) IRPJ Normal	R$ 2.000

6.3. Deduções do imposto devido

Para efeitos de pagamento, a pessoa jurídica poderá deduzir do imposto apurado em cada trimestre o imposto sobre a renda pago ou retido na fonte sobre receitas que integraram a base de cálculo do imposto devido (§ 1º do art. 221 da IN RFB nº 1.700/2017).

Não será permitida dedução a título de incentivo fiscal do IRPJ apurado.

6.4. Compensação do IRPJ devido

A pessoa jurídica pode efetuar as seguintes compensações:

a) pagamento indevido ou a maior que o devido de imposto de renda;

b) saldo negativo de imposto de renda de períodos anteriores;

c) outras compensações efetuadas mediante Declaração de Compensação (Per/DComp) ou processo administrativo.

As compensações efetuadas devem ser informadas na DCTF.

6.5. Pagamento do imposto

Os contribuintes devem pagar o imposto de renda da pessoa jurídica por intermédio dos bancos integrantes da rede arrecadadora de receitas federais.

O pagamento deve ser feito mediante a utilização do Documento de Arrecadação de Receitas Federais (Darf), sob o código 2089.

O imposto de renda devido, apurado trimestralmente, deve ser pago em quota única, até o último dia útil do mês subsequente ao do encerramento do período de apuração (art. 55 da IN RFB nº 1.700/2017).

À opção da pessoa jurídica, o imposto devido pode ser pago em até três quotas mensais, iguais e sucessivas, vencíveis no último dia útil dos três meses subsequentes ao de encerramento do período de apuração a que corresponder.

Nenhuma quota pode ter valor inferior a R$ 1.000,00 (mil reais) e o imposto de valor inferior a R$ 2.000,00 (dois mil reais) será pago em quota única.

As quotas do imposto serão acrescidas de juros equivalentes à taxa referencial do Sistema Especial de Liquidação e Custódia (Selic), para títulos federais, acumulada mensalmente, a partir do primeiro dia do segundo mês subsequente ao do encerramento do período de apuração até o último dia do mês anterior ao do pagamento e de 1% (um por cento) no mês do pagamento.

A primeira quota ou quota única, quando paga até o vencimento, não sofrerá acréscimos.

6.6. Saldo negativo do imposto

Os saldos negativos do IRPJ, apurados trimestralmente, poderão ser restituídos ou compensados a partir do encerramento do trimestre, acrescidos de juros equivalentes à taxa referencial do Sistema Especial de Liquidação e Custódia – Selic para títulos federais, acumulada mensalmente, calculados a partir do mês subsequente ao do encerramento do período de apuração até o mês anterior ao da restituição ou compensação e de um por cento relativamente ao mês em que estiver sendo efetuada (ADN Cosit nº 31, de 27 de outubro de 1999).

7. DETERMINAÇÃO DO RESULTADO PRESUMIDO (CSLL)

A base de cálculo da CSLL será determinada mediante a aplicação do percentual de 12% (doze por cento) sobre a receita bruta auferida em cada período de apuração trimestral, deduzida das devoluções, das vendas canceladas e dos descontos incondicionais concedidos (§ 1º do art. 215 da IN RFB nº 1.700/2017):

I. 12% (doze por cento) para as atividades de:

a) na prestação de serviços hospitalares e de auxílio diagnóstico e terapia, fisioterapia e terapia ocupacional, fonoaudiologia, patologia clínica, imagenologia, radiologia, anatomia patológica e citopatologia, medicina nuclear e análises e patologias clínicas, exames por métodos gráficos, procedimentos endoscópicos, radioterapia, quimioterapia, diálise e oxigenoterapia hiperbárica, desde que a prestadora desses serviços seja organizada sob a forma de sociedade empresária e atenda às normas da Agência Nacional de Vigilância Sanitária (Anvisa); e

b) transporte, inclusive de carga.

II. 32 % (trinta e dois por cento) para as atividades de:

a) prestação de serviços em geral;

b) intermediação de negócios;

c) administração, locação ou cessão de bens imóveis, móveis e direitos de qualquer natureza;

d) prestação cumulativa e contínua de serviços de assessoria creditícia, mercadológica, gestão de crédito, seleção de riscos, administração de contas a pagar e a receber, e compra de direitos creditórios resultantes de vendas mercantis a prazo ou de prestação de serviços (*factoring*);

e) prestação de serviços de construção, recuperação, reforma, ampliação ou melhoramento de infraestrutura vinculados a contrato de concessão de serviço público, independentemente do emprego parcial ou total de materiais;

f) exploração de rodovia mediante cobrança de preço dos usuários, inclusive execução de serviços de conservação, manutenção, melhoramentos para adequação de capacidade e segurança de trânsito, operação, monitoração, assistência aos usuários e outros definidos em contratos, em atos de concessão ou de permissão ou em normas oficiais, pelas concessionárias ou subconcessionárias de serviços públicos;

g) coleta de resíduos e o transporte destes até aterros sanitários ou local de descarte;

h) prestação de serviços de suprimento de água tratada e os serviços de coleta e tratamento de esgotos deles decorrentes, cobrados diretamente dos usuários dos serviços pelas concessionárias ou subconcessionárias de serviços públicos; e

i) construção por administração ou por empreitada unicamente de mão de obra ou com emprego parcial de materiais.

III. 38,4% (trinta e oito inteiros e quatro décimos por cento), para as atividades de operação de empréstimo, de financiamento e de desconto de títulos de crédito realizadas por Empresa Simples de Crédito (ESC).

NOTA:
A receita bruta compreende (art. 26 da IN RFB nº 1.700/2017):
I – o produto da venda de bens nas operações de conta própria;
II – o preço da prestação de serviços em geral;
III – o resultado auferido nas operações de conta alheia; e
IV – as receitas da atividade ou objeto principal da pessoa jurídica, não compreendidas nos incisos I a III.

Os valores decorrentes do ajuste a valor presente de que trata o inciso VIII do *caput* do art. 183 da Lei nº 6.404/1976, incluem-se na respectiva receita bruta.

No caso de atividades diversificadas será aplicado o percentual correspondente a cada atividade.

As receitas próprias da venda de unidades imobiliárias (bem assim, as receitas financeiras e variações monetárias decorrentes dessa operação) que compõem a incorporação imobiliária inscrita no regime especial de tributação (RET) de que tratam os arts. 1º a 4º da Lei nº 10.931/2004, alterados pelo art. 111 da Lei nº 11.196/2005, não deverão ser computadas na receita bruta para efeito de apuração da CSLL com base no lucro presumido.

7.1. Valores acrescidos a base de cálculo da CSLL

Serão acrescidos a base de cálculo da CSLL (§ 3º do art. 215 da IN RFB nº 1.700/2017):

I. do valor obtido pela aplicação dos percentuais especificados no item 7;

II. os ganhos de capital, demais receitas e resultados positivos auferidos no mesmo período, inclusive:

a) os ganhos de capital auferidos na alienação de participações societárias permanentes em sociedades coligadas e controladas, e de participações societárias que permaneceram no ativo da pessoa jurídica até o término do ano-calendário seguinte ao de suas aquisições;

b) os ganhos auferidos em operações de cobertura (*hedge*) realizadas em bolsas de valores, de mercadorias e de futuros ou no mercado de balcão organizado;

c) a receita de locação de imóvel, quando não for este o objeto social da pessoa jurídica, deduzida dos encargos necessários à sua percepção;

d) os juros equivalentes à taxa referencial do Selic, para títulos federais, relativos a impostos e contribuições a serem restituídos ou compensados;

e) os rendimentos auferidos nas operações de mútuo realizadas entre pessoas jurídicas ou entre pessoa jurídica e pessoa física;

f) as receitas financeiras decorrentes das variações monetárias dos direitos de crédito e das obrigações do contribuinte, em função de índices ou coeficientes aplicáveis por disposição legal ou contratual;

g) os ganhos de capital auferidos na devolução de capital em bens e direitos;

h) o valor em dinheiro ou o valor dos bens e direitos recebidos de instituição isenta, a título de devolução de patrimônio.

III. os rendimentos e ganhos líquidos auferidos em aplicações financeiras de renda fixa e renda variável;

IV. os juros sobre o capital próprio auferidos;

V. os valores recuperados, correspondentes a custos e despesas, inclusive com perdas no recebimento de créditos, salvo se a pessoa jurídica comprovar não os ter deduzido em período anterior no qual tenha se submetido ao regime de tributação com base no lucro real e no resultado ajustado, ou que se refiram a período no qual tenha se submetido ao regime de tributação com base no lucro presumido ou arbitrado;

VI. o valor resultante da aplicação dos percentuais de que tratam o item 6, sobre a parcela das receitas auferidas em cada atividade, no respectivo período de apuração, nas exportações às pessoas vinculadas ou aos países com tributação favorecida que exceder o valor já apropriado na escrituração da empresa, na forma prevista na IN RFB nº 1.312/2012;

VII. a diferença de receita financeira calculada conforme disposto no Capítulo V e no art. 58 da IN RFB nº 1.312/2012;

VIII. as multas ou qualquer outra vantagem paga ou creditada por pessoa jurídica, ainda que a título de indenização, por causa de rescisão de contrato.

NOTAS:

1ª) As variações monetárias ativas dos direitos de crédito e das obrigações do contribuinte, em função da taxa de câmbio, são consideradas, para efeito de determinação da base de cálculo, quando da liquidação da correspondente operação. À opção da pessoa jurídica, as variações monetárias podem ser consideradas, na determinação da base de cálculo, pelo regime de competência, sendo que a opção se aplica a todo ano-calendário (MP nº 1.858-10/1999, art. 31, e reedições).

2ª) Os valores que tratam os incisos VI e VII serão apurados anualmente e acrescidos a base de cálculo do último trimestre do ano-calendário para efeitos de se determinar o tributo devido.

3ª) Os rendimentos auferidos em aplicações de renda fixa e os ganhos líquidos auferidos em aplicações de renda variável serão acrescidos às bases de cálculo da CSLL no período de apuração da alienação, resgate ou cessão do título ou aplicação, não lhes sendo aplicável o regime de competência (art. 216 da IN RFB nº 1.700/2017).

7.2. Alíquota

A CSLL devida em cada trimestre será calculada mediante aplicação da alíquota de 9% (nove por cento) sobre a base de cálculo (art. 222 da IN RFB nº 1.700/2017).

7.3. Deduções da contribuição devida

Para efeitos de pagamento, a pessoa jurídica poderá deduzir da CSLL apurada em cada trimestre o valor (parágrafo único do art. 222 da IN RFB nº 1.700/2017):

a) da CSLL retida na fonte sobre receitas que integraram a base de cálculo da contribuição devida; e

b) do bônus de adimplência fiscal disciplinado no art. 38 da Lei nº 10.637/2002, e nos arts. 271 a 276 da IN RFB nº 1.700/2017.

7.4. Compensação da CSLL devida

A pessoa jurídica pode efetuar as seguintes compensações:

a) pagamento indevido ou a maior que o devido da CSLL;

b) saldo negativo da CSLL de períodos anteriores;

c) outras compensações efetuadas mediante Declaração de Compensação (Per/DComp) ou processo administrativo.

As compensações efetuadas devem ser informadas na DCTF.

7.5. Pagamento da CSLL

A pessoa jurídica deve pagar a CSLL por intermédio dos bancos integrantes da rede arrecadadora de receitas federais.

O pagamento é feito mediante a utilização do Documento de Arrecadação de Receitas Federais (Darf), sob o seguinte código 2372 – PJ optante pela apuração com Base no Resultado Presumido.

A CSLL, apurada trimestralmente, deve ser paga em quota única, até o último dia útil do mês subsequente ao do encerramento do período de apuração.

À opção da pessoa jurídica, a CSLL pode ser paga em até três quotas mensais, iguais e sucessivas, vencíveis no último dia útil dos três meses subsequentes ao de encerramento do período de apuração a que corresponder.

Nenhuma quota pode ter valor inferior a R$ 1.000,00 (mil reais) e a CSLL de valor inferior a R$ 2.000,00 (dois mil reais) deve ser paga em quota única.

As quotas da CSLL são acrescidas de juros equivalentes à taxa referencial do Sistema Especial de Liquidação e Custódia (Selic), para títulos federais, acumulada mensalmente, a partir do primeiro dia do segundo mês subsequente ao do encerramento do período de apuração até o último dia do mês anterior ao do pagamento e de 1% (um por cento) no mês do pagamento.

A primeira quota ou quota única, quando paga até o vencimento, não sofre acréscimos.

7.6. Saldo negativo da CSLL

O saldo da CSLL, se negativo, pode ser restituído ou compensado com a CSLL devida a partir do encerramento do trimestre, acrescido de juros equivalentes à taxa Selic para títulos federais, acumulada mensalmente, calculados a partir do mês subsequente ao do encerramento do período de apuração até o mês anterior ao da restituição ou compensação e de um por cento relativamente ao mês em que estiver sendo efetuada a restituição ou compensação (ADN Cosit nº 31, de 27 de outubro de 1999).

8. GANHO DE CAPITAL

O ganho de capital nas alienações de ativos não circulantes classificados como investimento, imobilizado ou intangível, ainda que reclassificados para o ativo circulante com a intenção de venda, corresponderá à diferença positiva entre o valor da alienação e o respectivo valor contábil (§ 14 do art. 215 da IN RFB nº 1.700/2017).

Poderão ser considerados no valor contábil, e na proporção deste, os respectivos valores decorrentes dos efeitos do ajuste a valor presente de que trata o inciso III do *caput* do art. 184 da Lei nº 6.404/1976.

Para obter a parcela a ser considerada no valor contábil do ativo, a pessoa jurídica terá que calcular inicialmente o quociente entre o valor contábil do ativo na data da alienação e o valor do mesmo ativo sem considerar eventuais realizações anteriores, inclusive mediante depreciação, amortização ou exaustão, e a perda estimada por redução ao valor recuperável.

A parcela a ser considerada no valor contábil do ativo corresponderá ao produto dos valores decorrentes do ajuste a valor presente pelo quociente tratado no parágrafo anterior.

Exemplo:

Vamos considerar que foi adquirido um veículo por R$ 100.000,00 a ser pago em 2 anos.

Considerando que o valor dos juros pré-fixados seja de R$ 10.000,00.

Considerando que o prazo de vida útil do bem seja de 5 anos (20% a.a. – taxa de depreciação).

Com base nestes dados, o Balanço Patrimonial será demonstrado da seguinte forma no primeiro ano:

BALANÇO PATRIMONIAL			
ATIVO	R$	PASSIVO	R$
Imobilizado		Financiamento Bancário a Pagar	100.000,00
Veículo	100.000,00	(-) Juros a Apropriar	10.000,00
(-) Subconta AVP – Veículo	10.000,00[1]	PL	
(-) Depreciação Acumulada	20.000,00[2]	Prejuízo Acumulados	18.000,00
Subconta AVP – Depreciação Acumulada	2.000,00[3]		
Total	72.000,00	Total	72.000,00

OBS.: *As subcontas não são obrigatórias para as empresas do lucro presumido.*

NOTAS:

[1] *Juros pré-fixados.*

[2] *Depreciação de 20% a.a sobre o valor do bem.*

[3] *Realização da subconta do ajuste a valor presente (AVP) na mesma proporção do encargo de depreciação. Ou seja: 20% x R$ 10.000,00.*

Capítulo – Lucro Presumido

Dando continuidade ao nosso exemplo, vamos supor que o bem tenha sido alienado por R$ 85.000,00. Neste caso, o valor do ganho de capital será de R$ 5.000,00, ou seja:

Valor da venda	85.000,00
(-) Valor Contábil	(72.000,00)
(-) Para apurar o ganho de capital, incluir o AVP não amortizado	(8.000,00)[1]
Ganho de Capital	5.000,00

[1] *Valor da subconta AVP do Veículo de R$ 10.000,00 menos a parcela realizada no período (20% de R$ 10.000,00 = R$ 2.000,00).*

Caso a empresa não tenha criado as subcontas, para obter a parcela a ser considerada no valor contábil, a pessoa jurídica terá que calcular inicialmente o quociente entre o valor contábil do ativo na data da alienação e o valor do mesmo ativo sem considerar eventuais realizações anteriores, inclusive mediante depreciação, amortização ou exaustão, e a perda estimada por redução ao valor recuperável (§ 16 do art. 215 da IN RFB nº 1.700/2017). Ou seja:

R$ 72.000,00 (valor contábil na data da alienação) / R$ 90.000,00 (valor contábil sem as realizações) x 100 = 80%

A parcela a ser considerada no valor contábil corresponderá ao produto dos valores decorrentes do ajuste a valor presente pelo quociente encontrado (art. 215, § 17, da IN RFB nº 1.700/2017). Ou seja:

AVP = R$ 10.000,00 x 80%
AVP = R$ 8.000,00

9. RENDIMENTO DE APLICAÇÃO FINANCEIRA

De acordo com o § 1º do art. 70 da IN RFB nº 1.585/2015, os rendimentos de aplicações financeiras e os ganhos líquidos decorrentes da renda variável integrarão a base de cálculo do IRPJ e da CSLL.

Os referidos rendimentos e ganhos líquidos serão adicionados somente por ocasião da alienação, resgate ou cessão do título ou aplicação, ou seja, serão tributados pelo regime de caixa (inciso II do § 9º do art. 70 da IN RFB nº 1.585/2015).

Considera-se resgate, no caso de aplicações em fundos de investimento por pessoa jurídica tributada com base no lucro presumido, a incidência semestral do imposto sobre a renda nos meses de maio e novembro de cada ano nos termos do inciso I do art. 9º da IN RFB nº 1.585/2015.

O imposto sobre a renda retido na fonte sobre os rendimentos de aplicações financeiras de renda fixa e de renda variável ou pago sobre os ganhos líquidos mensais será deduzido do devido no encerramento de cada período de apuração ou na data da extinção.

10. RECEITAS E RENDIMENTOS NÃO TRIBUTÁVEIS

Consideram-se não tributáveis as receitas e os rendimentos relacionados abaixo:

a) recuperações de créditos que não representem ingressos de novas receitas e cujas perdas não tenham sido deduzidas na apuração do lucro real em períodos anteriores;

b) a reversão de saldo de provisões anteriormente constituídas, desde que o valor provisionado não tenha sido deduzido na apuração do lucro real dos períodos anteriores, ou que se refiram ao período no qual a pessoa jurídica não tenha se submetido a esse regime de tributação (art. 53 da Lei nº 9.430/1996);

c) os lucros e dividendos recebidos decorrentes de participações societárias no Brasil, caso se refiram a períodos em que estes sejam isentos de imposto de renda;

d) os valores decorrentes do ajuste a valor presente, apropriados como receita financeira no mesmo período de apuração do reconhecimento da receita bruta, ou em outro período de apuração.

11. AVALIAÇÃO A VALOR JUSTO – AVJ

Valor pela qual um ativo pode ser trocado, um passivo liquidado ou um instrumento patrimonial concedido, entre partes conhecedoras e dispostas a isso, em uma transação em que não haja relação de privilégio entre elas (Glossário da NBC TG-1000-R1).

O valor justo é uma mensuração baseada em mercado.

O ganho decorrente de avaliação de ativo ou passivo com base no valor justo não integrará as bases de cálculo do IRPJ e da CSLL no período de apuração (art. 217 da IN RFB nº 1.700/2017):

I. relativo à avaliação com base no valor justo, caso seja registrado diretamente em conta de receita; ou

II. em que seja reclassificado como receita, caso seja inicialmente registrado em conta de patrimônio líquido.

Na apuração dos ganhos a que se referem os incisos I e II do § 3º do art. 215 da IN RFB nº 1.700/2017, o aumento ou redução no valor do ativo registrado em contrapartida a ganho ou perda decorrente de sua avaliação com base no valor justo não será considerado como parte integrante do valor contábil. Esta regra não se aplica caso o ganho relativo ao aumento no valor do ativo tenha sido anteriormente computado na base de cálculo do tributo.

Exemplo:

Considerando que a pessoa jurídica tenha um terreno registrado no ativo não circulante como propriedade para investimento no valor de R$ 700.000,00.

Considerando que o valor justo do terreno é de R$ 1.000.000,00.

Com base nestes dados, no encerramento do exercício social, o ganho na avaliação ao valor justo é de R$ 300.000,00 (R$ 1.000.000,00 – R$ 700.000,00).

Registro contábil do ganho apurado a valor justo no encerramento do exercício:

D	Terreno (Ativo Não Circulante)	300.000,00
C	Receita de Ajuste a Valor Justo do Terreno (Conta de Resultado)	300.000,00

Fiscalmente, o ganho de R$ 300.000,00 não integrará a base de cálculo do IRPJ e da CSLL e nem integrará o custo contábil na venda ou baixa para fins de apuração do ganho ou perda de capital.

Após o lançamento contábil, o balanço patrimonial ficará demonstrado da seguinte forma:

BALANÇO PATRIMONIAL			
ATIVO	R$	PASSIVO	R$
Não Circulante	1.000.000	PL	1.000.000
Propriedade para Investimentos	1.000.000	Capital	700.000
Terreno	1.000.000	Lucros ou Prejuízos Acumulados	300.000
TOTAL	1.000.000	TOTAL	1.000.000

Considerando que o terreno seja vendido por R$ 800.000,00 o ganho de capital será de R$ 100.000,00. Ou seja, o valor do ajuste a valor justo de R$ 300.000,00 não integrará o valor contábil. Isto é:

Valor da venda	R$ 800.000,00
(-) Custo contábil	R$ 700.000,00
(=) Ganho de capital	R$ 100.000,00

12. AJUSTE A VALOR PRESENTE – AVP

O ajuste a valor presente seria a estimativa do valor presente descontado de fluxos de caixa líquidos no curso normal dos negócios (Glossário da NBC TG-1000-R1).

O ajuste a valor presente deve ser aplicado aos elementos integrantes do ativo e passivo decorrentes de operações a longo prazo ou de curto prazo quando houver efeito relevante, nos quais tenham sido embutidos os juros, sejam eles explícitos ou implícitos. O objetivo é demonstrar o valor presente de um fluxo de caixa futuro.

Os valores decorrentes do ajuste a valor presente de que trata o inciso VIII do *caput* do art. 183 da Lei nº 6.404/1976, incluem-se na respectiva receita bruta (§ 4º do art. 215 da IN RFB nº 1.700/2017).

Os valores decorrentes do ajuste a valor presente apropriados como receita financeira no mesmo período de apuração do reconhecimento da receita bruta ou em outro período de apuração, não serão incluídos nas bases de cálculo do IRPJ e da CSLL (§ 5º do art. 215 da IN RFB nº 1.700/2017).

Exemplo:

Vamos supor que uma empresa mercantil tenha vendido uma mercadoria no valor de R$ 100.000,00.

Considerando que o valor presente desta duplicata seja de R$ 85.000,00.

Considerando que o prazo de venda seja de 30 meses.

Com base nestes dados, sugerimos os seguintes lançamentos contábeis com base no art. 91 da IN RFB nº 1.700/2017 (aplicáveis as empresas do lucro real):

1º) Registro do faturamento:

D	Clientes (Ativo Circulante + Ativo Não Circulante)	100.000,00
C	Revenda de Mercadorias (Conta de Resultado)	100.000,00

2º) Registro do ajuste a valor presente:

D	Despesa com AVP – Dedução da Receita Bruta (Conta de Resultado)	15.000,00
C	Juros a Apropriar (Ativo Circulante + Ativo Não Circulante)	15.000,00

Após estes lançamentos contábeis, o Balanço Patrimonial e a DRE ficam demonstrados da seguinte maneira:

BALANÇO PATRIMONIAL			
ATIVO	R$	PASSIVO	R$
Circulante + Não Circulante		Circulante + Não Circulante	
Clientes	100.000	PL	85.000
(-) Juros a Apropriar *	15.000	Lucros ou Prejuízos Acumulados	85.000
TOTAL	85.000	TOTAL	85.000

OBS.: Contabilmente, os juros de R$ 15.000,00 deverão ser transferidos do ativo para o resultado do exercício como receita financeira de ajuste a valor presente, a medida em que forem sendo apropriados. Essa receita financeira não integrará a base de cálculo do IRPJ e da CSLL.

DRE	
Revenda de Mercadorias	R$ 100.000
(-) Deduções da Receita Bruta	
Ajuste a Valor Presente	R$ 15.000
(=) Receita Líquida	R$ 85.000

OBS.: *O ajuste a valor presente de R$ 15.000,00, compõe o valor da receita bruta para fins de apuração do IRPJ e da CSLL.*

Resumindo, o IRPJ e a CSLL serão apurados da seguinte maneira:

Momento	IRPJ / CSLL
Pelo faturamento	A base de cálculo será: R$ 100.000 x percentuais de presunção do item 6 deste livro (dependendo da atividade da empresa)
Pelo reconhecimento dos juros no resultado do exercício, pelo regime de competência.	Os R$ 500,00 ($ 15.000 / 30 meses), reconhecidos como receita financeira, não serão oferecidos à tributação.

13. ARRENDAMENTO MERCANTIL – ARRENDADORA

A pessoa jurídica arrendadora que realiza operações em que haja transferência substancial dos riscos e benefícios inerentes à propriedade do ativo e que não esteja sujeita ao tratamento tributário disciplinado pela Lei nº 6.099/1974, deverá computar o valor da contraprestação na determinação das bases de cálculo do IRPJ e da CSLL (art. 218 da IN RFB nº 1.700/2017).

Por outro lado, as receitas financeiras reconhecidas conforme as normas contábeis e legislação comercial relativas ao arrendamento mercantil que estiverem computadas na contraprestação não serão acrescidas às bases de cálculo do IRPJ e da CSLL conforme § 3º do art. 215 da IN RFB nº 1.700/2017.

14. MUDANÇA DE LUCRO REAL PARA O LUCRO PRESUMIDO

A pessoa jurídica que, até o ano-calendário anterior, houver sido tributada com base no lucro real deverá adicionar às bases de cálculo do IRPJ e da CSLL, correspondentes ao 1º (primeiro) período de apuração no qual houver optado pela tributação com base no lucro presumido, os saldos dos valores cuja tributação havia diferido, independentemente da necessidade de controle na parte B do e-Lalur e do e-Lacs.

Esta regra se aplica inclusive aos valores controlados por meio de subcontas referentes:

I. às diferenças na adoção inicial dos arts. 1º, 2º e 4º a 71 da Lei nº 12.973/2014, de que tratam os arts. 294 a 296 da IN RFB nº 1.700/2017; e

II. à avaliação de ativos ou passivos com base no valor justo de que tratam os arts. 97 a 101 da IN RFB nº 1.700/2017.

15. MUDANÇA DE LUCRO PRESUMIDO PARA O LUCRO REAL

A pessoa jurídica tributada pelo lucro presumido que, em período de apuração imediatamente posterior, passar a ser tributada pelo lucro real deverá incluir na base de cálculo do IRPJ apurado pelo lucro presumido e na base de cálculo da CSLL apurada pelo resultado presumido os ganhos decorrentes de avaliação com base no valor justo, que façam parte do valor contábil, e na proporção deste, relativos aos ativos constantes em seu patrimônio (arts. 119 e 220 da IN RFB nº 1.700/2017).

16. OBRIGAÇÕES ACESSÓRIAS

A pessoa jurídica tributada pelo regime do lucro presumido deverá manter (art. 225 da IN RFB nº 1.700/2017):

I. escrituração contábil nos termos da legislação comercial;

NOTA:
A referida obrigatoriedade não se aplica à pessoa jurídica que no decorrer do ano-calendário mantiver livro Caixa, no qual deverá estar escriturada toda a movimentação financeira, inclusive bancária.

II. Livro Registro de Inventário, no qual deverão constar registrados os estoques existentes no término do ano-calendário; e

III. em boa guarda e ordem, enquanto não decorrido o prazo decadencial e não prescritas eventuais ações que lhes sejam pertinentes, todos os livros de escrituração obrigatórios por legislação fiscal específica e os documentos e demais papéis que serviram de base para escrituração comercial e fiscal.

17. DISTRIBUIÇÃO DE LUCROS

Os lucros ou dividendos calculados com base nos resultados apurados a partir do mês de janeiro de 1996, pagos ou creditados pela pessoa jurídica tributada com base no lucro presumido, não estão sujeitos à incidência do imposto de renda na fonte, nem integram a base de cálculo do imposto de renda do beneficiário, pessoa física ou jurídica, domiciliado no País ou no exterior (art. 10 da Lei nº 9.249/1995 e § 2º do art. 238 da IN RFB nº 1.700/2017).

Poderá ser distribuído, a título de lucros, sem incidência do imposto:

a) o valor do lucro presumido (base de cálculo do imposto), diminuído do imposto de renda da pessoa jurídica (IRPJ), inclusive adicional, quando devido, da contribuição social sobre o lucro líquido (CSLL), da contribuição para financiamento da seguridade social (Cofins) e das contribuições para o PIS/Pasep (ADN Cosit nº 4/1996); ou

b) a parcela do lucro excedentes ao valor determinado na alínea "a", desde que a pessoa jurídica demonstre, mediante escrituração contábil feita com observância da lei comercial, que o lucro efetivo é maior que o determinado segundo as normas para apuração do lucro presumido.

NOTA:
Essa isenção não abrange os valores pagos a outro título, tais como pró-labore, aluguéis e serviços prestados, que se sujeitam à incidência do imposto de renda na fonte e na declaração de rendimentos dos beneficiários.

Exemplos:

I – Livro Caixa: quando a empresa mercantil mantém a escrituração financeira e bancária no livro caixa:

Capítulo – Lucro Presumido

APURAÇÃO DO IRPJ E DA CSLL DO TRIMESTRE		
DESCRIMINAÇÃO	IRPJ	CSLL
Receita bruta do trimestre	R$ 100.000,00	R$ 100.000,00
Percentual de presunção (itens 6 e 7 do livro)	8%	12%
Receita bruta tributável	R$ 8.000,00	R$ 12.000,00
(+) Demais receitas	R$ 20.000,00	R$ 20.000,00
(+) Ganho de capital	R$ 30.000,00	R$ 30.000,00
(=) Lucro Presumido (base de cálculo do IRPJ) Resultado Presumido (base de cálculo da CSLL)	R$ 58.000,00	R$ 62.000,00
(-) IRPJ (15% sobre o lucro presumido)	R$ 8.700,00	
(-) CSLL (9% sobre o resultado presumido)		R$ 5.580,00

APURAÇÃO DO PIS/COFINS TRIMESTRE		
DESCRIMINAÇÃO	PIS/PASEP	COFINS
Receita bruta do trimestre	R$ 100.000,00	R$ 100.000,00
(x) Percentual	0,65%	3%
(=) Valor das contribuições do trimestre	R$ 650,00	R$ 3.000,00

LUCRO A DISTRIBUIR	
Lucro Presumido	R$ 58.000,00
(-) IRPJ	R$ 8.700,00
(-) CSLL	R$ 5.580,00
(-) PIS/PASEP	R$ 650,00
(-) COFINS	R$ 3.000,00
(=) Valor líquido a distribuir aos sócios	R$ 40.070,00

II – Escrituração contábil: quando a empresa mantém a escrituração contábil:

Vamos supor que a empresa apurou um lucro líquido após a provisão da CSLL e do IRPJ no valor de R$ 150.000,00. Este valor poderá ser distribuído integralmente aos seus sócios, sem a incidência de imposto de renda na fonte.

Dessa forma, a empresa tributada pelo lucro presumido que mantem contabilidade em dia, pode distribuir o lucro aos sócios com base no lucro líquido contábil (R$ 150.000,00), ou com base no lucro presumido deduzido dos impostos e contribuições a que estiver sujeita (R$ 40.070,00).

17.1. Lucros antecipados

De acordo com o § 3º do art. 248 da IN RFB nº 1.700/2017, o lucro pode ser distribuído por conta de período-base não encerrado, desde que não exceda ao valor apurado com base na escrituração contábil. A parcela distribuída a maior do que o apurado na escrituração contábil fica sujeito à incidência do imposto de renda, com acréscimos legais.

Capítulo
LUCRO ARBITRADO

Lucro arbitrado é uma forma de apuração da base de cálculo do imposto de renda utilizada pela autoridade tributária ou pelo contribuinte.

É aplicável pela autoridade tributária quando a pessoa jurídica deixar de cumprir as obrigações acessórias relativas à determinação do lucro real ou presumido, conforme o caso. Por exemplo: quando o contribuinte optante pelo lucro real não tem o livro diário ou razão, quando deixa de escriturar a ECF etc.

Quando conhecida a receita bruta, e, desde que ocorrida qualquer das hipóteses de arbitramento previstas na legislação fiscal, o contribuinte poderá efetuar o pagamento do imposto de renda correspondente com base nas regras do lucro arbitrado.

1. HIPÓTESES DE ARBITRAMENTO

O IRPJ devido será exigido a cada trimestre, no decorrer do ano-calendário, com base nos critérios do lucro arbitrado, quando (art. 226 da IN RFB nº 1.700/2017):

I. o contribuinte, obrigado à tributação com base no lucro real, não mantiver escrituração na forma das leis comerciais e fiscais ou deixar de elaborar as demonstrações financeiras exigidas pela legislação fiscal;

II. a escrituração a que estiver obrigado o contribuinte revelar evidentes indícios de fraude ou contiver vícios, erros ou deficiências que a tornem imprestável para:

a) identificar a efetiva movimentação financeira, inclusive a bancária; ou

b) determinar o lucro real;

III. o contribuinte deixar de apresentar à autoridade tributária os livros e documentos da escrituração comercial e fiscal, ou o livro Caixa, na hipótese prevista no parágrafo único do art. 225 da IN RFB nº 1.700/2017;

IV. o contribuinte optar indevidamente pela tributação com base no lucro presumido;

V. o comissário ou representante da pessoa jurídica estrangeira deixar de cumprir o disposto no § 1º do art. 201 da IN RFB nº 1.700/2017;

VI. o contribuinte não mantiver, em boa ordem e segundo as normas contábeis recomendadas, livro Razão ou fichas utilizadas para resumir e totalizar, por conta ou subconta, os lançamentos efetuados no Diário;

VII. o contribuinte não escriturar ou deixar de apresentar à autoridade tributária as informações necessárias para gerar o FCONT por meio do Programa Validador e Assinador da Entrada de Dados para o FCONT de que trata a Instrução Normativa RFB nº 967/2009, no caso de pessoas jurídicas sujeitas ao RTT e tributadas com base no lucro real; ou

VIII. o contribuinte não escriturar ou deixar de apresentar à autoridade tributária a ECF.

A pessoa jurídica que pagar o IRPJ com base no lucro arbitrado determinará a base de cálculo da CSLL com base no resultado arbitrado.

2. REGIME DE COMPETÊNCIA

O lucro arbitrado (IRPJ) e o resultado arbitrado (CSLL) serão determinados pelo regime de competência.

3. ARBITRAMENTO EFETUADO PELO CONTRIBUINTE – RECEITA BRUTA CONHECIDA

Na ocorrência de qualquer das hipóteses de arbitramento, previstos no item 1 deste capítulo, a pessoa jurídica pode, quando conhecida a receita bruta, efetuar o pagamento do imposto de renda correspondente com base no lucro arbitrado.

3.1. Apuração do imposto de renda

O lucro arbitrado, quando conhecida a receita bruta, será determinado mediante a aplicação dos seguintes percentuais sobre a receita bruta, relativa a cada atividade, auferida em cada período de apuração trimestral, deduzida das devoluções e vendas canceladas e dos descontos incondicionais concedidos (art. 227 da IN RFB nº 1.700/2017).

NOTA:
1ª) A receita bruta compreende (art. 26 da IN RFB nº 1.700/2017):
I - o produto da venda de bens nas operações de conta própria;
II - o preço da prestação de serviços em geral;
III - o resultado auferido nas operações de conta alheia; e
IV - as receitas da atividade ou objeto principal da pessoa jurídica, não compreendidas nos incisos I a III.

I. 1,92% sobre a receita bruta auferida na revenda, para consumo, de combustível derivado de petróleo, álcool etílico carburante e gás natural;

II. 9,6% sobre a receita bruta auferida:

a) na prestação de serviços hospitalares e de auxílio diagnóstico e terapia, fisioterapia e terapia ocupacional, fonoaudiologia, patologia clínica, imagenologia, radiologia, anatomia patológica e citopatologia, medicina nuclear e análises e patologias clínicas, exames por métodos gráficos, procedimentos endoscópicos, radioterapia, quimioterapia, diálise e oxigenoterapia hiperbárica, desde que a prestadora desses serviços seja organizada sob a forma de sociedade empresária e atenda às normas da Anvisa;

b) na prestação de serviços de transporte de carga;

c) nas atividades imobiliárias relativas a desmembramento ou loteamento de terrenos, incorporação imobiliária, construção de prédios destinados à venda e na venda de imóveis construídos ou adquiridos para revenda;

d) na atividade de construção por empreitada com emprego de todos os materiais indispensáveis à sua execução, sendo tais materiais incorporados à obra; e

III. 19,2% sobre a receita bruta auferida na prestação dos demais serviços de transporte, exceto o serviço de transporte de carga;

IV. 38,4% sobre a receita bruta auferida com as atividades de:

a) prestação de serviços, relativos ao exercício de profissão legalmente regulamentada;

b) intermediação de negócios;

c) administração, locação ou cessão de bens imóveis, móveis ou direitos de qualquer natureza;

d) construção por administração ou por empreitada unicamente de mão de obra ou com emprego parcial de materiais;

e) construção, recuperação, reforma, ampliação ou melhoramento de infraestrutura, no caso de contratos de concessão de serviços públicos, independentemente do emprego parcial ou total de materiais;

f) prestação cumulativa e contínua de serviços de assessoria creditícia, mercadológica, gestão de crédito, seleção de riscos, administração de contas a pagar e a receber, e compra de direitos creditórios resultantes de vendas mercantis a prazo ou de prestação de serviços (*factoring*);

g) coleta e transporte de resíduos até aterros sanitários ou local de descarte;

h) limpeza e locação de mão de obra, ainda que sejam fornecidos os materiais; e

i) prestação de qualquer outro tipo de serviço não mencionado especificamente nas alíneas "a" a "e";

V. 45% sobre a receita bruta auferida nas atividades desenvolvidas por bancos comerciais, bancos de investimentos, bancos de desenvolvimento, caixas econômicas, sociedades de crédito, financiamento e investimento, sociedades de crédito imobiliário, sociedades corretoras de títulos, valores mobiliários e câmbio, distribuidoras de títulos e valores mobiliários, empresas de arrendamento mercantil, cooperativas de crédito, empresas de seguros privados e de capitalização e entidades de previdência privada aberta.

No caso de atividades diversificadas será aplicado o percentual correspondente a cada atividade.

As pessoas jurídicas exclusivamente prestadoras de serviço em geral, mencionadas nas letras "b", "c", "d", "f", "g" e "h"" do item IV, cuja receita bruta anual seja de até R$ 120.000,00 podem utilizar, para determinação do lucro arbitrado trimestral, o percentual de 19,2%. A pessoa jurídica, cuja receita bruta anual acumulada até determinado trimestre do ano-calendário exceder o limite anual de R$ 120.000,00 deve determinar nova base de cálculo do imposto com a aplicação do percentual de 38,4%, e apurar a diferença do imposto postergado em cada trimestre transcorrido, no trimestre em que foi excedido o limite. Esta diferença deve ser paga em quota única, por meio de Darf separado, no código 5625, até o último dia útil do mês subsequente ao trimestre em que ocorrer o excesso. Após este prazo, a diferença deve ser paga com os acréscimos legais.

3.1.1. Atividade imobiliária

Pessoas jurídicas que se dedicarem às atividades de venda de imóveis construídos ou adquiridos para revenda, de loteamento de terrenos e de incorporação de prédios em condomínio terão seus lucros arbitrados deduzindo da receita bruta o custo do imóvel devidamente comprovado.

Nas empresas imobiliárias, o lucro arbitrado deve ser tributado na proporção da receita recebida ou cujo recebimento esteja previsto para o próprio trimestre.

3.1.2. Valores acrescidos a base de cálculo do IRPJ

O lucro arbitrado, apurado trimestralmente, é a soma dos seguintes valores (§ 3º do art. 227 da IN RFB nº 1.700/2017):

I. do valor obtido pela aplicação dos percentuais especificados no subitem 3.1;

II. os ganhos de capital, demais receitas e resultados positivos auferidos no mesmo período, inclusive:

a) os ganhos de capital auferidos na alienação de participações societárias permanentes em sociedades coligadas e controladas, e de participações societárias que permaneceram no ativo da pessoa jurídica até o término do ano-calendário seguinte ao de suas aquisições;

b) os ganhos auferidos em operações de cobertura (*hedge*) realizadas em bolsas de valores, de mercadorias e de futuros ou no mercado de balcão organizado;

c) a receita de locação de imóvel, quando não for este o objeto social da pessoa jurídica, deduzida dos encargos necessários à sua percepção;

d) os juros equivalentes à taxa referencial do Selic, para títulos federais, relativos a impostos e contribuições a serem restituídos ou compensados;

e) os rendimentos auferidos nas operações de mútuo realizadas entre pessoas jurídicas ou entre pessoa jurídica e pessoa física;

f) as receitas financeiras decorrentes das variações monetárias dos direitos de crédito e das obrigações do contribuinte, em função de índices ou coeficientes aplicáveis por disposição legal ou contratual;

g) os ganhos de capital auferidos na devolução de capital em bens e direitos;

h) a diferença entre o valor em dinheiro ou o valor dos bens e direitos recebidos de instituição isenta, a título de devolução de patrimônio, e o valor em dinheiro ou o valor dos bens e direitos entregue para a formação do referido patrimônio;

III. os rendimentos e ganhos líquidos auferidos em aplicações financeiras de renda fixa e renda variável;

IV. os juros sobre o capital próprio auferidos;

V. os valores recuperados, correspondentes a custos e despesas, inclusive com perdas no recebimento de créditos, salvo se a pessoa jurídica comprovar não os ter deduzido em período anterior no qual tenha se submetido ao regime de tributação com base no lucro real e no resultado ajustado, ou que se refiram a período no qual tenha se submetido ao regime de tributação com base no lucro presumido ou arbitrado;

VI. o valor resultante da aplicação dos percentuais de que tratam o subitem 3.1, sobre a parcela das receitas auferidas em cada atividade, no respectivo período de apuração, nas exportações às pessoas vinculadas ou aos países com tributação favorecida que exceder o valor já apropriado na escrituração da empresa, na forma prevista na IN RFB nº 1.312/2012;

VII. a diferença de receita financeira calculada conforme disposto no Capítulo V e no art. 58 da IN RFB nº 1.312/2012;

VIII. as multas ou qualquer outra vantagem paga ou creditada por pessoa jurídica, ainda que a título de indenização, por causa de rescisão de contrato.

NOTAS:

1ª) As variações monetárias ativas dos direitos de crédito e das obrigações do contribuinte, em função da taxa de câmbio, são consideradas, para efeito de determinação da base de cálculo, quando da liquidação da correspondente operação. À opção da pessoa jurídica, as variações monetárias podem ser consideradas, na determinação da base de cálculo, pelo regime de competência, sendo que a opção se aplica a todo ano-calendário (MP nº 1.858-10/1999, art. 31, e reedições).

2ª) Os valores que tratam os incisos VI e VII serão apurados anualmente e acrescidos a base de cálculo do último trimestre do ano-calendário para efeitos de se determinar o tributo devido.

3ª) Os rendimentos auferidos em aplicações de renda fixa e os ganhos líquidos auferidos em aplicações de renda variável serão acrescidos às bases de cálculo do IRPJ no período de apuração da alienação, resgate ou cessão do título ou aplicação, não lhes sendo aplicável o regime de competência (art. 228 da IN RFB nº 1.700/2017).

3.2. Apuração da CSLL

A base de cálculo da CSLL será determinada mediante a aplicação do percentual de 12% sobre a receita bruta auferida em cada período de apuração trimestral, deduzida das devoluções, das vendas canceladas e dos descontos incondicionais concedidos (§ 1º do art. 215 da IN RFB nº 1.700/2017.

I. 12% (doze por cento) para as atividades de:

a) na prestação de serviços hospitalares e de auxílio diagnóstico e terapia, fisioterapia e terapia ocupacional, fonoaudiologia, patologia clínica, imagenologia, radiologia, anatomia patológica e citopatologia, medicina nuclear e análises e patologias clínicas, exames por métodos gráficos, procedimentos endoscópicos, radioterapia, quimioterapia, diálise e oxigenoterapia hiperbárica, desde que a prestadora desses serviços seja organizada sob a forma de sociedade empresária e atenda às normas da Agência Nacional de Vigilância Sanitária (Anvisa); e

b) transporte, inclusive de carga.

II. 32% (trinta e dois por cento) para as atividades de:

c) prestação de serviços em geral;

d) intermediação de negócios;

e) administração, locação ou cessão de bens imóveis, móveis e direitos de qualquer natureza;

f) prestação cumulativa e contínua de serviços de assessoria creditícia, mercadológica, gestão de crédito, seleção de riscos, administração de contas a pagar e a receber, e compra de direitos creditórios resultantes de vendas mercantis a prazo ou de prestação de serviços (*factoring*).

n) prestação de serviços de construção, recuperação, reforma, ampliação ou melhoramento de infraestrutura vinculados a contrato de concessão de serviço público, independentemente do emprego parcial ou total de materiais;

o) exploração de rodovia mediante cobrança de preço dos usuários, inclusive execução de serviços de conservação, manutenção, melhoramentos para adequação de capacidade e segurança de trânsito, operação, monitoração, assistência aos usuários e outros definidos em contratos, em atos de concessão ou de permissão ou em normas oficiais, pelas concessionárias ou subconcessionárias de serviços públicos;

p) coleta de resíduos e o transporte destes até aterros sanitários ou local de descarte;

q) prestação de serviços de suprimento de água tratada e os serviços de coleta e tratamento de esgotos deles decorrentes, cobrados diretamente dos usuários dos serviços pelas concessionárias ou subconcessionárias de serviços públicos; e

r) construção por administração ou por empreitada unicamente de mão de obra ou com emprego parcial de materiais.

III. 38,4% (trinta e oito inteiros e quatro décimos por cento), para as atividades de operação de empréstimo, de financiamento e de desconto de títulos de crédito realizadas por Empresa Simples de Crédito (ESC).

NOTA:
A receita bruta compreende (art. 26 da IN RFB nº 1.700/2017):
I – o produto da venda de bens nas operações de conta própria;

II – o preço da prestação de serviços em geral;
III – o resultado auferido nas operações de conta alheia; e
IV – as receitas da atividade ou objeto principal da pessoa jurídica, não compreendidas nos incisos I a III.

Os valores decorrentes do ajuste a valor presente de que trata o inciso VIII do *caput* do art. 183 da Lei nº 6.404/1976, incluem-se na respectiva receita bruta.

No caso de atividades diversificadas será aplicado o percentual correspondente a cada atividade.

As receitas próprias da venda de unidades imobiliárias (bem assim, as receitas financeiras e variações monetárias decorrentes dessa operação) que compõem a incorporação imobiliária inscrita no regime especial de tributação (RET) de que tratam os arts. 1º a 4º da Lei nº 10.931/2004, alterados pelo art. 111 da Lei nº 11.196/2005, não deverão ser computadas na receita bruta para efeito de apuração da CSLL com base no lucro arbitrado.

3.2.1. Valores acrescidos a base de cálculo da CSLL

Serão acrescidos a base de cálculo da CSLL (§ 3º do art. 227 da IN RFB nº 1.700/2017):

I. os ganhos de capital, demais receitas e resultados positivos auferidos no mesmo período, inclusive:

a) os ganhos de capital auferidos na alienação de participações societárias permanentes em sociedades coligadas e controladas, e de participações societárias que permaneceram no ativo da pessoa jurídica até o término do ano-calendário seguinte ao de suas aquisições;

b) os ganhos auferidos em operações de cobertura (*hedge*) realizadas em bolsas de valores, de mercadorias e de futuros ou no mercado de balcão organizado;

c) a receita de locação de imóvel, quando não for este o objeto social da pessoa jurídica, deduzida dos encargos necessários à sua percepção;

d) os juros equivalentes à taxa referencial do Selic, para títulos federais, relativos a impostos e contribuições a serem restituídos ou compensados;

e) os rendimentos auferidos nas operações de mútuo realizadas entre pessoas jurídicas ou entre pessoa jurídica e pessoa física;

f) as receitas financeiras decorrentes das variações monetárias dos direitos de crédito e das obrigações do contribuinte, em função de índices ou coeficientes aplicáveis por disposição legal ou contratual;

g) os ganhos de capital auferidos na devolução de capital em bens e direitos;

h) o valor em dinheiro ou o valor dos bens e direitos recebidos de instituição isenta, a título de devolução de patrimônio.

II. os rendimentos e ganhos líquidos auferidos em aplicações financeiras de renda fixa e renda variável;

III. os juros sobre o capital próprio auferidos;

IV. os valores recuperados, correspondentes a custos e despesas, inclusive com perdas no recebimento de créditos, salvo se a pessoa jurídica comprovar não os ter deduzido em período anterior no qual tenha se submetido ao regime de tributação com base no lucro real e no resultado ajustado, ou que se refiram a período no qual tenha se submetido ao regime de tributação com base no lucro presumido ou arbitrado;

V. o valor resultante da aplicação dos percentuais de que tratam o subitem 3.2, sobre a parcela das receitas auferidas em cada atividade, no respectivo período de apuração, nas exportações às pessoas vinculadas ou aos países com tributação favorecida que exceder o valor já apropriado na escrituração da empresa, na forma prevista na IN RFB nº 1.312/2012;

VI. a diferença de receita financeira calculada conforme disposto no Capítulo V e no art. 58 da IN RFB nº 1.312/2012;

VII. as multas ou qualquer outra vantagem paga ou creditada por pessoa jurídica, ainda que a título de indenização, por causa de rescisão de contrato.

NOTAS:

1ª) As variações monetárias ativas dos direitos de crédito e das obrigações do contribuinte, em função da taxa de câmbio, são consideradas, para efeito de determinação da base de cálculo, quando da liquidação da correspondente operação. À opção da pessoa jurídica, as variações monetárias podem ser consideradas, na determinação da base de cálculo, pelo regime de competência, sendo que a opção se aplica a todo ano-calendário (MP nº 1.858-10/1999, art. 31, e reedições).

2ª) *Os valores que tratam os incisos VI e VII serão apurados anualmente e acrescidos a base de cálculo do último trimestre do ano-calendário para efeitos de se determinar o tributo devido.*

3ª) *Os rendimentos auferidos em aplicações de renda fixa e os ganhos líquidos auferidos em aplicações de renda variável serão acrescidos às bases de cálculo da CSLL no período de apuração da alienação, resgate ou cessão do título ou aplicação, não lhes sendo aplicável o regime de competência (art. 228 da IN RFB nº 1.700/2017).*

3.3. Avaliação a valor justo – AVJ

O ganho decorrente de avaliação de ativo ou passivo com base no valor justo não integrará as bases de cálculo do lucro arbitrado e do resultado arbitrado no período de apuração (art. 229 da IN RFB nº 1.700/2017):

I. relativo à avaliação com base no valor justo, caso seja registrado diretamente em conta de receita; ou

II. em que seja reclassificado como receita, caso seja inicialmente registrado em conta de patrimônio líquido.

Na apuração dos ganhos a que se referem os incisos I e II do § 3º do art. 227 da IN RFB nº 1.700/2017, o aumento ou redução no valor do ativo registrado em contrapartida a ganho ou perda decorrente de sua avaliação com base no valor justo não será considerado como parte integrante do valor contábil. Este caso não se aplica caso o ganho relativo ao aumento no valor do ativo tenha sido anteriormente computado na base de cálculo do tributo.

3.4. Ajuste a valor justo – AVP

O ajuste a valor presente seria a estimativa do valor presente descontado de fluxos de caixa líquidos no curso normal dos negócios (Glossário da NBC TG-1000-R1).

O ajuste a valor presente deve ser aplicado aos elementos integrantes do ativo e passivo decorrentes de operações a longo prazo ou de curto prazo quando houver efeito relevante, nos quais tenham sido embutidos os juros, sejam eles explícitos ou implícitos. O objetivo é demonstrar o valor presente de um fluxo de caixa futuro.

Os valores decorrentes do ajuste a valor presente de que trata o inciso VIII do *caput* do art. 183 da Lei nº 6.404/1976, incluem-se na respectiva receita bruta (§ 5º do art. 227 da IN RFB nº 1.700/2017).

Os valores decorrentes do ajuste a valor presente apropriados como receita financeira no mesmo período de apuração do reconhecimento da receita bruta ou em outro período de apuração, não serão incluídos nas bases de cálculo do IRPJ e da CSLL (§ 6º do art. 227 da IN RFB nº 1.700/2017).

Exemplo:

Vamos supor que uma empresa mercantil tenha vendido uma mercadoria no valor de R$ 100.000,00.

Considerando que o valor presente desta duplicata seja de R$ 85.000,00.

Considerando que o prazo de venda seja de 30 meses.

Com base nestes dados, sugerimos os seguintes lançamentos contábeis com base no art. 91 da IN RFB nº 1.700/2017 (aplicáveis as empresas do lucro real):

1º) Registro do faturamento:

D	Clientes (Ativo Circulante + Ativo Não Circulante)	100.000,00
C	Revenda de Mercadorias (Conta de Resultado)	100.000,00

2º) Registro do ajuste a valor presente:

D	Despesa com AVP – Dedução da Receita Bruta (Conta de Resultado)	15.000,00
C	Juros a Apropriar (Ativo Circulante + Ativo Não Circulante)	15.000,00

Após estes lançamentos contábeis, o Balanço Patrimonial e a DRE ficam demonstrados da seguinte maneira:

BALANÇO PATRIMONIAL			
ATIVO	R$	PASSIVO	R$
Circulante + Não Circulante		Circulante + Não Circulante	
Clientes	100.000	PL	85.000
(-) Juros a Apropriar *	15.000	Lucros ou Prejuízos Acumulados	85.000
TOTAL	85.000	TOTAL	85.000

OBS.: Contabilmente, os juros de R$ 15.000,00 deverão ser transferidos do ativo para o resultado do exercício como receita financeira de ajus-

Capítulo – Lucro Arbitrado

te a valor presente, a medida em que forem sendo apropriados. Essa receita financeira não integrará a base de cálculo do IRPJ e da CSLL.

DRE	
Revenda de Mercadorias	R$ 100.000
(-) Deduções da Receita Bruta	
Ajuste a Valor Presente	R$ 15.000
(=) Receita Líquida	R$ 85.000

OBS.: O ajuste a valor presente de R$ 15.000,00, compõe o valor da receita bruta para fins de apuração do IRPJ e da CSLL.

Resumindo, o IRPJ e a CSLL serão apurados da seguinte maneira:

Momento	IRPJ / CSLL
Pelo faturamento	A base de cálculo será: R$ 100.000 x percentuais de presunção dos subitens 3.1 e 3.2 deste capítulo (dependendo da atividade da empresa)
Pelo reconhecimento dos juros no resultado do exercício, pelo regime de competência.	Os R$ 500,00 ($ 15.000 / 30 meses), reconhecidos como receita financeira, não serão oferecidos à tributação.

3.5. Arrendamento mercantil

A pessoa jurídica arrendadora que realiza operações em que haja transferência substancial dos riscos e benefícios inerentes à propriedade do ativo e que não esteja sujeita ao tratamento tributário disciplinado pela Lei nº 6.099/1974, deverá computar o valor da contraprestação na determinação das bases de cálculo do lucro arbitrado e do resultado arbitrado (art. 230 da IN RFB nº 1.700/2017).

As receitas financeiras reconhecidas conforme as normas contábeis e legislação comercial relativas ao arrendamento mercantil que estiverem computadas na contraprestação de que trata o parágrafo anterior não serão acrescidas às bases de cálculo do IRPJ e da CSLL.

Na hipótese das contraprestações a receber e respectivos saldos de juros a apropriar decorrentes de ajuste a valor presente serem atualizados em função da taxa de câmbio ou de índices ou coeficientes aplicáveis por disposição legal ou contratual, as variações monetárias ativas decorrentes desta atualização que estiverem computadas na contraprestação de que trata o primeiro parágrafo não serão acrescidas às bases de cálculo do IRPJ e da CSLL.

O disposto no primeiro e no segundo parágrafo não se aplica às atualizações feitas sobre contraprestações vencidas.

O referido disposto também se aplica aos contratos não tipificados como arrendamento mercantil que contenham elementos contabilizados como arrendamento mercantil por força de normas contábeis e da legislação comercial.

3.6. Mudança de lucro real para o lucro arbitrado

A pessoa jurídica que, até o período de apuração anterior, houver sido tributada com base no lucro real deverá adicionar às bases de cálculo do IRPJ e da CSLL, correspondentes ao 1º período de apuração no qual for tributada com base no lucro arbitrado, os saldos dos valores cuja tributação havia diferido, independentemente da necessidade de controle na parte B do e-Lalur e do e-Lacs (art. 231 da IN RFB nº 1.700/2017). Esta regra se aplica inclusive aos valores controlados por meio de subcontas referentes:

a) às diferenças na adoção inicial dos arts. 1º, 2º e 4º a 71 da Lei nº 12.973/2014, de que tratam os arts. 294 a 296 da IN RFB nº 1.700/2017; e

b) à avaliação de ativos ou passivos com base no valor justo de que tratam os arts. 97 a 101 da IN RFB nº 1.700/2017.

4. ARBITRAMENTO EFETUADO PELA AUTORIDADE TRIBUTÁRIA – RECEITA BRUTA DESCONHECIDA

O lucro arbitrado e o resultado arbitrado das pessoas jurídicas, correspondentes a cada trimestre, quando não conhecida a receita bruta, serão determinados, em procedimento de ofício, mediante aplicação de uma das seguintes alternativas de cálculo (art. 232 da IN RFB nº 1.700/2017):

I. 1,5 do lucro real, no caso do IRPJ, e do resultado ajustado, no caso da CSLL, referentes ao último período em que a pessoa jurídica manteve escrituração de acordo com as leis comerciais e fiscais;

II. 0,12 da soma dos valores do ativo circulante e do ativo não circulante, existentes no último balanço patrimonial conhecido;

III. 0,21 do valor do capital, inclusive sua correção monetária contabilizada como reserva de capital, constante do último balanço patrimonial conhecido ou registrado nos atos de constituição ou alteração da sociedade;

IV. 0,15 do valor do patrimônio líquido constante do último balanço patrimonial conhecido;

V. 0,4 do valor das compras de mercadorias efetuadas no trimestre;

VI. 0,4 da soma, em cada trimestre, dos valores da folha de pagamento dos empregados e das compras de matérias-primas, produtos intermediários e materiais de embalagem;

VII. 0,8 da soma dos valores devidos no trimestre a empregados; ou

VIII. 0,9 do valor do aluguel devido no trimestre.

NOTAS:

1ª) As alternativas previstas nos itens V, VI e VII, a critério da autoridade lançadora, poderão ter sua aplicação limitada, respectivamente, às atividades comerciais, industriais e de prestação de serviços e, no caso de empresas com atividade mista, ser adotadas isoladamente em cada atividade.

2ª) Para os efeitos da aplicação do disposto no item I, quando o lucro real e o resultado ajustado forem decorrentes de período-base anual, os valores que servirão de base ao arbitramento serão proporcionais ao número de meses do período de apuração considerado.

3ª) Nas alternativas previstas nos itens V e VI, as compras serão consideradas pelos valores totais das operações, devendo ser incluídos os valores decorrentes do ajuste a valor presente de que trata o inciso III do art. 184 da Lei nº 6.404/1976.

4ª) À parcela apurada serão adicionados, para efeitos de se determinar o lucro arbitrado e o resultado arbitrado, os valores mencionados nos incisos I a VII do § 3º do art. 227 e no art. 231 da IN RFB nº 1.700/2017.

5. CÁLCULO DO IMPOSTO E DA CONTRIBUIÇÃO

O imposto devido em cada trimestre é calculado mediante a aplicação da alíquota de 15% sobre a base de cálculo (art. 233 da IN RFB nº 1.700/2017).

A parcela do lucro arbitrado que exceder o valor resultante da multiplicação de R$ 20.000,00 pelo número de meses do respectivo período de apuração, ficará sujeita à incidência de adicional do imposto sobre a renda à alíquota de 10%.

Exemplo:

Considerando que o lucro arbitrado do **trimestre** seja de R$ 80.000,00, o imposto e o adicional do imposto serão apurados da seguinte forma:

CÁLCULO IRPJ NORMAL	
Base de cálculo	R$ 80.000
(x) Alíquota do IRPJ	15%
(=) IRPJ Normal	R$ 12.000

CÁLCULO DO ADICIONAL DO IMPOSTO (AIR)	
Base de cálculo (R$ 80.000 – R$ 60.000)	R$ 20.000
(x) Alíquota do AIR	10%
(=) IRPJ Normal	R$ 2.000

Para efeitos de pagamento, a pessoa jurídica poderá deduzir, do IRPJ apurado em cada trimestre, o imposto sobre a renda pago ou retido na fonte sobre receitas que integraram a base de cálculo do imposto devido.

É vedada a aplicação de qualquer parcela do imposto devido sobre o lucro arbitrado em incentivos fiscais.

5.1. CSLL

A CSLL devida em cada trimestre será calculada mediante aplicação da alíquota de 9% sobre a base de cálculo (art. 234 da IN RFB nº 1.700/2017).

Para efeitos de pagamento, a pessoa jurídica poderá deduzir, da CSLL apurada em cada trimestre, o valor da CSLL retida na fonte sobre receitas que integraram a base de cálculo da contribuição devida.

6. PAGAMENTO

6.1. IRPJ

Os contribuintes devem pagar o imposto de renda da pessoa jurídica por intermédio dos bancos integrantes da rede arrecadadora de receitas federais.

O pagamento deve ser feito mediante a utilização do Documento de Arrecadação de Receitas Federais (Darf), sob o código 5625.

O imposto de renda devido, apurado trimestralmente, deve ser pago em quota única, até o último dia útil do mês subsequente ao do encerramento do período de apuração (art. 55 da IN RFB nº 1.700/2017).

À opção da pessoa jurídica, o imposto devido pode ser pago em até três quotas mensais, iguais e sucessivas, vencíveis no último dia útil dos três meses subsequentes ao de encerramento do período de apuração a que corresponder.

Nenhuma quota pode ter valor inferior a R$ 1.000,00 (mil reais) e o imposto de valor inferior a R$ 2.000,00 (dois mil reais) será pago em quota única.

As quotas do imposto serão acrescidas de juros equivalentes à taxa referencial do Sistema Especial de Liquidação e Custódia (Selic), para títulos federais, acumulada mensalmente, a partir do primeiro dia do segundo mês subsequente ao do encerramento do período de apuração até o último dia do mês anterior ao do pagamento e de 1% (um por cento) no mês do pagamento.

A primeira quota ou quota única, quando paga até o vencimento, não sofrerá acréscimos.

6.2. CSLL

A pessoa jurídica deve pagar a CSLL por intermédio dos bancos integrantes da rede arrecadadora de receitas federais.

O pagamento é feito mediante a utilização do Documento de Arrecadação de Receitas Federais (Darf), sob os seguintes códigos:

a) 2372 – PJ optante pela apuração com Base no Resultado Presumido ou pelo Arbitrado;

b) 5638 CSLL – Pessoas Jurídicas que apuram a CSLL com base no Resultado Arbitrado.

A CSLL, apurada trimestralmente, deve ser paga em quota única, até o último dia útil do mês subsequente ao do encerramento do período de apuração.

À opção da pessoa jurídica, a CSLL pode ser paga em até três quotas mensais, iguais e sucessivas, vencíveis no último dia útil dos três meses subsequentes ao de encerramento do período de apuração a que corresponder.

Nenhuma quota pode ter valor inferior a R$ 1.000,00 e a CSLL de valor inferior a R$ 2.000,00 deve ser paga em quota única.

As quotas da CSLL são acrescidas de juros equivalentes à taxa referencial do Sistema Especial de Liquidação e Custódia (Selic), para títulos federais, acumulada mensalmente, a partir do primeiro dia do segundo mês subsequente ao do encerramento do período de apuração até o último dia do mês anterior ao do pagamento e de 1% no mês do pagamento.

A primeira quota ou quota única, quando paga até o vencimento, não sofre acréscimos.

7. SALDO NEGATIVO DO IRPJ E DA CSLL

Os saldos negativos do IRPJ e da CSLL, apurados trimestralmente, poderão ser restituídos ou compensados a partir do encerramento do trimestre, acrescidos de juros equivalentes à taxa referencial do Sistema Especial de Liquidação e Custódia – Selic para títulos federais, acumulada mensalmente, calculados a partir do mês subsequente ao do encerramento do período de apuração até o mês anterior ao da restituição ou compensação e de um por cento relativamente ao mês em que estiver sendo efetuada (ADN Cosit nº 31, de 27 de outubro de 1999).

8. PERÍODO DE ABRANGÊNCIA

A apuração do IRPJ e da CSLL com base no lucro arbitrado e no resultado arbitrado abrangerá todos os trimestres do ano-calendário, assegurada a tributação com base no lucro real e no resultado ajustado relativa aos trimestres não submetidos ao arbitramento, se a pessoa jurídica dispuser da escrituração exigida pela legislação comercial e fiscal que demonstre o lucro real e o resultado ajustado dos períodos não abrangidos por aquela modalidade de tributação (art. 235 da IN RFB nº 1.700/2017).

Capítulo – Lucro Arbitrado

A pessoa jurídica que, em qualquer trimestre do ano-calendário, tiver seu lucro arbitrado, poderá optar pela tributação com base no lucro presumido e no resultado presumido relativamente aos demais trimestres desse ano-calendário, desde que não obrigada à apuração do lucro real.

Os lucros disponibilizados no exterior e os rendimentos e ganhos de capital auferidos no exterior no período em que a pessoa jurídica apurar o IRPJ e a CSLL com base no lucro arbitrado e no resultado arbitrado deverão ser computados na base de cálculo no trimestre da disponibilização dos lucros ou do auferimento dos rendimentos e ganhos de capital.

Os referidos rendimentos e ganhos de capital são os auferidos no exterior diretamente pela pessoa jurídica domiciliada no Brasil.

Capítulo
REGIME ESPECIAL DE TRIBUTAÇÃO – RET

Regime especial de tributação é uma forma diferenciada de tratamento tributário dispensado a determinadas atividades ou setores da economia com a finalidade de diminuir impostos, unificar tributos e eliminar a burocracia.

De acordo com a legislação federal, podem optar pelo regime especial de tributação (art. 1º da IN RFB nº 1.435/2013):

a) às incorporações imobiliárias objeto de patrimônio de afetação, de que tratam os arts. 1º ao 11-A da Lei nº 10.931/2004;

b) às construções de unidades habitacionais contratadas no âmbito do Programa Minha Casa, Minha Vida (PMCMV), de que trata a Lei nº 11.977/2009 e arts. 2º e 2º-A da Lei nº 12.024/2009; e

c) o regime especial de tributação aplicável às construções ou reformas de estabelecimentos de educação infantil, de que tratam os arts. 24 a 27 da Lei nº 12.715/2012.

1. REGIME ESPECIAL APLICÁVEL ÀS INCORPORAÇÕES IMOBILIÁRIAS

O Regime Especial de Tributação (RET), instituído pela Lei nº 10.931/2004, é um regime simplificado aplicável as incorporações imobiliárias que consiste no pagamento unificado do IRPJ, CSLL, PIS e COFINS. Ele tem caráter opcional e irretratável enquanto perdurarem direitos de crédito ou obrigações do incorporador junto aos adquirentes dos imóveis que compõem a incorporação.

Considera-se:

I. incorporador, a pessoa física ou jurídica que, embora não efetuando a construção, compromisse ou efetive a venda de frações ideais de terreno objetivando a vinculação de tais frações a unidades autônomas, em edificações a serem construídas ou em construção sob regime condominial, ou que meramente aceite propostas para efetivação de tais transações, coordenando e levando a termo a incorporação e responsabilizando-se, conforme o caso, pela entrega, a certo prazo, preço e determinadas condições, das obras concluídas; e

NOTA:

Estende-se a condição de incorporador aos proprietários e titulares de direitos aquisitivos que contratem a construção de edifícios que se destinem à constituição em condomínio, sempre que iniciarem as alienações antes da conclusão das obras.

II. incorporação imobiliária, a atividade exercida com o intuito de promover e realizar a construção, para alienação total ou parcial, de edificações ou conjunto de edificações compostas de unidades autônomas.

Este regime está disciplinado no art. 2º ao 12 da IN RFB nº 1.435/2013.

1.1. Opção pelo RET

A opção pela aplicação do RET à incorporação imobiliária será considerada efetivada quando atendidos os seguintes requisitos, pela ordem em que estão descritos (art. 3º da IN RFB nº 1.435/2013):

I. afetação do terreno e das acessões objeto da incorporação imobiliária nos termos dos arts. 31-A a 31-E da Lei nº 4.591/1964;

II. inscrição de cada "incorporação afetada" no Cadastro Nacional da Pessoa Jurídica (CNPJ), vinculada ao evento "109 – Inscrição de Incorporação Imobiliária – Patrimônio de Afetação";

III. prévia adesão ao Domicílio Tributário Eletrônico (DTE);

IV. regularidade fiscal da matriz da pessoa jurídica quanto aos tributos administrados pela RFB, às contribuições previdenciárias e à Dívida Ativa da União administrada pela Procuradoria-Geral da Fazenda Nacional (PGFN);

V. regularidade do recolhimento ao Fundo de Garantia por Tempo de Serviço (FGTS); e

VI. apresentação do formulário "Termo de Opção pelo Regime Especial de Tributação", constante do Anexo Único da IN RFB nº 1.435/2013.

1.2. Dívidas tributárias

O terreno e as acessões objeto da incorporação imobiliária sujeita ao RET, bem como os demais bens e direitos a ela vinculados, não responderão por dívidas tributárias da incorporadora relativas ao IRPJ, CSLL, PIS/Pasep e à Cofins, exceto as calculadas na forma do subitem 1.3 (base de cálculo e alíquota), sobre as receitas recebidas no âmbito da respectiva incorporação (art. 4º da IN RFB nº 1.435/2013).

O patrimônio da incorporadora responderá pelas dívidas tributárias da incorporação afetada.

1.3. Base de cálculo e alíquota

Para cada incorporação submetida ao RET, a incorporadora ficará sujeita ao pagamento mensal equivalente a 4% das receitas mensais recebidas, que corresponderá ao pagamento unificado de (art. 4º da Lei nº 10.931/2004 e art. 5º da IN RFB nº 1.435/2013):

I – IRPJ;

II – CSLL;

III – Contribuição para o PIS/Pasep; e

IV – Cofins.

Considera-se receita mensal o total das receitas recebidas pela incorporadora com a venda de unidades imobiliárias que compõem cada incorporação submetida ao RET, bem como, as receitas financeiras e variações monetárias decorrentes dessa operação.

Do total das receitas recebidas poderão ser deduzidas as vendas canceladas, as devoluções de vendas e os descontos incondicionais concedidos.

As demais receitas recebidas pela incorporadora, relativas às atividades da incorporação submetida ao RET, serão tributadas na incorporadora.

1.4. Pagamento definitivo

O pagamento unificado do IRPJ, CSLL, PIS/Pasep e COFINS será considerado definitivo, não gerando, em qualquer hipótese, direito à restituição ou à compensação com o que for apurado pela incorporadora (§ 2º do art. 4º da Lei nº 10.931/2004).

As receitas, os custos e as despesas próprios da incorporação, sujeitos à tributação na forma do subitem anterior, não deverão ser computados na apuração das bases de cálculo do IRPJ e das contribuições federais, devidos pela incorporadora em virtude de suas demais atividades empresariais, inclusive incorporações não afetadas.

Com relação ao parágrafo anterior, os custos e as despesas indiretos pagos no mês serão apropriados a cada incorporação na mesma proporção, representada pelos custos diretos próprios da incorporação, em relação ao custo direto total da incorporadora, assim entendido como a soma de todos os custos diretos de todas as incorporações e o de outras atividades exercidas pela incorporadora.

1.5. Imóveis residenciais de interesse social

Para os projetos de incorporação de imóveis residenciais de interesse social cuja construção tenha sido iniciada ou contratada a partir de 31 de março de 2009, o percentual correspondente ao pagamento unificado do IRPJ, CSLL, PIS/Pasep e COFINS será equivalente a 1% da receita mensal recebida, desde que, até 31 de dezembro de 2018, a incorporação tenha sido registrada no cartório de imóveis competente ou tenha sido assinado o contrato de construção.

Consideram-se projetos de incorporação de imóveis de interesse social os destinados à construção de unidades residenciais de valor de até R$ 100.000,00 no âmbito do Programa Minha Casa, Minha Vida, de que trata a Lei nº 11.977/2009.

1.6. Repartição da receita tributária

Para fins de repartição de receita tributária do percentual de:
I. 4% serão considerados:
    a) 1,71% como Cofins;
    b) 0,37% como Contribuição para o PIS/Pasep;

c) 1,26% como IRPJ; e

d) 0,66% como CSLL.

II. 1% serão considerados:

a) 0,44% como COFINS;

b) 0,09% como Contribuição para o PIS/Pasep;

c) 0,31% como IRPJ; e

d) 0,16% como CSLL.

1.7. Pagamento do imposto e das contribuições

O pagamento unificado do IRPJ, CSLL, PIS/Pasep e COFINS deverá ser efetuado até o 20º dia do mês subsequente àquele em que houverem sido recebidas as receitas (art. 8º da IN RFB nº 1.435/2013).

Na hipótese do 20º dia do mês subsequente àquele em que houverem sido recebidas as receitas recair em dia considerado não útil, o pagamento unificado do IRPJ e das contribuições federais deverá ser feito no 1º dia útil subsequente.

A incorporadora deverá utilizar no Documento de Arrecadação de Receitas Federais (Darf), o número específico de inscrição da incorporação objeto de opção pelo RET no CNPJ e o código de arrecadação:

a) 4095, no caso de pagamento unificado; e

b) 1068, no caso de pagamento unificado relativo aos projetos de incorporação de imóveis residenciais de interesse social.

O pagamento do IRPJ e das contribuições federais será considerado definitivo, não gerando, em qualquer hipótese, direito à restituição ou à compensação com o que for apurado pela incorporadora.

1.8. Débito com exigibilidade suspensa

No caso de a pessoa jurídica estar amparada pela suspensão da exigibilidade do crédito tributário, nas hipóteses a que se referem os incisos II, IV e V do art. 151 da Lei nº 5.172/1966 – Código Tributário Nacional (CTN), ou por sentença judicial transitada em julgado, determinando a suspensão do pagamento do IRPJ ou de qualquer das contribuições federais referidas neste item, a incorporadora deverá calcular, individualmente, os valores do IRPJ e das contribuições federais considerados devidos pela incorporação sujeita ao RET/Incorporação Imobiliária, aplicando-se as alíquotas correspondentes, relacionadas no subitem 1.6 – Reparticão da Receita Tributária –, e efetuar o recolhimento em Darf distintos para cada um deles, utilizando-se os seguintes códigos de arrecadação (art. 9º da IN RFB nº 1.435/2013):

a) 4112 – para o IRPJ;

b) 4153 – para a CSLL;

c) 4138 – para a Contribuição para o PIS/Pasep; e

d) 4166 – para a Cofins.

1.9. Escrituração contábil

O incorporador fica obrigado a manter escrituração contábil segregada para cada incorporação submetida ao RET (art. 10 da IN RFB nº 1.435/2013).

A escrituração contábil das operações da incorporação objeto de opção pelo RET poderá ser efetuada em livros próprios ou nos da incorporadora, sem prejuízo das normas comerciais e fiscais aplicáveis à incorporadora em relação às operações da incorporação.

Na hipótese de adoção de livros próprios para cada incorporação objeto de opção no RET/Incorporação Imobiliária, a escrituração contábil das operações da incorporação poderá ser efetivada mensalmente na contabilidade da incorporadora, mediante registro dos saldos apurados nas contas relativas à incorporação.

1.10. Falência ou insolvência do incorporador

Caso não se verifique o pagamento das obrigações tributárias, previdenciárias e trabalhistas, vinculadas ao respectivo patrimônio de afetação, cujos fatos geradores tenham ocorrido até a data da decretação da falência, ou insolvência do incorporador, perde eficácia a deliberação pela continuação da obra a que se refere o § 1º do art. 31-F da Lei nº 4.591/1964, bem como os efeitos do regime de afetação instituídos pela Lei nº 10.931/2004.

As obrigações tributárias previdenciárias e trabalhistas, vinculadas ao respectivo patrimônio de afetação, deverão ser pagas pelos adquirentes em até 1 ano da deliberação pela continuação da obra, ou até a data da concessão do habite-se, se esta ocorrer em prazo inferior.

1.11. Vigência

O regime especial de tributação das incorporações imobiliária será aplicado até o recebimento integral do valor das vendas de todas as unidades que compõem o memorial de incorporação registrado no cartório de imóveis competente, independentemente da data de sua comercialização, e, no caso de contratos de construção, até o recebimento integral do valor do respectivo contrato (art. 11-A da Lei nº 10.931/2004).

2. REGIME ESPECIAL APLICÁVEL ÀS CONSTRUÇÕES NO ÂMBITO DO PMCMV

O Programa Minha Casa, Minha Vida – PMCMV tem por finalidade criar mecanismos de incentivo à produção e aquisição de novas unidades habitacionais ou requalificação de imóveis urbanos, e produção ou reforma de habitações rurais, para famílias com renda mensal de até R$ 4.650,00 (quatro mil, seiscentos e cinquenta reais).

2.1. Obras contratadas ou iniciadas até 31 de dezembro de 2018.

A empresa construtora que tenha sido contratada ou tenha obras iniciadas até 31 de dezembro de 2018 para construir unidades habitacionais de valor de até R$ 100.000,00 (cem mil reais) no âmbito do Programa Minha Casa, Minha Vida (PMCMV), de que trata a Lei nº 11.977/2009, fica autorizada, em caráter opcional, a efetuar o pagamento unificado do IRPJ, da CSLL, do PIS/Pasep e da Cofins equivalente a 1% da receita mensal auferida pelo contrato de construção até a extinção do respectivo contrato celebrado e, no caso de comercialização da unidade, até a quitação plena do preço do imóvel (art. 2º da IN RFB nº 12.024/2009, redação dada pela Lei nº 13.970/2019).

Para fins de repartição de receita tributária, o percentual de 1% será considerado:

a) 0,44% (quarenta e quatro centésimos por cento) como Cofins;

b) 0,09% (nove centésimos por cento) como PIS/Pasep;

c) 0,31% (trinta e um centésimos por cento) como IRPJ; e

d) 0,16% (dezesseis centésimos por cento) como CSLL.

O pagamento unificado de tributos federais deverá ser feito até o 20º dia do mês subsequente àquele em que houver sido auferida a receita e no código de arrecadação (Darf) 1068 (§ 6º do art. 2º da Lei nº 12.024/2009).

Na hipótese de o 20º dia do mês subsequente àquele em que houver sido auferida a receita recair em dia considerado não útil, o pagamento do IRPJ e das contribuições federais deverá ser efetuado no 1º dia útil subsequente.

O pagamento dos impostos e das contribuições federais será considerado definitivo, não gerando, em qualquer hipótese, direito à restituição ou à compensação com o que for apurado pela construtora (§ 2º do art. 2º da Lei nº 12.024/2009).

As receitas, custos e despesas próprios da construção sujeita a tributação na forma deste subitem não deverão ser computados na apuração das bases de cálculo do IRPJ, CSLL, PIS/Pasep e Cofins devida pela construtora em virtude de suas outras atividades empresariais.

Na hipótese em que a empresa construa unidades habitacionais para vendê-las prontas, o pagamento unificado de tributos federais será equivalente a 1% da receita mensal auferida pelo contrato de alienação.

Estas regras serão aplicadas, no caso de contratos de construção, até o recebimento integral do valor do respectivo contrato.

2.2. A partir de 1º de janeiro de 2020

A partir de 1º de janeiro de 2020, a empresa construtora que tenha sido contratada ou tenha obras iniciadas para construir unidades habitacionais de valor de até R$ 124.000,00 (cento e vinte e quatro mil reais) no âmbito do Programa Minha Casa, Minha Vida (PMCMV), de que trata a Lei nº 11.977/2009, ou no âmbito do Programa Casa Verde e Amarela, de que trata a Lei nº 14.118/2021, fica autorizada, em caráter opcional, a efetuar o pagamento unificado de tributos, equivalente a 4% da receita mensal auferida pelo contrato de construção (art. 2º-A da Lei nº 12.024/2009).

O pagamento mensal unificado corresponderá ao IRPJ, CSLL, PIS/Pasep e Cofins.

Considera-se receita mensal a totalidade das receitas auferidas pela construtora na venda das unidades imobiliárias que compõem a construção, bem como as receitas financeiras e as variações monetárias decorrentes dessa operação.

Para fins de repartição de receita tributária, do percentual de 4% serão considerados:

a) 1,71% (um inteiro e setenta e um centésimos por cento) como Cofins;

b) 0,37% (trinta e sete centésimos por cento) como PIS/Pasep;

c) 1,26% (um inteiro e vinte e seis centésimos por cento) como IRPJ; e

d) 0,66% (sessenta e seis centésimos por cento) como CSLL.

As receitas, os custos e as despesas próprios da construção sujeita à tributação na forma deste subitem não deverão ser computados na apuração das bases de cálculo do IRPJ, CSLL, PIS e COFINS devida pela construtora em virtude de suas outras atividades empresariais.

O pagamento unificado de tributos federais deverá ser feito até o 20º dia do mês subsequente àquele em que houver sido auferida a receita e no código de arrecadação (Darf) 1068 (§ 6º do art. 2º-A da Lei nº 12.024/2009).

Na hipótese de o 20º dia do mês subsequente àquele em que houver sido auferida a receita recair em dia considerado não útil, o pagamento do IRPJ e das contribuições federais deverá ser efetuado no 1º dia útil subsequente.

O pagamento do imposto e das contribuições federais será considerado definitivo, não gerando, em hipótese alguma, direito a restituição ou a compensação com o que for apurado pela construtora.

Caso a empresa construa unidades habitacionais para vendê-las prontas, seja no âmbito do Programa Minha Casa, Minha Vida (PMCMV), de que trata a Lei nº 11.977/2009, seja no âmbito do Programa Casa Verde e Amarela, de que trata a Lei nº 14.118/2021, o pagamento unificado de tributos federais será equivalente a 4% da receita mensal auferida pelo contrato de alienação, aplicado o disposto nos parágrafos anteriores deste subitem.

Estas regras serão aplicadas, no caso de contratos de construção, até o recebimento integral do valor do respectivo contrato.

2.3. Débitos com exigibilidade suspensa

No caso de a pessoa jurídica estar amparada pela suspensão da exigibilidade do crédito tributário, nas hipóteses a que se referem os incisos II, IV e V do art. 151 da Lei nº 5.172/1966 – Código Tributário Nacional (CTN), ou por sentença judicial transitada em julgado, determinando a suspensão do pagamento do IRPJ ou de qualquer das contribuições federais verificadas neste item, a incorporadora deverá calcular, individualmente, os valores do IRPJ e das contribuições federais considerados devidos pela construção com opção pelo regime de pagamento unificado de tributos aplicável às construções no âmbito do PMCMV, aplicando-se as alíquotas correspondentes, relacionadas neste subitem, e efetuar o recolhimento em Darf distintos para cada um deles, utilizando-se os seguintes códigos de arrecadação (art. 15 da IN RFB nº 1.435/2013):

I. 4112 – para o IRPJ;

II. 4153 – para a CSLL;

III. 4138 – para a Contribuição para o PIS/Pasep; e

IV. 4166 – para a Cofins.

2.4. Escrituração contábil

A construtora deverá manter escrituração contábil destacada para cada construção, possibilitando a identificação das receitas, custos e despesas relativos a cada construção sujeita ao pagamento unificado (art. 16 da IN RFB nº 1.435/2013).

2.5. Vigência

O regime especial do PMCMV ou no âmbito Programa Casa Verde e Amarela será aplicado, no caso de contratos de construção, até o recebimento integral do valor do respectivo contrato.

2.6. Programa Casa Verde e Amarela

O Programa Casa Verde e Amarela, instituída pela Lei nº 14.118/2021, tem por finalidade promover o direito à moradia a famílias residentes em áreas urbanas com renda mensal de até R$ 7.000,00 (sete mil reais) e a famílias residentes em áreas rurais com renda anual de até R$ 84.000,00 (oitenta e quatro mil reais), associado ao desenvolvimento econômico, à geração de trabalho e de renda e à elevação dos padrões de habitabilidade e de qualidade de vida da população urbana e rural.

Para os fins do regime de pagamento unificado do IRPJ, da CSLL, do PIS/Pasep e da Cofins sobre a receita mensal auferida pelo contrato de construção, o Programa Casa Verde e Amarela é sucessor do Programa Minha Casa, Minha Vida (PMCMV).

3. REGIME ESPECIAL APLICÁVEL A CONSTRUÇÕES OU REFORMAS DE ESTABELECIMENTOS DE EDUCAÇÃO INFANTIL

A empresa contratada para construir ou reformar creches e pré-escolas poderá optar pelo regime especial de tributação de que tratam os arts. 24 e 25 da Lei nº 12.715/2012.

O regime especial de tributação se aplica até 31 de dezembro de 2018 à construção ou reforma de creches e pré-escolas cujas obras tenham sido iniciadas ou contratadas a partir de 1º de janeiro de 2013.

Tem caráter opcional e irretratável enquanto perdurarem as obrigações da construtora com os contratantes.

3.1. Opção pelo RET

A opção pelo regime especial depende da prévia aprovação do projeto de construção ou reforma de creches e pré-escolas pelo Ministério da Educação, onde deve constar o prazo mínimo de 5 (cinco) anos de utilização do imóvel como creche ou pré-escola, que deverá ser exercida em relação a cada obra de construção ou de reforma de creche ou de pré-escola.

A manifestação da opção pelo regime especial de tributação será considerada efetivada mediante:

I - prévia adesão ao DTE; e

II - realização do primeiro pagamento mensal unificado do IRPJ, da CSLL, do PIS/Pasep e da Cofins a partir do mês da opção.

Os estabelecimentos de educação infantil não poderão ter a sua destinação alterada pelo prazo mínimo de 5 (cinco) anos. Se, este prazo for descumprido sujeitará o ente público ou privado proprietário do estabelecimento de educação infantil beneficiário ao pagamento da diferença do IRPJ, da CSLL, do PIS/Pasep e da Cofins que deixou de ser paga pela construtora, com os devidos acréscimos legais.

3.2. Base de cálculo e alíquota

Para cada obra submetida ao regime especial de tributação, a construtora fica autorizada a efetuar o pagamento equivalente a 1% da receita mensal auferida, que corresponderá ao pagamento mensal unificado do (art. 18 da IN RFB nº 1.435/2013):

I - IRPJ;

II - PIS/Pasep;

III - CSLL; e

IV - Cofins.

Considera-se receita mensal o total das receitas auferidas pela construtora em virtude da realização da obra.

3.3. Repartição da receita tributária

O percentual de 1% será considerado:

I - 0,44% como Cofins;

II - 0,09% como PIS/Pasep;

III - 0,31% como IRPJ; e

IV - 0,16% como CSLL.

As receitas, custos e despesas próprios da obra sujeita à tributação unificada não deverão ser computados na apuração das bases de cálculo do IRPJ, da CSLL, do PIS/Pasep e da Cofins devidos pela construtora em virtude de suas outras atividades empresariais. Neste caso, os custos e despesas indiretos pagos pela construtora no mês serão apropriados a cada obra de construção ou reforma de estabelecimentos de educação infantil na mesma proporção representada pelos custos diretos próprios da obra, em relação ao custo direto total da construtora, assim entendido como a soma de todos os custos diretos de todas as obras e o de outras atividades exercidas pela construtora.

3.4. Pagamento unificado do imposto e das contribuições

O pagamento unificado do IRPJ e das contribuições deverá ser efetuado (art. 19 da IN RFB nº 1.435/2013):

    a) até o 20º (vigésimo) dia do mês subsequente àquele em que houverem sido auferidas as receitas; e

    b) no código de arrecadação (Darf) 1068.

O pagamento unificado do IRPJ e das contribuições será considerado definitivo, não gerando, em qualquer hipótese, direito à restituição ou à compensação com o que for apurado pela construtora.

3.5. Débitos com exigibilidade suspensa

No caso de a pessoa jurídica estar amparada pela suspensão da exigibilidade do crédito tributário, nas hipóteses a que se referem os incisos II, IV e V do art. 151 da Lei nº 5.172, de 1966 - Código Tributário Nacional (CTN), ou por sentença judicial transitada em julgado, determinando a suspensão do pagamento do IRPJ ou de qualquer das contribuições referidas neste item, a construtora deverá calcular, individualmente, os valores do IRPJ e das contribuições considerados devidos pela construção com opção pelo regime de pagamento unificado de tributos aplicável à construção ou às obras de reforma de estabelecimentos de educação infantil, aplicando-se as alíquotas correspondentes, relacionadas no subitem 3.3, e efetuar o recolhimento em Darf distintos para cada um deles, utilizando-se os seguintes códigos de arrecadação (art. 20 da IN RFB nº 1.435/2013):

I - 4112 - para o IRPJ;
II - 4153 - para a CSLL;
III - 4138 - para o PIS/Pasep; e,
IV - 4166 - para a Cofins.

3.6. Escrituração contábil

A construtora fica obrigada a manter escrituração contábil segregada para cada obra submetida ao regime especial de tributação (art. 21 da IN RFB nº 1.435/2013).

4. TRIBUTAÇÃO PELO LUCRO PRESUMIDO

Para fins de uso do regime especial de tributação nas formas previstas nos itens 1 a 3 deste capítulo, a incorporadora ou a construtora sujeita à tributação com base no lucro presumido deverá manter registro destacado para a identificação da receita mensal recebida ou auferida, conforme o caso, relativa a cada (art. 22 da IN RFB nº 1.435/2013):

a) incorporação imobiliária objeto de patrimônio de afetaeção, inscrita no RET;

b) construção de unidades habitacionais contratada no âmbito do PMCMV; e

c) obra de construção ou reforma de creches ou de pré-escolas, cujo projeto tenha sido previamente aprovado pelo Ministério da Educação.

As receitas próprias das letras "a", "b" e "c", deste item, sujeitas à tributação na forma disciplinada nos itens 1 a 3 deste capítulo, não deverão ser computadas na apuração das bases de cálculo do IRPJ e das contribuições devidos pela incorporadora ou pela construtora em virtude de suas outras atividades empresariais.

5. PRESTAÇÃO DE INFORMAÇÕES E PENALIDADES

A pessoa jurídica que optar pelos regimes especiais de pagamento unificado de tributos federais deverá emitir comprovante de regularidade quanto à quitação de tributos federais e demais créditos inscritos em Dívida Ativa da União, mediante Certidão Negativa de

Débitos (CND) ou de Certidão Positiva de Débito com Efeitos de Negativa (CPD-EN) válida referente aos 2 semestres do ano-calendário em que fizer uso dos benefícios (art. 23 da IN RFB nº 1.435/2013).

A documentação relativa à utilização dos incentivos deverá ser mantida em boa guarda até que estejam prescritas eventuais ações que lhes sejam pertinentes.

As intimações serão formalizadas por escrito e dirigidas ao DTE do requerente, quando aplicável.

Capítulo
SIMPLES NACIONAL

1. CONCEITO

Simples Nacional é um regime de tributação diferenciado e favorecido para as microempresas e empresas de pequeno porte no âmbito dos Poderes da União, dos Estados, do Distrito Federal e dos Municípios a fim de reduzir a carga tributária, simplificar a retenção de impostos e contribuições e facilitar o crescimento do negócio.

2. DEFINIÇÃO DE ME E EPP

Considera-se (art. 2º da Resolução CGSN nº 140/2018):

I. microempresa (ME), a sociedade empresária, a sociedade simples, a empresa individual de responsabilidade limitada ou o empresário e a sociedade de advogados, desde que, aufira em cada ano-calendário receita bruta igual ou inferior a R$ 360.000,00.

II. empresa de pequeno porte (EPP), a sociedade empresária, a sociedade simples, a empresa individual de responsabilidade limitada ou o empresário e a sociedade de advogados, desde que, aufira em cada ano-calendário receita bruta superior a R$ 360.000,00 e igual ou inferior a R$ 4.800.000,00.

NOTA:
Receita bruta o produto da venda de bens e serviços nas operações de conta própria, o preço dos serviços prestados e o resultado nas operações em conta alheia, excluídas as vendas canceladas e os descontos incondicionais concedidos (Lei Complementar nº 123, de 2006, art. 3º, caput e § 1º)

3. PARA FINS DE OPÇÃO E PERMANÊNCIA DO SIMPLES NACIONAL

Para fins de opção e permanência no Simples Nacional, poderão ser auferidas, em cada ano-calendário, receitas no mercado interno até o limite de R$ 4.800.000,00 e, adicionalmente, receitas decorrentes da exportação de mercadorias ou serviços para o exterior, inclusive quando realizada por meio de empresa comercial exportadora ou de sociedade de propósito específico, desde que as receitas de exportação também não excedam R$ 4.800.000,00 (§ 1º do art. 2º da Resolução CGSN nº 140/2018).

A empresa que, no ano-calendário, exceder o limite de receita bruta anual ou o limite adicional para exportação fica excluída do Simples Nacional tendo os efeitos da exclusão a partir do:

   a) mês subsequente àquele em que o excesso da receita bruta acumulada no ano for superior a 20% de cada um dos limites previstos neste item; ou

   b) ano-calendário subsequente àquele em que o excesso da receita bruta acumulada no ano não for superior a 20% de cada um dos limites previstos neste item.

4. CONCEITO DE RECEITA BRUTA

Considera receita bruta o produto da venda de bens e serviços nas operações de conta própria, o preço dos serviços prestados e o resultado nas operações em conta alheia, excluídas as vendas canceladas e os descontos incondicionais concedidos (inciso II do art. 2º da Resolução CGSN nº 140/2018).

Também compõem a receita bruta (§ 4º do art. 2º da Resolução CGSN nº 140/2018):

   a) o custo do financiamento nas vendas a prazo, contido no valor dos bens ou serviços ou destacado no documento fiscal;

   b) as gorjetas, sejam elas compulsórias ou não;

   c) os royalties, aluguéis e demais receitas decorrentes de cessão de direito de uso ou gozo; e

   d) as verbas de patrocínio.

Não compõem a receita bruta (§ 6º do art. 2º da Resolução CGSN nº 140/2018):

I. a venda de bens do ativo imobilizado;

II. os juros moratórios, as multas e quaisquer outros encargos auferidos em decorrência do atraso no pagamento de operações ou prestações;

III. a remessa de mercadorias a título de bonificação, doação ou brinde, desde que seja incondicional e não haja contraprestação por parte do destinatário;

IV. a remessa de amostra grátis;

V. os valores recebidos a título de multa ou indenização por rescisão contratual, desde que não corresponda à parte executada do contrato;

VI. para o salão-parceiro de que trata a Lei nº 12.592/2012, os valores repassados ao profissional-parceiro, desde que este esteja devidamente inscrito no CNPJ;

VII. os rendimentos ou ganhos líquidos auferidos em aplicações de renda fixa ou variável.

5. EMPRESAS EM INÍCIO DE ATIVIDADE

No ano-calendário de início de atividade, cada um dos limites previstos no item 3 será de R$ 400.000,00, multiplicados pelo número de meses compreendidos entre o início de atividade e o final do respectivo ano-calendário, considerada a fração de mês como mês completo (§ 1º do art. 2º da Resolução CGSN nº 140/2018)

Se a receita bruta acumulada no ano-calendário de início de atividade, no mercado interno ou em exportação para o exterior, for superior a qualquer um dos limites a que se refere este item, a empresa estará excluída do Simples Nacional e deverá pagar a totalidade ou a diferença dos respectivos tributos devidos em conformidade com as normas gerais de incidência.

Os efeitos da exclusão:

a) serão retroativos ao início de atividade se o excesso verificado em relação à receita bruta acumulada for superior a 20% dos referidos limites;

b) ocorrerão a partir do ano-calendário subsequente se o excesso verificado em relação à receita bruta acumulada não for superior a 20% dos referidos limites.

Na hipótese de início de atividade no ano-calendário imediatamente anterior ao da opção, os limites de receita bruta:

I. para fins de opção, serão os previstos neste item; e

II. para fins de permanência no regime, serão os previstos no item 3.

NOTAS:

1ª) Considera empresa em início de atividade aquela que se encontra no período de 180 dias a partir da data de abertura constante do Cadastro Nacional da Pessoa Jurídica (CNPJ).

2ª) Considera data de início de atividade a data de abertura constante do CNPJ.

6. TRIBUTOS ABRANGIDOS PELO SIMPLES NACIONAL

A opção pelo Simples Nacional implica o recolhimento mensal, mediante documento único de arrecadação, no montante apurado na forma prevista neste capítulo, em substituição aos valores devidos segundo a legislação específica de cada tributo, dos seguintes impostos e contribuições (art. 4º da Resolução CGSN nº 140/2018):

I. Imposto sobre a Renda da Pessoa Jurídica (IRPJ);

II. Imposto sobre Produtos Industrializados (IPI);

III. Contribuição Social sobre o Lucro Líquido (CSLL);

IV. Contribuição para o Financiamento da Seguridade Social (Cofins);

V. Contribuição para o PIS/Pasep;

VI. Contribuição Patronal Previdenciária (CPP) para a Seguridade Social, a cargo da pessoa jurídica, de que trata o art. 22 da Lei nº 8.212/1991;

VII. Imposto sobre Operações Relativas à Circulação de Mercadorias e sobre Prestações de Serviços de Transporte Interestadual e Intermunicipal e de Comunicação (ICMS);

VIII. Imposto sobre Serviços de Qualquer Natureza (ISS).

7. TRIBUTOS NÃO ABRANGIDOS PELO SIMPLES NACIONAL

O recolhimento na forma do item 6 não exclui a incidência dos seguintes impostos ou contribuições, devidos pela ME ou EPP na qualidade de contribuinte ou responsável, em relação aos quais será observada a legislação aplicável às demais pessoas jurídicas (art. 5º da Resolução CGSN nº 140/2018):

I. Imposto sobre Operações de Crédito, Câmbio e Seguro, ou relativas a Títulos ou Valores Mobiliários (IOF);

II. Imposto sobre a Importação de Produtos Estrangeiros (II);

III. Imposto sobre Exportação, para o Exterior, de Produtos Nacionais ou Nacionalizados (IE);

IV. Imposto sobre a Propriedade Territorial Rural (ITR);

V. Imposto sobre a Renda relativo:

    a) aos rendimentos ou ganhos líquidos auferidos em aplicações de renda fixa ou variável;

    b) aos ganhos de capital auferidos na alienação de bens do ativo permanente;

    c) aos pagamentos ou créditos efetuados pela pessoa jurídica a pessoas físicas;

VI. Contribuição para o Fundo de Garantia do Tempo de Serviço (FGTS);

VII. Contribuição previdenciária devida pelo trabalhador;

VIII. Contribuição previdenciária devida pelo empresário, na qualidade de contribuinte individual;

IX. Contribuição para o PIS/Pasep, Cofins e IPI incidentes na importação de bens e serviços;

X. Contribuição para o PIS/Pasep e Cofins em regime de tributação concentrada ou substituição tributária, nos termos do § 7º do art. 25 da Resolução CGSN nº 140/2018;

XI. CPP para a Seguridade Social, a cargo da pessoa jurídica, de que trata o art. 22 da Lei nº 8.212/1991, no caso de:

    a) construção de imóveis e obras de engenharia em geral, inclusive sob a forma de subempreitada, execução de projetos e serviços de paisagismo e decoração de interiores

    b) serviço de vigilância, limpeza ou conservação;

    c) serviços advocatícios; e

    d) contratação de empregado pelo Microempreendedor Individual (MEI), nos termos do art. 105 da Resolução CGSN nº 140/2018;

XII. ICMS devido:

a) nas operações sujeitas ao regime de substituição tributária, tributação concentrada em uma única etapa (monofásica) e sujeitas ao regime de antecipação do recolhimento do imposto com encerramento de tributação, envolvendo combustíveis e lubrificantes; energia elétrica; cigarros e outros produtos derivados do fumo; bebidas; óleos e azeites vegetais comestíveis; farinha de trigo e misturas de farinha de trigo; massas alimentícias; açúcares; produtos lácteos; carnes e suas preparações; preparações à base de cereais; chocolates; produtos de padaria e da indústria de bolachas e biscoitos; sorvetes e preparados para fabricação de sorvetes em máquinas; cafés e mates, seus extratos, essências e concentrados; preparações para molhos e molhos preparados; preparações de produtos vegetais; rações para animais domésticos; veículos automotivos e automotores, suas peças, componentes e acessórios; pneumáticos; câmaras de ar e protetores de borracha; medicamentos e outros produtos farmacêuticos para uso humano ou veterinário; cosméticos; produtos de perfumaria e de higiene pessoal; papéis; plásticos; canetas e malas; cimentos; cal e argamassas; produtos cerâmicos; vidros; obras de metal e plástico para construção; telhas e caixas d'água; tintas e vernizes; produtos eletrônicos, eletroeletrônicos e eletrodomésticos; fios; cabos e outros condutores; transformadores elétricos e reatores; disjuntores; interruptores e tomadas; isoladores; para-raios e lâmpadas; máquinas e aparelhos de ar-condicionado; centrifugadores de uso doméstico; aparelhos e instrumentos de pesagem de uso doméstico; extintores; aparelhos ou máquinas de barbear; máquinas de cortar o cabelo ou de tosquiar; aparelhos de depilar, com motor elétrico incorporado; aquecedores elétricos de água para uso doméstico e termômetros; ferramentas; álcool etílico; sabões em pó e líquidos para roupas; detergentes; alvejantes; esponjas; palhas de aço e amaciantes de roupas; venda de mercadorias pelo sistema porta a porta; nas operações sujeitas ao regime de substituição tributária pelas operações anteriores; e nas prestações de serviços sujeitas aos regimes de substituição tributária e de antecipação de recolhimento do imposto com encerramento de tributação;

b) por terceiro, a que o contribuinte se ache obrigado, por força da legislação estadual ou distrital vigente;

c) na entrada, no território do Estado ou do Distrito Federal, de petróleo, inclusive lubrificantes e combustíveis líquidos e gasosos dele derivados e energia elétrica, quando não destinados a comercialização ou a industrialização;

d) por ocasião do desembaraço aduaneiro;

e) na aquisição ou manutenção em estoque de mercadoria sem o documento fiscal correspondente;

f) na operação ou prestação realizada sem emissão do documento fiscal correspondente;

g) nas operações com bens ou mercadorias sujeitas ao regime de antecipação do recolhimento do imposto, nas aquisições em outros Estados ou no Distrito Federal sem encerramento da tributação, hipótese em que será cobrada a diferença entre a alíquota interna e a interestadual e ficará vedada a agregação de qualquer valor;

h) nas aquisições realizadas em outros Estados ou no Distrito Federal de bens ou mercadorias não sujeitas ao regime de antecipação do recolhimento do imposto, relativo à diferença entre a alíquota interna e a interestadual; e

i) nas hipóteses de impedimento a que se refere o art. 12 da Resolução CGSN nº 140/2018;

XIII. ISS devido:

a) em relação aos serviços sujeitos a substituição tributária ou retenção na fonte;

b) na importação de serviços;

c) em valor fixo pelos escritórios de serviços contábeis, quando previsto pela legislação municipal; e

d) nas hipóteses de impedimento a que se refere o art. 12 da Resolução CGSN nº 140/2018;

XIV. tributos devidos pela pessoa jurídica na condição de substituto ou responsável tributário; e

XV. demais tributos de competência da União, dos Estados, do Distrito Federal ou dos Municípios, não relacionados neste item e no item 6.

NOTAS:

1ª) Em relação a bebidas não alcóolicas, massas alimentícias, produtos lácteos, carnes e suas preparações, preparações à base de cereais, chocolates, produtos de padaria e da indústria de bolachas e biscoitos, preparações para molhos e molhos preparados, preparações de produtos vegetais, telhas e outros produtos cerâmicos para construção, e detergentes, aplica-se o disposto na alínea "a" do inciso XII aos fabricados em escala industrial relevante em cada segmento, observado o disposto em convênio celebrado pelos Estados e pelo Distrito Federal.

2ª) A diferença entre a alíquota interna e a interestadual do ICMS de que tratam as alíneas "g" e "h" do inciso XII será calculada tomando-se por base as alíquotas aplicáveis às pessoas jurídicas não optantes pelo Simples Nacional.

8. DISPENSA DE PAGAMENTO

A ME ou a EPP optante pelo Simples Nacional fica dispensada do pagamento (§ 3º do art. 2º da Resolução CGSN nº 140/2018)

a) das contribuições instituídas pela União, não abrangidas pela Lei Complementar nº 123/2006;

b) das contribuições para as entidades privadas de serviço social e de formação profissional vinculadas ao sistema sindical, de que trata o art. 240 da Constituição Federal, e demais entidades de serviço social autônomo.

9. OPÇÃO PELO REGIME

A opção pelo Simples Nacional deverá será formalizada até o último dia útil do mês de janeiro e produzirá efeitos a partir do primeiro dia do ano-calendário da opção (art. 6º da Resolução CGSN nº 140/2018).

A opção será formalizada por meio do Portal do Simples Nacional na internet, e será irretratável para todo o ano-calendário.

No momento da opção, o contribuinte deverá declarar expressamente que não se enquadra nas vedações previstas no item 10 deste capítulo, independentemente das verificações realizadas pelos entes federados.

9.1. Empresa em início de atividade

No caso de opção pelo Simples Nacional feita por ME ou EPP na condição de empresa em início de atividade, deverá ser observado o seguinte:

I. depois de efetuar a inscrição no CNPJ, a ME ou a EPP deverá observar o prazo de até 30 dias, contado do último deferimento de inscrição, seja ela a municipal ou, caso exigível, a estadual, desde que não ultrapasse 60 dias da data de abertura constante do CNPJ;

II. depois de formalizada a opção pela ME ou pela EPP, a Secretaria da Receita Federal do Brasil (RFB) disponibilizará aos Estados, Distrito Federal e Municípios a relação de empresas optantes para verificação da regularidade da inscrição municipal e, quando exigível, da estadual;

III. os entes federados deverão prestar informações à RFB sobre a regularidade da inscrição municipal ou, quando exigível, da estadual:

    a) até o dia 5 de cada mês, relativamente às informações disponibilizadas pela RFB do dia 20 ao dia 31 do mês anterior;

    b) até o dia 15 de cada mês, relativamente às informações disponibilizadas pela RFB do dia 1º ao dia 9 do mesmo mês; e

    c) até o dia 25 de cada mês, relativamente às informações disponibilizadas pela RFB do dia 10 ao dia 19 do mesmo mês;

IV. confirmada a regularidade da inscrição municipal e, quando exigível, da estadual, ou ultrapassado o prazo a que se refere o item III sem manifestação por parte do ente federado, a opção será deferida, observadas as demais disposições relativas à vedação para ingresso no Simples Nacional; e

V. a opção produzirá efeitos a partir da data de abertura constante do CNPJ, salvo se o ente federado considerar inválidas as informações prestadas pela ME ou EPP nos cadastros estadual e municipal, hipótese em que a opção será indeferida.

9.2. Escritórios de serviços contábeis

A opção pelo Simples Nacional formalizada por escritório de serviços contábeis implica o dever deste, individualmente ou por meio de suas entidades representativas de classe:

a) de promover atendimento gratuito relativo à inscrição, à opção pelo SIMEI, e à primeira declaração anual simplificada do Microempreendedor Individual (MEI), o qual poderá, por meio de suas entidades representativas de classe, firmar convênios e acordos com a União, Estados, o Distrito Federal e Municípios, por intermédio dos seus órgãos vinculados;

b) de fornecer, por solicitação do Comitê Gestor do Simples Nacional (CGSN), resultados de pesquisas quantitativas e qualitativas relativas às ME e EPP optantes pelo Simples Nacional e atendidas pelo escritório ou por entidade representativa de classe; e

c) de promover eventos de orientação fiscal, contábil e tributária para as ME e EPP optantes pelo Simples Nacional atendidas pelo escritório ou por entidade representativa de classe.

9.3. Resultado do pedido de formalização da opção pelo Simples Nacional

O resultado do pedido de formalização da opção pelo Simples Nacional poderá ser consultado no Portal do Simples Nacional (art. 13 da Resolução CGSN nº 140/2018).

Na hipótese de ser indeferido o pedido de formalização da opção pelo Simples Nacional será expedido termo de indeferimento por autoridade fiscal integrante da estrutura administrativa do respectivo ente federado que decidiu pelo indeferimento, inclusive na hipótese de existência de débitos tributários.

Será dada ciência do termo à ME ou à EPP pelo ente federado que tenha indeferido o pedido de formalização da sua opção, segundo a sua legislação, observado o disposto no art. 122 da Resolução CGSN nº 140/2018.

10. VEDAÇÃO AO SIMPLES NACIONAL

Não poderá recolher os tributos pelo Simples Nacional a pessoa jurídica (art. 15 da Resolução CGSN nº 140/2018):

I. que tenha auferido, no ano-calendário imediatamente anterior ou no ano-calendário em curso, receita bruta superior a R$ 4.800.000,00 no mercado interno ou superior ao mesmo limite em exportação para o exterior;

II. de cujo capital participe outra pessoa jurídica ou sociedade em conta de participação;

III. que seja filial, sucursal, agência ou representação, no País, de pessoa jurídica com sede no exterior;

IV. de cujo capital participe pessoa física que seja inscrita como empresário ou seja sócia de outra empresa que receba tratamento jurídico diferenciado nos termos da Lei Complementar nº 123/2006, desde que a receita bruta global ultrapasse um dos limites máximos de que trata o item I;

V. cujo titular ou sócio participe com mais de 10% do capital de outra empresa não beneficiada pela Lei Complementar nº 123/2006, desde que a receita bruta global ultrapasse um dos limites máximos de que trata o item I;

VI. cujo sócio ou titular exerça cargo de administrador ou equivalente em outra pessoa jurídica com fins lucrativos, desde que a receita bruta global ultrapasse um dos limites máximos de que trata o item I;

VII. constituída sob a forma de cooperativa, salvo cooperativa de consumo;

VIII. que participe do capital de outra pessoa jurídica ou de sociedade em conta de participação;

IX. que exerça atividade de banco comercial, de investimentos e de desenvolvimento, de caixa econômica, de sociedade de crédito, financiamento e investimento ou de crédito imobiliário, de corretora ou de distribuidora de títulos, valores mobiliários e câmbio, de empresa de arrendamento mercantil, de seguros privados e de capitalização ou de previdência complementar;

X. resultante ou remanescente de cisão ou qualquer outra forma de desmembramento de pessoa jurídica ocorrido em um dos 5 anos-calendário anteriores;

XI. constituída sob a forma de sociedade por ações;

XII. que explore atividade de prestação cumulativa e contínua de serviços de assessoria creditícia, gestão de crédito, seleção e riscos, administração de contas a pagar e a receber, gerenciamento de ativos (*asset management*), compras de direitos creditórios resultantes de vendas mercantis a prazo ou de prestação de serviços (*factoring*);

XIII. que tenha sócio domiciliado no exterior;

XIV. de cujo capital participe entidade da administração pública, direta ou indireta, federal, estadual ou municipal;

XV. em débito perante o Instituto Nacional do Seguro Social (INSS), ou perante as Fazendas Públicas Federal, Estadual ou Municipal, cuja exigibilidade não esteja suspensa;

XVI. que preste serviço de transporte intermunicipal e interestadual de passageiros, exceto:

    a) na modalidade fluvial; ou

    b) nas demais modalidades, quando:

        1. o serviço caracterizar transporte urbano ou metropolitano; ou

        2. o serviço realizar-se na modalidade de fretamento contínuo em área metropolitana para o transporte de estudantes ou trabalhadores;

XVII. que seja geradora, transmissora, distribuidora ou comercializadora de energia elétrica;

XVIII. que exerça atividade de importação ou fabricação de automóveis e motocicletas;

XIX. que exerça atividade de importação de combustíveis;

XX. que exerça atividade de produção ou venda no atacado de:

    a) cigarros, cigarrilhas, charutos, filtros para cigarros, armas de fogo, munições e pólvoras, explosivos e detonantes;

    b) cervejas sem álcool; e

    c) bebidas alcoólicas, exceto aquelas produzidas ou vendidas no atacado por ME ou por EPP registrada no Ministério da Agricultura, Pecuária e Abastecimento, e que obedeça à regulamentação da Agência Nacional de Vigilância Sanitária e da RFB quanto à produção e à comercialização de bebidas alcoólicas, nas seguintes atividades:

1. micro e pequenas cervejarias;
2. micro e pequenas vinícolas;
3. produtores de licores; e
4. micro e pequenas destilarias;

XXI. que realize cessão ou locação de mão de obra;

XXII. que se dedique a atividades de loteamento e incorporação de imóveis;

XXIII. que realize atividade de locação de imóveis próprios, exceto quando se referir a prestação de serviços tributados pelo ISS;

XXIV. que não tenha feito inscrição em cadastro fiscal federal, municipal ou estadual, quando exigível, ou cujo cadastro esteja em situação irregular, observadas as disposições específicas relativas ao MEI;

XXV. cujos titulares ou sócios mantenham com o contratante do serviço relação de pessoalidade, subordinação e habitualidade, cumulativamente; e

XXVI. constituída sob a forma de sociedade em conta de participação.

As vedações de que trata este item não se aplicam às pessoas jurídicas que se dedicam:

    a) exclusivamente a atividade cuja forma de tributação esteja prevista no art. 25 da Resolução CGSN nº 140/2018, ou que exerça essa atividade em conjunto com atividade não vedada pelo regime; e

    b) a prestação de outros serviços que não tenham sido objeto de vedação expressa neste item, desde que a prestadora não incorra em nenhuma das hipóteses de vedação previstas.

NOTAS:

1ª) O disposto nos itens V e VIII não se aplica a participações em capital de cooperativas de crédito, em centrais de compras, em bolsas de subcontratação, no consórcio e na sociedade de propósito específico a que se referem, respectivamente, os arts. 50 e 56 da Lei Complementar nº 123/2006, e em associações assemelhadas, sociedades de interesse econômico, sociedades de garantia solidária e outros tipos de sociedades que tenham como objetivo social a defesa exclusiva dos interesses econômicos das ME e EPP.

2ª) *Para fins do disposto no item XXI:*

a) *considera-se cessão ou locação de mão de obra a colocação à disposição da empresa contratante, em suas dependências ou nas de terceiros, de trabalhadores, inclusive o MEI, para realização de serviços contínuos, relacionados ou não com sua atividade fim, independentemente da natureza e da forma de contratação.; e*

b) *a vedações tratadas neste tópico não se aplica às atividades:*

  i. *construção de imóveis e obras de engenharia em geral, inclusive sob a forma de subempreitada, execução de projetos e serviços de paisagismo e decoração de interiores; e*

  ii. *serviço de vigilância, limpeza ou conservação.*

3ª) *Enquadra-se na situação prevista no item 1 da alínea "b" do inciso XVI o transporte intermunicipal ou interestadual que, cumulativamente:*

a) *for realizado entre Municípios limítrofes, ainda que de diferentes Estados, ou obedeça a trajetos que compreendam regiões metropolitanas, aglomerações urbanas e microrregiões, constituídas por agrupamentos de Municípios, instituídas por legislação estadual, podendo, no caso de transporte metropolitano, ser intercalado por áreas rurais; e*

b) *caracterizar serviço público de transporte coletivo de passageiros entre Municípios, assim considerado aquele realizado por veículo com especificações apropriadas, acessível a toda a população mediante pagamento individualizado, com itinerários e horários previamente estabelecidos, viagens intermitentes e preços fixados pelo Poder Público.*

4ª) *Enquadra-se na situação prevista no item 2 da alínea "b" do inciso XVI o transporte intermunicipal ou interestadual de estudantes ou trabalhadores que, cumulativamente:*

a) *for realizado sob a forma de fretamento contínuo, assim considerado aquele prestado a pessoa física ou jurídica, mediante contrato escrito e emissão de documento fiscal, para a realização de um número determinado de viagens, com destino único e usuários definidos; e*

b) *obedecer a trajetos que compreendam regiões metropolitanas, aglomerações urbanas e microrregiões, constituídas por agrupamentos de Municípios limítrofes, instituídas por legislação estadual.*

5ª) *Não compõem a receita bruta do ano-calendário imediatamente anterior ao da opção pelo Simples Nacional, para efeitos do disposto no item I, os valores:*

a) *destacados a título de IPI; e*

b) *devidos a título de ICMS retido por substituição tributária, pelo contribuinte que se encontra na condição de substituto tributário.*

11. REGIME DE CAIXA OU COMPETÊNCIA

A opção pelo regime de reconhecimento de receita bruta pelo regime de caixa ou competência deverá ser registrada em aplicativo disponibilizado no Portal do Simples Nacional no momento da apuração dos valores devidos (art. 19 da Resolução CGSN nº 140/2018):

a) relativos ao mês de novembro de cada ano-calendário, com efeitos para o ano-calendário subsequente, na hipótese de ME ou EPP já optante pelo Simples Nacional;

b) relativos ao mês de dezembro, com efeitos para o ano-calendário subsequente, na hipótese de ME ou EPP em início de atividade, com efeitos da opção pelo Simples Nacional no mês de dezembro; e

c) relativos ao mês de início dos efeitos da opção pelo Simples Nacional, nas demais hipóteses, com efeitos para o próprio ano-calendário.

A opção pelo regime de caixa servirá exclusivamente para a apuração da base de cálculo mensal, e o regime de competência deve ser aplicado para as demais finalidades, especialmente, para determinação dos limites e sublimites e da alíquota a ser aplicada sobre a receita bruta recebida no mês.

Para a ME ou a EPP optante pelo regime de caixa:

I. na prestação de serviços ou nas operações com mercadorias com valores a receber a prazo, a parcela não vencida deverá obrigatoriamente integrar a base de cálculo dos tributos abrangidos pelo Simples Nacional até o último mês do ano-calendário subsequente àquele em que tenha ocorrido a respectiva prestação de serviço ou operação com mercadorias;

II. a receita auferida e ainda não recebida deverá integrar a base de cálculo dos tributos abrangidos pelo Simples Nacional, na hipótese de:

a) encerramento de atividade, no mês em que ocorrer o evento;

b) retorno ao regime de competência, no último mês de vigência do regime de caixa; e

c) exclusão do Simples Nacional, no mês anterior ao dos efeitos da exclusão;

III. o registro dos valores a receber deverá ser mantido nos termos do art. 77 da Resolução CGSN nº 140/2018; e

IV. na hipótese do impedimento de que trata o art. 12 da Resolução CGSN nº 140/2018, e havendo a continuidade do regime de caixa, a receita auferida e ainda não recebida deverá integrar a base de cálculo do ICMS e do ISS do mês anterior ao dos efeitos do impedimento e seu recolhimento deve ser feito diretamente ao respectivo ente federado, na forma por ele estabelecida, observados os arts. 21 a 24 da Resolução CGSN nº 140/2018.

12. BASE DE CÁLCULO

A base de cálculo para a determinação do valor devido mensalmente pela ME ou pela EPP optante pelo Simples Nacional será a receita bruta total mensal auferida (Regime de Competência) ou recebida (Regime de Caixa), conforme opção feita pelo contribuinte (art. 16 da Resolução CGSN nº 140/2018).

O regime de reconhecimento da receita bruta será irretratável para todo o ano-calendário.

Na hipótese de a ME ou a EPP ter estabelecimentos filiais, deverá ser considerado o somatório das receitas brutas de todos os estabelecimentos.

Para os efeitos da base de cálculo:

a) a receita bruta auferida ou recebida será segregada na forma prevista do item 15;

b) consideram-se separadamente, em bases distintas, as receitas brutas auferidas ou recebidas no mercado interno e aquelas decorrentes de exportação para o exterior.

12.1. Devolução das mercadorias vendidas

Na hipótese de devolução de mercadoria vendida por ME ou por EPP optante pelo Simples Nacional, em período de apuração posterior ao da venda, deverá ser observado o seguinte (art. 17 da Resolução CGSN nº 140/2018):

a) o valor da mercadoria devolvida deve ser deduzido da receita bruta total, no período de apuração do mês da devolução, segregada pelas regras vigentes no Simples Nacional nesse mês; e

b) caso o valor da mercadoria devolvida seja superior ao da receita bruta total ou das receitas segregadas relativas ao mês da devolução, o saldo remanescente deverá ser deduzido nos meses subsequentes, até ser integralmente deduzido.

Para a optante pelo Simples Nacional tributada com base no critério de apuração de receitas pelo regime de caixa, o valor a ser deduzido limita-se ao valor efetivamente devolvido ao adquirente.

12.2. Documento fiscal cancelado

Na hipótese de cancelamento de documento fiscal, nas situações autorizadas pelo respectivo ente federado, o valor do documento cancelado deverá ser deduzido no período de apuração no qual tenha havido a tributação originária, quando o cancelamento se der em período posterior (art. 18 da Resolução CGSN nº 140/2018).

Para a optante pelo Simples Nacional tributada com base no critério de apuração de receitas pelo regime de caixa, o valor a ser deduzido limita-se ao valor efetivamente devolvido ao adquirente ou tomador.

Na hipótese de nova emissão de documento fiscal em substituição ao cancelado, o valor correspondente deve ser oferecido à tributação no período de apuração relativo ao da operação ou prestação originária.

13. ALÍQUOTAS

Considera-se (art. 21 da Resolução CGSN nº 140/2018):

I. alíquota nominal a constante dos Anexos I a V do item 33 deste capítulo;

II. alíquota efetiva o resultado de: $(RBT12 \times Alíq. - PD) / RBT12$, em que:

a) RBT12: receita bruta acumulada nos doze meses anteriores ao período de apuração;

b) Alíq.: alíquota nominal constante dos Anexos I a V da Resolução CGSN nº 140/2018; e

c) PD: parcela a deduzir constante dos Anexos I a V do item 33 deste capítulo; e

III. percentual efetivo de cada tributo o calculado mediante multiplicação da alíquota efetiva pelo percentual de repartição constante dos Anexos I a V do item 33 deste capítulo, observando-se que:

a) o percentual efetivo máximo destinado ao ISS será de 5% e que eventual diferença será transferida, de forma proporcional, aos tributos federais da mesma faixa de receita bruta anual; e

b) o valor da RBT12, quando for superior ao limite da 5ª faixa de receita bruta anual prevista nos Anexos I a V do item 33 deste capítulo, nas situações em que o sublimite de que trata o § 1º do art. 9º da Resolução CGSN nº 140/2018 não for excedido, o percentual efetivo do ICMS e do ISS será calculado mediante aplicação da fórmula:

{[(RBT12 × alíquota nominal da 5ª faixa) – (menos) a Parcela a Deduzir da 5ª Faixa]/RBT12} × o Percentual de Distribuição do ICMS e do ISS da 5ª faixa.

Apenas para efeito de determinação das alíquotas efetivas, quando a RBT12 de que trata o item II for igual a zero, será considerado R$ 1,00 (um real).

13.1. Valor devido mensalmente

O valor devido mensalmente pela ME ou pela EPP optante pelo Simples Nacional será determinado mediante a aplicação das alíquotas efetivas sobre a receita bruta total mensal.

Para efeito de determinação da alíquota, o contribuinte utilizará a receita bruta total acumulada auferida nos 12 meses anteriores ao do período de apuração.

As receitas brutas auferidas no mercado interno e as decorrentes de exportação para o exterior serão consideradas, separadamente.

13.2. Início de atividade

No caso de início de atividade no próprio ano-calendário da opção pelo Simples Nacional, para efeito de determinação da alíquota no primeiro mês de atividade, o sujeito passivo utilizará, como receita bruta total acumulada, a receita auferida no próprio mês de apuração multiplicada por 12.

Para efeito de determinação da alíquota nos 11 meses posteriores ao do início de atividade, o sujeito passivo utilizará a média aritmética da receita bruta total auferida nos meses anteriores ao do período de apuração, multiplicada por 12.

Na hipótese de início de atividade em ano-calendário imediatamente anterior ao da opção pelo Simples Nacional, o sujeito passivo utilizará:

    a) a regra prevista no parágrafo anterior deste subitem até completar 12 meses de atividade; e

    b) a regra prevista no primeiro parágrafo deste subitem, a partir do décimo terceiro mês de atividade.

NOTA:

Serão adotadas as alíquotas correspondentes às últimas faixas de receita bruta das tabelas dos Anexos I a V do item 33 deste capítulo, quando, cumulativamente, a receita bruta acumulada:

I – nos 12 meses anteriores ao do período de apuração for superior a qualquer um dos limites previstos no § 1º do art. 2º da Resolução CGSN nº 140/2018 (limite de R$ 4.800.000,00 decorrente das receitas no mercado interno mais o limite de R$ 4.800.000,00 decorrente das receitas de exportação); e

II – no ano-calendário em curso for igual ou inferior aos referidos limites previstos no item I.

14. CÁLCULO DO SIMPLES NACIONAL

Em primeiro lugar precisamos ter em mente que existem dois tipos de alíquotas, a nominal e a efetiva.

A alíquota nominal é a que consta nos Anexos I a V do item 33 deste capítulo. A alíquota efetiva é o resultado da seguinte fórmula para definir o valor do tributo:

$$\text{Alíquota efetiva} = (RTB12 \times ALÍQ - PD) / RTB12$$

Onde cada fator tem o seguinte significado:

RTB12 = receita bruta acumulada nos últimos 12 meses;

ALÍQ = a alíquota nominal prevista nos Anexos I a V;

PD = parcela a deduzir, conforme a lei.

Vamos considerar que determinada empresa mercantil tenha nos últimos 12 meses faturado R$ 1 milhão e o faturamento do mês tenha sido de R$ 100 mil.

Para calcular o valor do Simples Nacional, a empresa mercantil deve trabalhar com a tabela do Anexo I e, neste caso, aplicar a alíquota nominal da 4ª faixa (faturamento anual entre R$ 720.000,01 a R$ 1.800.000,00). De acordo com a legislação, na 4ª faixa a alíquota nominal é de 10,7 % e a parcela a deduzir é de R$ 22.500,00.

Com base nestas informações a alíquota efetiva será de:

Alíquota efetiva = [(1.000.000,00 x 10,70%) – 22.500,00 / 1.000.000,00

Alíquota efetiva = [107.000,00 – 22.500,00] / 1.000.000,00

Alíquota efetiva = 84.500,00 / 1.000.000,00

alíquota efetiva = 0,0845 = 8,45%

Para calcular o Simples Nacional, basta multiplicar a alíquota efetiva pelo faturamento mensal da sua empresa.

DAS = R$ 100.000,00 x 8,45% = R$ 8.450,00

15. ULTRAPASSAGEM DE LIMITES E SUBLIMITES

Na hipótese de a receita bruta acumulada no ano-calendário em curso ultrapassar pelo menos um dos sublimites previstos no *caput* e no § 1º do art. 9º da Resolução CGSN nª 140/2018, a parcela da receita bruta total mensal que (art. 24 da Resolução CGSN nº 140/2018):

I. exceder o sublimite, mas não exceder o limite de R$ 4.800.000,00 estará sujeita, até o mês anterior aos efeitos da exclusão ou do impedimento de recolher ICMS ou ISS pelo Simples Nacional:

- a) quanto aos tributos federais, aos percentuais efetivos calculados na forma mencionada no item 13 (alíquotas) deste capítulo.
- b) quanto ao ICMS ou ISS, ao percentual efetivo calculado da seguinte forma:
  - i. quando estiver vigente o sublimite de R$ 1.800.000,00: {[(1.800.000,00 × alíquota nominal da 4ª faixa) – (menos) a parcela a deduzir da 4ª faixa]/1.800.000,00} × percentual de distribuição do ICMS/ISS da 4ª faixa; ou

ii. quando estiver vigente o sublimite de

R$ 3.600.000,00: {[(3.600.000,00 × alíquota nominal da 5ª faixa) – (menos) a parcela a deduzir da 5ª faixa]/3.600.000,00} × percentual de distribuição do ICMS/ISS da 5ª faixa; ou

II. exceder o limite de R$ 4.800.000,00 estará sujeita, até o mês anterior aos efeitos da exclusão ou do impedimento de recolher ICMS ou ISS pelo Simples Nacional:

a) quanto aos tributos federais, aos percentuais efetivos calculados da seguinte forma: {[(4.800.000,00 × alíquota nominal da 6ª faixa) – (menos) a parcela a deduzir da 6ª faixa]/4.800.000,00} × percentual de distribuição dos tributos federais da 6ª faixa; e

b) quanto ao ICMS ou ISS, ao percentual efetivo calculado na forma prevista na alínea "b" do item I.

NOTA:

Para fins do disposto neste item, serão consideradas, separadamente, as receitas brutas auferidas no mercado interno e aquelas decorrentes da exportação para o exterior

15.1. Início de atividade

Na hipótese de início de atividade:

a) caso a ME ou a EPP ultrapasse o sublimite de R$ 150.000,00 ou de R$ 300.000,00, conforme o caso, multiplicados pelo número de meses compreendido entre o início de atividade e o final do respectivo ano-calendário, considerada a fração de mês como mês completo, aplica-se o disposto na alínea "b" do item I do item 15; ou

b) caso a ME ou a EPP ultrapasse o limite de R$ 400.000,00 multiplicados pelo número de meses compreendido entre o início de atividade e o final do respectivo ano-calendário, considerada a fração de mês como mês completo, aplica-se o disposto no inciso II do item 15.

15.2. Parcela da receita bruta mensal que não exceder sublimite

O valor devido em relação à parcela da receita bruta mensal que não exceder sublimite, observado o disposto no subitem 15.1 – Início de Atividade – , será obtido mediante o somatório das expressões formadas pela multiplicação de 1 inteiro menos a razão a que se refere o § 2º do art. 24 da Resolução CGSN nº 140/2018 pela receita de cada estabelecimento, segregada na forma prevista no item 16 deste capítulo e, ainda, pela respectiva alíquota obtida na forma citada no item 13 deste capítulo, observado o seguinte (§ 5º do art. 24 da Resolução CGSN nº 140/2018):

   a) na hipótese de o contribuinte auferir apenas um tipo de receita prevista no item 16 deste capítulo, mediante a multiplicação de 1 inteiro menos a razão a que se refere o § 2º pela respectiva receita bruta mensal e, ainda, pela alíquota obtida na forma prevista no item 16 deste capítulo; e

   b) na hipótese de o contribuinte auferir mais de um tipo de receita prevista no item 16, mediante o somatório das expressões formadas pela multiplicação de 1 (um) inteiro menos a razão a que se refere o § 2º do art. 24 da Resolução CGSN nº 140/2018 pela receita correspondente e, ainda, pela respectiva alíquota obtida na forma prevista no item 16 deste capítulo.

15.3. Parcela da receita bruta mensal que exceder sublimite

O valor devido em relação à parcela da receita bruta mensal que exceder sublimite, mas não o limite de que trata o § 1º do art. 2º da Resolução CGSN nº 140/2018 (R$ 4.800.000,00 de receita no mercado interno mais R$ 4.800.000,00 de receita de exportação), observado o disposto no subitem 15.1. deste capítulo, será o somatório das expressões formadas pela multiplicação da diferença entre as relações a que se referem os §§ 2º e 4º do art. 24 da Resolução CGSN nº 140/2018 pela receita de cada estabelecimento segregada na forma prevista no item 16 deste capítulo e, ainda, pela respectiva alíquota obtida na forma prevista no inciso I do *caput* do art. 24 da Resolução CGSN nº 140/2018, observado o seguinte:

   a) na hipótese de o contribuinte auferir apenas um tipo de receita prevista no item 16 deste capítulo, mediante a multiplicação da diferença entre as relações a que se referem os §§ 2º e 4º do art. 24 da Resolução CGSN nº 140/2018 pela respectiva receita bruta mensal e, ainda, pela alíquota obtida na forma prevista no item I do item 15 deste capítulo; e

b) na hipótese de o contribuinte auferir mais de um tipo de receita prevista no item 16 deste capítulo, mediante o somatório das expressões formadas pela multiplicação da diferença entre as relações a que se referem os §§ 2º e 4º do art. 24 da Resolução CGSN nº 140/2018 pela receita correspondente e, ainda, pela respectiva alíquota obtida na forma prevista no item I do item 15 deste capítulo.

16. SEGREGAÇÃO DE RECEITAS

O valor devido mensalmente pela ME ou EPP optante pelo Simples Nacional será determinado mediante aplicação das alíquotas efetivas calculadas na forma prevista nos itens 13 e 15 deste capítulo sobre a base de cálculo (art. 25 da Resolução CGSN nº 140/2018).

O contribuinte deverá considerar, destacadamente, para fim de cálculo e pagamento, as receitas decorrentes da:

I. revenda de mercadorias, que serão tributadas na forma prevista no Anexo I da Resolução CGSN nº 140/2018;

II. venda de mercadorias industrializadas pelo contribuinte, que serão tributadas na forma do Anexo II da Resolução CGSN nº 140/2018;

III. prestação dos seguintes serviços tributados na forma do Anexo III da Resolução CGSN nº 140/2018;

   a) creche, pré-escola e estabelecimento de ensino fundamental, escolas técnicas, profissionais e de ensino médio, de línguas estrangeiras, de artes, cursos técnicos de pilotagem, preparatórios para concursos, gerenciais e escolas livres, exceto as previstas nas letras "b" e "c" do inciso V;

   b) agência terceirizada de correios;

   c) agência de viagem e turismo;

   d) transporte municipal de passageiros e de cargas em qualquer modalidade;

   e) centro de formação de condutores de veículos automotores de transporte terrestre de passageiros e de carga;

f) agência lotérica;

g) serviços de instalação, de reparos e de manutenção em geral, bem como de usinagem, solda, tratamento e revestimento em metais;

h) produções cinematográficas, audiovisuais, artísticas e culturais, sua exibição ou apresentação, inclusive no caso de música, literatura, artes cênicas, artes visuais, cinematográficas e audiovisuais;

i) corretagem de seguros;

j) corretagem de imóveis de terceiros, assim entendida a intermediação na compra, venda, permuta e locação de imóveis;

k) serviços vinculados à locação de bens imóveis, assim entendidos o assessoramento locatício e a avaliação de imóveis para fins de locação;

l) locação, cessão de uso e congêneres, de bens imóveis próprios com a finalidade de exploração de salões de festas, centro de convenções, escritórios virtuais, stands, quadras esportivas, estádios, ginásios, auditórios, casas de espetáculos, parques de diversões, canchas e congêneres, para realização de eventos ou negócios de qualquer natureza; e

m) outros serviços que, cumulativamente:

1. não tenham por finalidade a prestação de serviços decorrentes do exercício de atividade intelectual, de natureza técnica, científica, desportiva, artística ou cultural, que constitua profissão regulamentada ou não; e

2. não estejam relacionados nos itens IV a IX.

IV. prestação dos seguintes serviços tributados no Anexo IV da Resolução CGSN nº 140/2018;

a) construção de imóveis e obras de engenharia em geral, inclusive sob a forma de subempreitada, execução de projetos e serviços de paisagismo, bem como decoração de interiores;

b) serviço de vigilância, limpeza ou conservação; e

c) serviços advocatícios.

V. prestação de serviços tributados na forma prevista do Anexo III da Resolução CGSN nº 140/2018, quando o fator "r" de que trata o art. 26 da Resolução CGSN nº 140/2018 for igual ou superior a 0,28, ou na forma prevista no Anexo V da Resolução CGSN nº 140/2018, quando o fator "r" for inferior a 0,28:

    a) administração e locação de imóveis de terceiros, assim entendidas a gestão e administração de imóveis de terceiros para qualquer finalidade, incluída a cobrança de aluguéis de imóveis de terceiros;

    b) academias de dança, de capoeira, de ioga e de artes marciais;

    c) academias de atividades físicas, desportivas, de natação e escolas de esportes;

    d) elaboração de programas de computadores, inclusive jogos eletrônicos, desde que desenvolvidos em estabelecimento da optante;

    e) licenciamento ou cessão de direito de uso de programas de computação;

    f) planejamento, confecção, manutenção e atualização de páginas eletrônicas, desde que realizados em estabelecimento da optante;

    g) empresas montadoras de estandes para feiras;

    h) laboratórios de análises clínicas ou de patologia clínica;

    i) serviços de tomografia, diagnósticos médicos por imagem, registros gráficos e métodos óticos, bem como ressonância magnética;

    j) serviços de prótese em geral;

    k) fisioterapia;

    l) medicina, inclusive laboratorial, e enfermagem;

    m) medicina veterinária;

    n) odontologia e prótese dentária;

    o) psicologia, psicanálise, terapia ocupacional, acupuntura, podologia, fonoaudiologia, clínicas de nutrição e de vacinação e bancos de leite;

p) serviços de comissaria, de despachantes, de tradução e de interpretação;

q) arquitetura e urbanismo;

r) engenharia, medição, cartografia, topografia, geologia, geodésia, testes, suporte e análises técnicas e tecnológicas, pesquisa, design, desenho e agronomia;

s) representação comercial e demais atividades de intermediação de negócios e serviços de terceiros;

t) perícia, leilão e avaliação;

u) auditoria, economia, consultoria, gestão, organização, controle e administração;

v) jornalismo e publicidade;

w) agenciamento; e

x) outras atividades do setor de serviços que, cumulativamente:

1. tenham por finalidade a prestação de serviços decorrentes do exercício de atividade intelectual, de natureza técnica, científica, desportiva, artística ou cultural, que constitua profissão regulamentada ou não; e

2. não estejam relacionadas nos incisos III, IV, VIII e no subitem 16.1;

VI. locação de bens móveis, que serão tributadas no Anexo III da Resolução CGSN nº 140/2018, deduzida a parcela correspondente ao ISS;

VII. atividade com incidência simultânea de IPI e de ISS, que será tributada na forma prevista no Anexo II da Resolução CGSN nº 140/2018, deduzida a parcela correspondente ao ICMS e acrescida a parcela correspondente ao ISS prevista no Anexo III da Resolução CGSN nº 140/2018;

VIII. prestação do serviço de escritórios de serviços contábeis, que serão tributados na forma do Anexo III da Resolução CGSN nº 140/2018, desconsiderando-se o percentual relativo ao ISS, quando o imposto for fixado pela legislação municipal e recolhido diretamente ao Município em valor fixo nos termos do art. 34 da Resolução CGSN nº 140/2018;

IX. prestação dos seguintes serviços tributados com base no Anexo III da Resolução CGSN nº 140/2018, desconsiderando-se o percentual relativo ao ISS e adicionando o percentual relativo ao ICMS previsto na tabela do Anexo I da Resolução CGSN nº 140/2018:

a) transportes intermunicipais e interestaduais de cargas;

b) transportes intermunicipais e interestaduais de passageiros; e

c) de comunicação.

16.1. Medicamentos e produtos magistrais

A comercialização de medicamentos e produtos magistrais produzidos por manipulação de fórmulas será tributada:

a) na forma prevista no Anexo III da Resolução CGSN nº 140/2018, quando sob encomenda para entrega posterior ao adquirente, em caráter pessoal, mediante prescrições de profissionais habilitados ou indicação pelo farmacêutico, produzidos no próprio estabelecimento após o atendimento inicial; ou

b) na forma prevista no Anexo I da Resolução CGSN nº 140/2018, nos demais casos.

16.2. Receita de exportação

A ME ou EPP deverá segregar as receitas decorrentes de exportação para o exterior, inclusive as vendas realizadas por meio de comercial exportadora ou sociedade de propósito específico, observado o disposto no § 7º do art. 18 e no art. 56 da Lei Complementar nº 123/2006, quando então serão desconsiderados, no cálculo do valor devido no âmbito do Simples Nacional, conforme o caso, os percentuais relativos à Cofins, à Contribuição para o PIS/Pasep, ao IPI, ao ICMS e ao ISS constantes dos Anexos I a V da Resolução CGSN nº 140/2018.

Considera-se exportação de serviços para o exterior a prestação de serviços para pessoa física ou jurídica residente ou domiciliada no exterior, cujo pagamento represente ingresso de divisas, exceto quanto aos serviços desenvolvidos no Brasil cujo resultado aqui se verifique.

16.3. Tributação concentrada ou substituição tributária

A ME ou EPP que proceda à importação, à industrialização ou à comercialização de produto sujeito à tributação concentrada ou à substituição tributária para efeitos de incidência da Contribuição para o PIS/Pasep e da Cofins deve segregar a receita decorrente de sua venda e indicar a existência de tributação concentrada ou substituição tributária para as referidas contribuições, de forma que serão desconsiderados, no cálculo do valor devido no âmbito do Simples Nacional, os percentuais a elas correspondentes.

16.4. Escritório de contabilidade

Na hipótese de o escritório de serviços contábeis não estar autorizado pela legislação municipal a efetuar o recolhimento do ISS em valor fixo diretamente ao Município, o imposto deverá ser recolhido pelo Simples Nacional na forma prevista no Anexo III da Resolução CGSN nº 140/2018.

16.5. Agência de viagem e turismo

As receitas obtidas por agência de viagem e turismo optante pelo Simples Nacional, relativas a transporte turístico com frota própria quando ocorrer dentro do Município, entre Municípios ou entre Estados, serão tributadas na forma prevista no Anexo III da Resolução CGSN nº 140/2018.

Não se aplica o disposto neste subitem quando caracterizado o transporte de passageiros, em qualquer modalidade, mesmo que de forma eventual ou por fretamento, quando então as receitas decorrentes do transporte:

a) municipal serão tributadas na forma prevista no Anexo III da Resolução CGSN nº 140/2018; e

b) intermunicipal e interestadual serão tributadas na forma prevista no Anexo III da Resolução CGSN nº 140/2018, desconsiderando o percentual relativo ao ISS e adicionando o percentual relativo ao ICMS previsto na tabela do Anexo I da Resolução CGSN nº 140/2018.

A receita auferida por agência de viagem e turismo:

I. corresponderá à comissão ou ao adicional percebido, quando houver somente a intermediação de serviços turísticos prestados por conta e em nome de terceiros; e

II. incluirá a totalidade dos valores auferidos, nos demais casos.

16.6. Construção civil

No caso de prestação dos serviços previstos nos itens 7.02 e 7.05 da lista de serviços anexa à Lei Complementar nº 116, de 2003, o valor:

a) dos serviços será tributado de acordo com o Anexo III ou Anexo IV da Resolução CGSN nº 140/2018, conforme o caso, permitida a dedução, na base de cálculo do ISS, do valor dos materiais fornecidos pelo prestador do serviço, observada a legislação do respectivo ente federado;

b) dos materiais produzidos pelo prestador dos serviços no local da prestação de serviços será tributado de acordo com o Anexo III ou Anexo IV da Resolução CGSN nº 140/2018, conforme o caso; e

c) das mercadorias produzidas pelo prestador dos serviços fora do local da prestação dos serviços será tributado de acordo com o Anexo II da Resolução CGSN nº 140/2018.

16.7. FATOR "R"

Na hipótese de a ME ou EPP optante pelo Simples Nacional obter receitas decorrentes da prestação de serviços previstas no inciso V do § 1º do art. 25 da Resolução CGSN nº 140/2018, deverá apurar o fator "r", que é a razão entre a (art. 26 da Resolução CGSN nº 140/2018):

I. folha de salários, incluídos encargos, nos 12 meses anteriores ao período de apuração; e

II. receita bruta total acumulada auferida nos mercados interno e externo nos 12 meses anteriores ao período de apuração.

Para efeito do item I, considera-se folha de salários, incluídos encargos, o montante pago nos 12 meses anteriores ao do período de apuração a título de remuneração a pessoas físicas decorrentes do trabalho e de pró-labore, acrescido do montante efetivamente recolhido a título de contribuição patronal previdenciária e para o Fundo de Garantia do Tempo de Serviço (FGTS).

Para efeito da folha de salário:

a) deverão ser consideradas tão somente as remunerações informadas na forma prevista no inciso IV do art. 32 da Lei nº 8.212/1991; e

b) consideram-se salários o valor da base de cálculo da contribuição prevista nos incisos I e III do art. 22 da Lei nº 8.212/1991, agregando o valor do décimo terceiro salário na competência da incidência da referida contribuição, na forma prevista no caput e nos §§ 1º e 2º do art. 7º da Lei nº 8.620/1993. Neste caso, não devem ser considerados os valores pagos a título de aluguéis e de distribuição de lucros.

Na hipótese de a ME ou EPP ter menos de 13 meses de atividade, deve se adotar, para a determinação da folha de salários anualizada, incluídos encargos, os mesmos critérios para a determinação da receita bruta total acumulada, estabelecidos no art. 22 da Resolução CGSN nº 140/2018, no que couber.

Para fins de determinação do fator "r", considera-se:

a) PA, o período de apuração relativo ao cálculo;

b) FSPA, a folha de salários do PA;

c) RPAr, a receita bruta total do PA, consideradas conjuntamente as receitas brutas auferidas no mercado interno e aquelas decorrentes da exportação;

d) FS12, a folha de salários dos 12 meses anteriores ao PA; e

e) RBT12r, a receita bruta acumulada dos 12 meses anteriores ao PA, considerando conjuntamente as receitas brutas auferidas no mercado interno e aquelas decorrentes da exportação.

16.7.1. Início de atividade

Para o cálculo do fator "r" referente a período de apuração do mês de início de atividades:

a) se a FSPA for maior do que zero e a RPAr for igual a zero, o fator "r" será igual a 0,28;

b) se a FSPA for igual a zero e a RPAr for maior do que zero, o fator "r" será igual a 0,01;

c) se a FSPA e a RPAr forem maiores do que zero, o fator "r" corresponderá à divisão entre a FSPA e a RPAr.

16.7.2. Apuração posterior ao início de atividade

Para o cálculo do fator "r" referente a período de apuração posterior ao mês de início de atividades:

a) se FS12 e RBT12r forem iguais a zero, o fator "r" será igual a 0,01;

b) se a FS12 for maior do que zero, e a RBT12r for igual a zero, o fator "r" será igual a 0,28;

c) se a FS12 e a RBT12r forem maiores do que 0 zero, o fator "r" corresponderá à divisão entre a FS12 e a RBT12r; e

d) se a FS12 for igual a zero e a RBT12r for maior do que zero, o fator "r" corresponderá a 0,01.

17. RETENÇÃO NA FONTE DO ISS

A retenção na fonte de ISS da ME ou EPP optante pelo Simples Nacional, somente será permitida nas hipóteses previstas no art. 3º da Lei Complementar nº 116/2003, observado cumulativamente o seguinte (art. 27 da Resolução CGSN nº 140/2018):

I. a alíquota aplicável na retenção na fonte deverá ser informada no documento fiscal e corresponderá ao percentual efetivo de ISS decorrente da aplicação das tabelas dos Anexos III, IV ou V da Resolução CGSN nº 140/2018 para a faixa de receita bruta a que a ME ou EPP estiver sujeita no mês anterior ao da prestação, assim considerada:

a) a receita bruta acumulada nos 12 meses que antecederem o mês anterior ao da prestação; ou

b) a média aritmética da receita bruta total dos meses que antecederem o mês anterior ao da prestação, multiplicada por 12, na hipótese de a empresa ter iniciado suas atividades há menos de 13 meses da prestação;

II. na hipótese de o serviço sujeito à retenção ser prestado no mês de início de atividade da ME ou EPP, a alíquota aplicável será de 2%;

III. na hipótese prevista no item anterior, constatando que houve diferença entre a alíquota utilizada e a efetivamente apurada, caberá à ME ou à EPP prestadora dos serviços efetuar o recolhimento da diferença no mês subsequente ao do início de atividade em guia própria do Município;

IV na hipótese de a ME ou a EPP estar sujeita à tributação do ISS pelo Simples Nacional por valores fixos mensais, não caberá a retenção, salvo quando o ISS for devido a outro Município;

V. na hipótese de a ME ou EPP não informar no documento fiscal a alíquota de que tratam os itens I e II, aplicar-se a alíquota de 5%;

VI. não será eximida a responsabilidade do prestador de serviços quando a alíquota do ISS informada no documento fiscal for inferior à devida, hipótese em que o recolhimento da diferença será realizado em guia própria do Município; e

VII. o valor retido, devidamente recolhido, será definitivo, não sendo objeto de partilha com os Municípios, e sobre a receita de prestação de serviços que sofreu a retenção não haverá incidência de ISS a ser recolhido pelo Simples Nacional.

18. SUBSTITUIÇÃO TRIBUTÁRIA

Na hipótese de a ME ou a EPP optante pelo Simples Nacional se encontrar na condição de (art. 28 da Resolução CGSN nº 140/2018):

   a) substituta tributária do ICMS, as receitas relativas à operação própria deverão ser segregadas na forma prevista na alínea "a" do inciso II do § 8º do art. 25 da Resolução CGSN nº 140/2018; e

   b) substituída tributária do ICMS, as receitas decorrentes deverão ser segregadas na forma prevista no inciso I do § 8º do art. 25 da Resolução CGSN nº 140/2018.

19. BENEFÍCIOS FISCAIS

O Estado, o Distrito Federal ou o Município tem competência para, com relação à ME ou à EPP optante pelo Simples Nacional (art. 31 da Resolução CGSN nº 140/2018):

   a) conceder isenção ou redução do ICMS ou do ISS; e

b) estabelecer valores fixos para recolhimento do ICMS ou do ISS.

Quanto ao ISS, os referidos benefícios não poderão resultar em percentual menor do que 2%, exceto para os serviços a que se referem os subitens 7.02, 7.05 e 16.01 da lista anexa à Lei Complementar nº 116/2003.

A concessão dos benefícios fiscais poderá ser realizada:

a) mediante deliberação exclusiva e unilateral do Estado, do Distrito Federal ou do Município concedente; e

b) de modo diferenciado para cada ramo de atividade.

Na hipótese de o Estado, o Distrito Federal ou o Município conceder isenção ou redução do ICMS ou do ISS, à ME ou à EPP optante pelo Simples Nacional, o benefício deve ser concedido na forma de redução do percentual efetivo do ICMS ou do ISS decorrente da aplicação das tabelas constantes dos Anexos I a V da Resolução CGSN nº 140/2018.

Caso o Estado, o Distrito Federal ou o Município opte por aplicar percentuais de redução diferenciados para cada faixa de receita bruta, estes devem constar da respectiva legislação, de forma a facilitar o processo de geração do Documento de Arrecadação do Simples Nacional (DAS) pelo contribuinte.

19.1. Valores fixos

Os Estados, o Distrito Federal e os Municípios, no âmbito de suas respectivas competências, independentemente da receita bruta auferida no mês pelo contribuinte, poderão adotar valores fixos mensais, inclusive por meio de regime de estimativa fiscal ou arbitramento, para o recolhimento do ICMS e do ISS devido por ME que tenha auferido receita bruta total acumulada, nos mercados interno e externo, conjuntamente, no ano-calendário anterior, de até R$ 360.000,00 (art. 33 da Resolução CGSN nº 140/2018):

Os valores fixos estabelecidos pelos Estados, pelo Distrito Federal e pelos Municípios em determinado ano-calendário:

I. só serão aplicados a partir do ano-calendário seguinte;

II. deverão abranger todas as empresas ou apenas aquelas que se situem em determinado ramo de atividade, que tenham, em qualquer caso, auferido receita bruta no ano-calendário anterior até o limite de R$ 360.000,00; e

III. deverão ser estabelecidos obrigatória e individualmente para cada faixa das seguintes receitas:

    a. para a ME que no ano-calendário anterior tenha auferido receita bruta de até R$ 180.000,00:

i. R$ 108,00, no caso de ICMS; e

ii. R$ 162,75, no caso de ISS; e

    b. para a ME que no ano-calendário anterior tenha auferido receita bruta entre R$ 180.000,00 e R$ 360.000,00:

i. R$ 295,50, no caso de ICMS; e

ii. R$ 427,50, no caso de ISS.

Fica impedida de adotar os valores fixos mensais a ME que:

I. possua mais de um estabelecimento;

II. esteja no ano-calendário de início de atividade;

III. exerça mais de um ramo de atividade:

    a) com valores fixos distintos, para o mesmo imposto, estabelecidos pelo respectivo ente federado; ou

    b) quando pelo menos um dos ramos de atividade exercido não esteja sujeito ao valor fixo, para o mesmo imposto, estabelecido pelo respectivo ente federado.

19.2. Escritórios de contabilidade

Os escritórios de serviços contábeis recolherão o ISS em valor fixo, na forma prevista na legislação municipal.

20. CÁLCULO DO VALOR DEVIDO

O cálculo do valor devido na forma prevista no Simples Nacional deverá ser efetuado por meio da declaração gerada pelo "Programa Gerador do Documento de Arrecadação do Simples Nacional – Declaratório (PGDAS-D)", disponível no Portal do Simples Nacional na Internet (art. 38 da Resolução CGSN nº 140/2018).

A ME ou EPP optante pelo Simples Nacional deverá, para cálculo dos tributos devidos mensalmente e geração do DAS, informar os valores relativos à totalidade das receitas correspondentes às suas operações e prestações realizadas no período, no aplicativo.

As informações prestadas no PGDAS-D:

a) têm caráter declaratório, constituindo confissão de dívida e instrumento hábil e suficiente para a exigência dos tributos e contribuições que não tenham sido recolhidos resultantes das informações nele prestadas; e

b) deverão ser fornecidas à RFB mensalmente até o vencimento do prazo para pagamento dos tributos devidos no âmbito do Simples Nacional em cada mês relativamente aos fatos geradores ocorridos no mês anterior.

20.1. Retificação no PGDAS-D

A alteração das informações prestadas no PGDAS-D será efetuada por meio de retificação relativa ao respectivo período de apuração.

A retificação terá a mesma natureza da declaração originariamente apresentada, substituindo-a integralmente, e servirá para declarar novos débitos, e aumentar ou reduzir os valores de débitos já informados.

A retificação não produzirá efeitos quando tiver por objeto reduzir débitos relativos aos períodos de apuração cujos saldos a pagar tenham sido objeto de pedido de parcelamento deferido ou já tenham sido enviados à Procuradoria-Geral da Fazenda Nacional (PGFN) para inscrição em Dívida Ativa da União (DAU), ou, com relação ao ICMS ou ao ISS, transferidos ao Estado ou Município que tenha efetuado o convênio com os Estados, o Distrito Federal e os Municípios previsto no art. 139 da Resolução CGSN nº 140/2018.

O direito de a ME ou EPP retificar as informações prestadas no PGDAS-D extingue-se em 5 anos contados a partir do 1º dia do exercício seguinte àquele ao qual se refere a declaração.

21. PRAZO DE RECOLHIMENTO

Os tributos devidos deverão ser pagos até o dia 20 do mês subsequente àquele em que houver sido auferida a receita bruta (art. 40 da Resolução CGSN nº 140/2018).

Na hipótese de a ME ou EPP possuir filiais, o recolhimento dos tributos devidos no âmbito do Simples Nacional se dará por intermédio da matriz.

O valor não pago no prazo estabelecido sujeita à incidência de encargos legais na forma prevista na legislação do imposto sobre a renda.

Quando não houver expediente bancário no prazo estabelecido de recolhimento, os tributos deverão ser pagos até o dia útil imediatamente posterior.

22. FORMA DE RECOLHIMENTO

A ME ou a EPP recolherá os tributos devidos no âmbito do Simples Nacional por meio do DAS (art. 41 da Resolução CGSN nº 140/2018).

Fica vedada a emissão de DAS com valor total inferior a R$ 10,00.

No caso do valor dos tributos devidos no âmbito do Simples Nacional resultar em valor inferior a R$ 10,00, seu pagamento deverá ser diferido para os períodos subsequentes, até que o total seja igual ou superior a R$ 10,00.

23. PARCELAMENTO DE DÉBITOS TRIBUTÁRIOS

Os débitos apurados na forma prevista no Simples Nacional poderão ser parcelados observadas as seguintes condições (art. 46 da Resolução CGSN nº 140/2018):

I. o prazo máximo será de até 60 parcelas mensais e sucessivas;

II. o valor de cada parcela mensal, por ocasião do pagamento, será acrescido de juros equivalentes à taxa referencial do Sistema Especial de Liquidação e de Custódia (Selic) para títulos federais, acumulada mensalmente, calculados a partir do mês subsequente ao da consolidação até o mês anterior ao do pagamento, e de 1% relativamente ao mês em que o pagamento estiver sendo efetuado;

III. o pedido de parcelamento deferido importa confissão irretratável do débito e configura confissão extrajudicial;

IV. serão aplicadas na consolidação as reduções das multas de lançamento de ofício previstas nos incisos II e IV do art. 6º da Lei nº 8.218/1991, nos seguintes percentuais:

a) 40%, se o sujeito passivo requerer o parcelamento no prazo de trinta dias, contado da data em que foi notificado do lançamento; ou

b) 20%, se o sujeito passivo requerer o parcelamento no prazo de trinta dias, contado da data em que foi notificado da decisão administrativa de primeira instância; e

V. no caso de parcelamento de débito inscrito em dívida ativa, o devedor pagará custas, emolumentos e demais encargos legais.

Somente serão parcelados débitos já vencidos e constituídos na data do pedido de parcelamento, excetuadas as multas de ofício vinculadas a débitos já vencidos, que poderão ser parceladas antes da data de vencimento.

Somente poderão ser parcelados débitos que não se encontrem com exigibilidade suspensa na forma prevista no art. 151 da Lei nº 5.172/1966 – Código Tributário Nacional (CTN).

Os débitos constituídos por meio de Auto de Infração e Notificação Fiscal (AINF) poderão ser parcelados desde a sua lavratura.

É vedada a concessão de parcelamento para sujeitos passivos com falência decretada.

23.1. Pedido

Poderá ser realizada, a pedido ou de ofício, revisão dos valores objeto do parcelamento para eventuais correções, ainda que já concedido o parcelamento.

O disposto no parágrafo anterior se aplica também aos parcelamentos de débitos cuja execução tenha sido redirecionada para o titular ou para os sócios.

O parcelamento de débitos da empresa, cujos atos constitutivos estejam baixados, será requerido em nome do titular ou de um dos sócios.

23.2. Consolidação

Atendidos os requisitos para a concessão do parcelamento, será feita a consolidação da dívida, considerando como data de consolidação a data do pedido.

Compreende por dívida consolidada o somatório dos débitos parcelados, acrescidos dos encargos, custas, emolumentos e acréscimos legais, devidos até a data do pedido de parcelamento.

A multa de mora será aplicada no valor máximo fixado pela legislação do imposto sobre a renda.

23.3. Pagamento

Quanto aos parcelamentos de competência da RFB e da PGFN:

a) o valor de cada parcela será obtido mediante a divisão do valor da dívida consolidada pelo número de parcelas solicitadas, observado o limite mínimo de R$ 300,00, exceto quanto aos débitos de responsabilidade do MEI, quando o valor mínimo será estipulado em ato do órgão concessor;

b) as prestações do parcelamento vencerão no último dia útil de cada mês; e

c) o repasse para os entes federados dos valores pagos e a amortização dos débitos parcelados será efetuado proporcionalmente ao valor de cada tributo na composição da dívida consolidada.

23.4. Reparcelamento

No âmbito de cada órgão concessor, serão admitidos reparcelamentos de débitos no âmbito do Simples Nacional constantes de parcelamento em curso ou que tenha sido rescindido, podendo ser incluídos novos débitos, concedendo novo prazo observado prazo máximo de até 60 parcelas mensais e sucessivas.

A formalização de reparcelamento de débitos fica condicionada ao recolhimento da primeira parcela em valor correspondente a:

a) 10% do total dos débitos consolidados; ou

b) 20% do total dos débitos consolidados, caso haja débito com histórico de reparcelamento anterior.

23.5. Rescisão

Implicará rescisão do parcelamento (art. 56 da Resolução CGSN nº 140/2018):

a) a falta de pagamento de 3 parcelas, consecutivas ou não; ou

b) a existência de saldo devedor, após a data de vencimento da última parcela do parcelamento.

É considerada inadimplente a parcela parcialmente paga.

Rescindido o parcelamento, apurar-se o saldo devedor, providenciando, conforme o caso, o encaminhamento do débito para inscrição em dívida ativa ou o prosseguimento da cobrança, se já realizada aquela, inclusive quando em execução fiscal.

A rescisão do parcelamento motivada pelo descumprimento das normas que o regulam implicará restabelecimento do montante das multas de que trata o inciso IV do art. 46 da Resolução CGSN nº 140/2018, proporcionalmente ao valor da receita não satisfeita.

24. CRÉDITOS

A ME ou EPP optante pelo Simples Nacional não fará jus à apropriação nem transferirá créditos relativos a impostos ou contribuições abrangidos pelo Simples Nacional (art. 58 da IN RFB nº 140/2018).

As pessoas jurídicas e aquelas a elas equiparadas pela legislação tributária, não optantes pelo Simples Nacional, terão direito ao crédito correspondente ao ICMS incidente sobre as suas aquisições de mercadorias de ME ou EPP optante pelo Simples Nacional, desde que destinadas à comercialização ou à industrialização e observado, como limite, o ICMS efetivamente devido pelas optantes pelo Simples Nacional em relação a essas aquisições.

Mediante deliberação exclusiva e unilateral dos Estados e do Distrito Federal, poderá ser concedido às pessoas jurídicas e àquelas a elas equiparadas pela legislação tributária, não optantes pelo Simples Nacional, crédito correspondente ao ICMS incidente sobre os insumos utilizados nas mercadorias adquiridas de indústria optante pelo Simples Nacional, sendo vedado o estabelecimento de diferenciação no valor do crédito em razão da procedência dessas mercadorias.

As pessoas jurídicas sujeitas ao regime de apuração não cumulativa da Contribuição para o PIS/Pasep e da Cofins, observadas as vedações previstas e demais disposições da legislação aplicável, podem descontar créditos calculados em relação às aquisições de bens e serviços de pessoa jurídica optante pelo Simples Nacional.

25. OBRIGAÇÕES ACESSÓRIAS

A ME ou EPP optante pelo Simples Nacional utilizará, conforme as operações e prestações que realizar, os documentos fiscais (art. 59 da Resolução CGSN nº 140/2018):

   a) autorizados pelos entes federados onde a empresa tiver estabelecimento, inclusive os emitidos por meio eletrônico;

   b) emitidos diretamente por sistema nacional informatizado, com autorização eletrônica, sem custos para a ME ou EPP, quando houver sua disponibilização no Portal do Simples Nacional.

Com relação à prestação de serviços sujeita ao ISS, a ME ou EPP optante pelo Simples Nacional utilizará a Nota Fiscal de Serviços, conforme modelo aprovado e autorizado pelo Município, ou Distrito Federal, ou outro documento fiscal autorizado conjuntamente pelo Estado e pelo Município da sua circunscrição fiscal.

A utilização dos documentos fiscais fica condicionada:

I. à inutilização dos campos destinados à base de cálculo e ao imposto destacado, de obrigação própria, sem prejuízo dos créditos tratados no item 24; e

II. à indicação, no campo destinado às informações complementares ou, em sua falta, no corpo do documento, por qualquer meio gráfico indelével, das expressões:

   a) "DOCUMENTO EMITIDO POR ME OU EPP OPTANTE PELO SIMPLES NACIONAL"; e

   b) "NÃO GERA DIREITO A CRÉDITO FISCAL DE IPI".

Na hipótese de emissão de Nota Fiscal Eletrônica (NF-e), modelo 55, não se aplicará o disposto no parágrafo anterior e a base de cálculo e o ICMS porventura devido devem ser indicados nos campos próprios, conforme estabelecido em manual de especificações e critérios técnicos da NF-e, baixado nos termos do Ajuste SINIEF que instituiu o referido documento eletrônico.

Quando a ME ou EPP se revestir da condição de responsável, inclusive de substituto tributário, fará a indicação alusiva à base de cálculo e ao imposto retido no campo próprio ou, em sua falta, no corpo do documento fiscal utilizado na operação ou prestação.

Relativamente ao equipamento Emissor de Cupom Fiscal (ECF), deverão ser observadas as normas estabelecidas nas legislações dos entes federados.

25.1. Livros fiscais e contábeis

Observado o disposto no art. 64 da Resolução CGSN nº 140/2018, a ME ou EPP optante pelo Simples Nacional deverá adotar para os registros e controles das operações e prestações por ela realizadas (art. 63 da Resolução CGSN nº 140/2018):

I. Livro Caixa, no qual deverá estar escriturada toda a sua movimentação financeira e bancária;

II. Livro Registro de Inventário, no qual deverão constar registrados os estoques existentes no término de cada ano-calendário, caso seja contribuinte do ICMS;

III. Livro Registro de Entradas, modelo 1 ou 1-A, destinado à escrituração dos documentos fiscais relativos às entradas de mercadorias ou bens e às aquisições de serviços de transporte e de comunicação efetuadas a qualquer título pelo estabelecimento, caso seja contribuinte do ICMS;

IV. Livro Registro dos Serviços Prestados, destinado ao registro dos documentos fiscais relativos aos serviços prestados sujeitos ao ISS, caso seja contribuinte do ISS;

V. Livro Registro de Serviços Tomados, destinado ao registro dos documentos fiscais relativos aos serviços tomados sujeitos ao ISS; e

VI. Livro de Registro de Entrada e Saída de Selo de Controle, caso seja exigível pela legislação do IPI.

Estes livros poderão ser dispensados, no todo ou em parte, pelo ente tributante da circunscrição fiscal do estabelecimento do contribuinte, respeitados os limites de suas respectivas competências.

Além dos referidos livros, serão utilizados:

a) Livro Registro de Impressão de Documentos Fiscais, pelo estabelecimento gráfico para registro dos impressos que confeccionar para terceiros ou para uso próprio;

b) livros específicos pelos contribuintes que comercializem combustíveis; e

c) Livro Registro de Veículos, por todas as pessoas que interfiram habitualmente no processo de intermediação de veículos, inclusive como simples depositários ou expositores.

A apresentação da escrituração contábil, em especial do Livro Diário e do Livro Razão, dispensa a apresentação do Livro Caixa.

A ME ou a EPP que receber aporte de capital do investidor-anjo, na forma prevista nos arts. 61-A a 61-D da Lei Complementar nº 123/2006, deverá manter Escrituração Contábil Digital (ECD) e ficará desobrigada da escrituração do livro caixa.

25.1.1. Livro caixa

O Livro Caixa deverá:

a) conter termos de abertura e de encerramento e ser assinado pelo representante legal da empresa e, se houver na localidade, pelo responsável contábil legalmente habilitado; e

b) ser escriturado por estabelecimento.

25.2. Contabilidade simplificada

A ME ou a EPP optante pelo Simples Nacional poderá, opcionalmente, adotar contabilidade simplificada para os registros e controles das operações realizadas, observadas as disposições previstas no Código Civil e nas Normas Brasileiras de Contabilidade editadas pelo Conselho Federal de Contabilidade (art. 71 da Resolução CGSN nº 140/2018).

25.3. Prazo decadencial

Os documentos fiscais relativos a operações ou prestações realizadas ou recebidas, bem como os livros fiscais e contábeis, deverão ser mantidos em boa guarda, ordem e conservação enquanto não decorrido o prazo decadencial e não prescritas eventuais ações que lhes sejam pertinentes (art. 66 da Resolução CGSN nº 140/2018).

25.4. Empresário individual

Aplica-se a dispensa da escrituração contábil, prevista no § 2º do art. 1.179 do Código Civil, ao empresário individual com receita bruta anual de até R$ 81.000,00.

26. DECLARAÇÕES

A Declaração de Informações Socioeconômicas e Fiscais (Defis) será entregue à RFB por meio de módulo do aplicativo PGDAS-D, até 31 de março do ano-calendário subsequente ao da ocorrência dos fatos geradores dos tributos previstos no Simples Nacional (§ 1º do art. 72 da Resolução CGSN nº 140/2018).

Nas hipóteses em que a ME ou a EPP tenha sido incorporada, cindida, total ou parcialmente, extinta ou fundida, a Defis relativa à situação especial deverá ser entregue até:

a) o último dia do mês de junho, quando o evento ocorrer no primeiro quadrimestre do ano-calendário; ou

b) o último dia do mês subsequente ao do evento, nos demais casos.

Na hipótese de a ME ou a EPP permanecer inativa durante todo o ano-calendário, deverá informar esta condição na Defis.

Considera-se em situação de inatividade a ME ou a EPP que não apresente mutação patrimonial e atividade operacional durante todo o ano-calendário.

A Defis poderá ser retificada independentemente de prévia autorização da administração tributária e terá a mesma natureza da declaração originariamente apresentada, observado o disposto no parágrafo único do art. 138 do CTN.

O direito de a ME ou a EPP retificar as informações prestadas na Defis e na Declaração Única e Simplificada de Informações Socioeconômicas e Fiscais (DASN) extingue-se em 5 anos contados a partir do 1º dia do exercício seguinte àquele ao qual se refere a declaração.

NOTA:

A ME ou a EPP optante pelo Simples Nacional fica obrigada à entrega da Declaração Eletrônica de Serviços, quando exigida pelo Município ou pelo Distrito Federal, que servirá para a escrituração mensal de todos os documentos fiscais emitidos e documentos recebidos referentes aos serviços prestados, tomados ou intermediados de terceiros, observado o disposto no inciso II do § 4º do art. 64 da Resolução CGSN nº 140/2018.

A Declaração Eletrônica de Serviços substitui os Livros Registro dos Serviços Prestados e/ou tomados, e será apresentada ao Município ou ao Distrito Federal pelo prestador, pelo tomador, ou por ambos, observado o disposto na legislação de sua circunscrição fiscal.

26.1. DCTF

Ficam dispensados da obrigação de apresentar a DCTF, as microempresas e as empresas de pequeno porte enquadradas no Regime Especial Unificado de Arrecadação de Tributos e Contribuições devidos pelas Microempresas e Empresas de Pequeno Porte (Simples Nacional), instituído pela Lei Complementar nº 123/2006, relativamente ao período abrangido pelo regime (art. 5º da IN RFB nº 2.005/2021).

A referida dispensa não se aplica:

I. às microempresas ou empresas de pequeno porte enquadradas no Simples Nacional sujeitas ao pagamento da Contribuição Previdenciária sobre a Receita Bruta (CPRB), nos termos dos incisos IV e VII do *caput* do art. 7º da Lei nº 12.546/2011, hipótese em que estas, enquanto não obrigadas à entrega da DCTFWeb, deverão informar na DCTF os valores relativos:

    a) à CPRB; e

    b) aos impostos e às contribuições a que se referem os incisos I, V, VI, XI e XII do § 1º do art. 13 da Lei Complementar nº 1232006, pelos quais a microempresa ou empresa de pequeno porte responde na qualidade de contribuinte ou responsável;

II. às pessoas jurídicas excluídas do Simples Nacional quanto às DCTF relativas aos fatos geradores ocorridos a partir da data em que a exclusão produzir efeitos.

26.2. DIRF

A ME e a EPP optante pelo SIMPLES Nacional que pagou ou creditou rendimentos sobre os quais tenha incidido retenção do Imposto sobre a Renda Retido na Fonte (IRRF), ainda que em um único mês do ano-calendário fica obrigada à entrega da Declaração do Imposto sobre a Renda Retido na Fonte (art. 2º da IN RFB nº 1.990/2020).

Na transmissão da Dirf, a ME e a EPP optantes pelo Regime Especial Unificado de Arrecadação de Tributos e Contribuições devidos pelas Microempresas e Empresas de Pequeno Porte (Simples Nacional), estão dispensadas da assinatura digital da declaração mediante utilização de certificado digital válido, conforme o disposto no art. 1º da IN RFB nº 969/2009.

O arquivo transmitido pelo estabelecimento matriz deverá conter as informações consolidadas de todos os estabelecimentos da pessoa jurídica.

A Dirf deve ser apresentada até as 23h59min59s (vinte e três horas, cinquenta e nove minutos e cinquenta e nove segundos), horário de Brasília, do último dia útil do mês de fevereiro do ano subsequente àquele no qual o rendimento tiver sido pago ou creditado.

No caso de extinção decorrente de liquidação, incorporação, fusão ou cisão total, a pessoa jurídica deverá apresentar a Dirf relativa ao ano-calendário em que ocorreu a extinção até o último dia útil do mês subsequente ao da ocorrência do evento, exceto se o evento ocorrer no mês de janeiro, caso em que a Dirf poderá ser apresentada até o último dia útil do mês de março do mesmo ano-calendário.

26.3. ECD

As pessoas jurídicas optantes pelo Regime Especial Unificado de Arrecadação de Tributos e Contribuições devidos pelas Microempresas e Empresas de Pequeno Porte (Simples Nacional), instituído pela Lei Complementar nº 123/2006 estão dispensadas da entrega da Escrituração Contábil Digital – ECD (§ 1º do art. 3º da IN RFB nº 2.003/2021).

Entretanto se a microempresa ou empresa de pequeno porte tenha recebido aporte de capital na forma prevista nos arts. 61-A a

61-D da Lei Complementar nº 123/2006, deverão apresentar a ECD até o último dia útil do mês de maio do ano seguinte ano ano-calendário a que se refere a escrituração (§ 2º do art. 3º e art. 5º da IN RFB nº 2.003/2021)

26.4. ECF

Estão dispensadas da apresentação da Escrituração Contábil Fiscal (ECF), as pessoas jurídicas optantes pelo Regime Especial Unificado de Arrecadação de Tributos e Contribuições devidos pelas Microempresas e Empresas de Pequeno Porte (Simples Nacional), de que trata a Lei Complementar nº 123/2006 (§ 1º do art. 1º da IN RFB nº 2.004/2021).

27. REGISTRO DOS VALORES A RECEBER NO REGIME DE CAIXA

A optante pelo regime de caixa deverá manter registro dos valores a receber, no modelo constante do Anexo IX da Resolução CGSN nº 140/2018, no qual constarão, no mínimo, as seguintes informações, relativas a cada prestação de serviço ou operação com mercadorias a prazo (art. 77 da Resolução CGSN nº 140/2018):

a) número e data de emissão de cada documento fiscal;

b) valor da operação ou prestação;

c) quantidade e valor de cada parcela, bem como a data dos respectivos vencimentos;

d) data de recebimento e valor recebido;

e) saldo a receber; e

f) créditos considerados não mais cobráveis.

Na hipótese de haver mais de um documento fiscal referente a uma mesma prestação de serviço ou operação com mercadoria, estes deverão ser registrados conjuntamente.

A adoção do regime de caixa pela ME ou EPP não a desobriga de manter em boa ordem e guarda os documentos e livros previstos no item 25, inclusive com a discriminação completa de toda a sua movimentação financeira e bancária, constante do Livro Caixa, observado o disposto no § 3º do art. 63 da Resolução CGSN nº 140/2018.

Fica dispensado o registro na forma prevista neste item em relação às prestações e operações realizadas por meio de administradoras de cartões, inclusive de crédito, desde que a ME ou a EPP anexe ao respectivo registro os extratos emitidos pelas administradoras relativos às vendas e aos créditos respectivos.

Aplica-se o disposto neste item para os valores decorrentes das prestações e operações realizadas por meio de cheques:

- a) quando emitidos para apresentação futura, mesmo quando houver parcela à vista;
- b) quando emitidos para quitação da venda total, na ocorrência de cheques não honrados;
- c) não liquidados no próprio mês.

A ME ou a EPP deverá apresentar à administração tributária, quando solicitados, os documentos que comprovem a efetiva cobrança dos créditos considerados não mais cobráveis.

Na hipótese de descumprimento das regras previstas neste item, será desconsiderada, de ofício, a opção pelo regime de caixa, para os anos-calendário correspondentes ao período em que tenha ocorrido o descumprimento. Neste caso, os tributos abrangidos pelo Simples Nacional deverão ser recalculados pelo regime de competência, sem prejuízo dos acréscimos legais correspondentes.

28. CERTIFICAÇÃO DIGITAL

A ME ou a EPP optante pelo Simples Nacional poderá ser obrigada ao uso de certificação digital para cumprimento das seguintes obrigações (art. 79 da Resolução CGSN nº 140/2018):

- a) entrega da Guia de Recolhimento do Fundo de Garantia do Tempo de Serviço e Informações à Previdência Social (GFIP), bem como o recolhimento do FGTS, ou de declarações relativas ao Sistema de Escrituração Digital das Obrigações Fiscais, Previdenciárias e Trabalhistas (eSocial), para empresas com empregado;
- b) emissão de documento fiscal eletrônico, quando a obrigatoriedade estiver prevista em norma do Confaz ou na legislação municipal;

c) prestação de informações relativas ao ICMS a que se refere o *caput* do art. 76 da Resolução CGSN nº 140/2018, desde que a ME ou a EPP esteja obrigada ao uso de documento fiscal eletrônico na forma da letra "b"; e

d) prestação de informações à RFB relativas à manutenção de recursos no exterior na forma prevista no art. 1º da Lei nº 11.371/2006.

Poderá ser exigida a utilização de códigos de acesso para cumprimento das obrigações não previstas neste item.

A empresa poderá cumprir as obrigações relativas ao eSocial com utilização de código de acesso apenas na modalidade *online* e desde que tenha até 1 empregado.

29. EXCLUSÃO

A exclusão do Simples Nacional poderá ocorrer por comunicação ou de ofício.

29.1. Exclusão por comunicação

A exclusão do Simples Nacional, mediante comunicação da ME ou da EPP à RFB, em aplicativo disponibilizado no Portal do Simples Nacional, se dará (art. 81 da Resolução CGSN nº 140/2018):

I. por opção, a qualquer tempo, produzindo efeitos:

a) a partir de 1º de janeiro do ano-calendário, se comunicada no próprio mês de janeiro; ou

b) a partir de 1º de janeiro do ano-calendário subsequente, se comunicada nos demais meses; ou

II. obrigatoriamente, quando:

a) a receita bruta acumulada ultrapassar um dos limites previstos no § 1º do art. 2º da Resolução CGSN nº 140/2018, hipótese em que a exclusão deverá ser comunicada:

i. até o último dia útil do mês subsequente à ultrapassagem em mais de 20% de um desses limites, produzindo efeitos a partir do mês subsequente ao do excesso; ou

ii. até o último dia útil do mês de janeiro do ano-calendário subsequente, na hipótese de não ter ultrapassado em mais de 20% um desses limites, produzindo efeitos a partir do ano-calendário subsequente ao do excesso;

    b) a receita bruta acumulada, no ano-calendário de início de atividade, ultrapassar um dos limites previstos no *caput* do art. 3º da Resolução CGSN nº 140/2018, hipótese em que a exclusão deverá ser comunicada:

i. até o último dia útil do mês subsequente à ultrapassagem em mais de 20% de um desses limites, produzindo efeitos retroativamente ao início de atividades; ou

ii. até o último dia útil do mês de janeiro do ano-calendário subsequente, na hipótese de não ter ultrapassado em mais de 20% um desses limites, produzindo efeitos a partir de 1º de janeiro do ano-calendário subsequente;

    c) incorrer nas hipóteses de vedação previstas nos incisos II a XIV e XVI a XXV do art. 15 da Resolução CGSN nº 140/2018, hipótese em que a exclusão:

i. deverá ser comunicada até o último dia útil do mês subsequente ao da ocorrência da situação de vedação; e

ii. produzirá efeitos a partir do primeiro dia do mês seguinte ao da ocorrência da situação de vedação;

    d) possuir débito com o Instituto Nacional do Seguro Social (INSS), ou com as Fazendas Públicas Federal, Estadual ou Municipal, cuja exigibilidade não esteja suspensa, hipótese em que a exclusão:

i. deverá ser comunicada até o último dia útil do mês subsequente ao da situação de vedação; e

ii. produzirá efeitos a partir do ano-calendário subsequente ao da comunicação; ou

    e) for constatado que, quando do ingresso no Simples Nacional, a ME ou a EPP incorria em alguma das vedações previstas no art. 15 da Resolução CGSN nº 140/2018, hipótese em que a exclusão produzirá efeitos desde a data da opção.

Na hipótese prevista na letra "c" do item II, deverão ser consideradas as disposições específicas relativas ao MEI, quando se tratar de ausência de inscrição ou de irregularidade em cadastro fiscal federal, municipal ou estadual, quando exigível.

29.1.1. Alteração de dados no CNPJ

A alteração de dados no CNPJ, informada pela ME ou EPP à RFB, equivalerá à comunicação obrigatória de exclusão do Simples Nacional nas seguintes hipóteses (art. 82 da Resolução CGSN nº 140/2018):

I. alteração de natureza jurídica para sociedade anônima, sociedade empresária em comandita por ações, sociedade em conta de participação ou estabelecimento, no Brasil, de sociedade estrangeira;

II. inclusão de atividade econômica vedada à opção pelo Simples Nacional;

III. inclusão de sócio pessoa jurídica;

IV. inclusão de sócio domiciliado no exterior;

V. cisão parcial; ou

VI. extinção da empresa.

A exclusão produzirá efeitos:

    a) a partir do primeiro dia do mês seguinte ao da ocorrência da situação de vedação, nas hipóteses previstas nos itens I a V; e

    b) a partir da data da extinção da empresa, na hipótese prevista no item VI.

29.2. Exclusão de ofício

A competência para excluir de ofício a ME ou a EPP do Simples Nacional é (art. 83 da Resolução CGSN nº 140/2018):

I. da RFB;

II. das secretarias de fazenda, de tributação ou de finanças do Estado ou do Distrito Federal, segundo a localização do estabelecimento; e

III. das secretarias estaduais competentes para a administração tributária, segundo a localização do estabelecimento; e

IV. dos Municípios, tratando-se de prestação de serviços incluídos na sua competência tributária.

Será expedido termo de exclusão do Simples Nacional pelo ente federado que iniciar o processo de exclusão de ofício.

Será dada ciência do termo de exclusão à ME ou à EPP pelo ente federado que tenha iniciado o processo de exclusão, segundo a sua respectiva legislação, observado o disposto no art. 122 da Resolução CGSN nº 140/2018.

Na hipótese de a ME ou a EPP, dentro do prazo estabelecido pela legislação do ente federado que iniciou o processo, impugnar o termo de exclusão, este se tornará efetivo quando a decisão definitiva for desfavorável ao contribuinte, com observância, quanto aos efeitos da exclusão.

Se não houver, dentro do prazo estabelecido pela legislação do ente federado que iniciou o processo, impugnação do termo de exclusão, este se tornará efetivo depois de vencido o respectivo prazo, com observância, quanto aos efeitos da exclusão, do disposto no art. 84 da Resolução CGSN nº 140/2018.

A exclusão de ofício será registrada no Portal do Simples Nacional na internet, pelo ente federado que a promoveu, após vencido o prazo de impugnação estabelecido pela legislação do ente federado que iniciou o processo, sem sua interposição tempestiva, ou, caso interposto tempestivamente, após a decisão administrativa definitiva desfavorável à empresa, condicionados os efeitos dessa exclusão a esse registro, observado o disposto no art. 84 da Resolução CGSN nº 140/2018.

Fica dispensado o registro previsto no parágrafo anterior para a exclusão retroativa de ofício efetuada após a baixa no CNPJ, condicionados os efeitos dessa exclusão à efetividade do termo de exclusão na forma prevista neste item.

Ainda que a ME ou a EPP exerça exclusivamente atividade não incluída na competência tributária municipal, se tiver débitos perante a Fazenda Pública Municipal, ausência de inscrição ou irregularidade no cadastro fiscal, o Município poderá proceder à sua exclusão do Simples Nacional por esses motivos.

Ainda que a ME ou a EPP não tenha estabelecimento em sua circunscrição o Estado poderá excluí-la do Simples Nacional se ela estiver em débito perante a Fazenda Pública Estadual ou se não tiver inscrita no cadastro fiscal, quando exigível, ou se o cadastro estiver em situação irregular.

29.2.1. Efeitos da exclusão de ofício

A exclusão de ofício da ME ou da EPP do Simples Nacional produzirá efeitos (art. 84 da Resolução CGSN nº 140/2018):

I. a partir das datas de efeitos previstas no item II do subitem 28.1, quando verificada a falta de comunicação de exclusão obrigatória;

II. a partir do mês subsequente ao do descumprimento das obrigações a que se refere o § 8º do art. 6º da Resolução CGSN nº 140/2018, quando se tratar de escritórios de serviços contábeis;

III. a partir da data dos efeitos da opção pelo Simples Nacional, nas hipóteses em que:

    a) for constatado que, quando do ingresso no Simples Nacional, a ME ou a EPP incorria em alguma das hipóteses de vedação previstas no art. 15 da Resolução CGSN nº 140/2018;

    b) for constatada declaração inverídica;

IV. a partir do próprio mês em que incorridas, hipótese em que a empresa ficará impedida de fazer nova opção pelo Simples Nacional nos 3 anos-calendário subsequentes, nas seguintes hipóteses:

    a) ter a empresa causado embaraço à fiscalização, caracterizado pela negativa não justificada de exibição de livros e documentos a que estiver obrigada, e não ter fornecido informações sobre bens, movimentação financeira, negócio ou atividade que estiver intimada a apresentar, e nas demais hipóteses que autorizam a requisição de auxílio da força pública;

    b) ter a empresa resistido à fiscalização, caracterizada pela negativa de acesso ao estabelecimento, ao domicílio fiscal ou a qualquer outro local onde desenvolva suas atividades ou se encontrem bens de sua propriedade;

    c) ter sido a empresa constituída por interpostas pessoas;

    d) ter a empresa incorrido em práticas reiteradas de infração ao disposto na Lei Complementar nº 123/2006;

    e) ter sido a empresa declarada inapta, na forma prevista na Lei nº 9.430/1996, e alterações posteriores;

f) se a empresa comercializar mercadorias objeto de contrabando ou descaminho;

g) se for constatada:

i. a falta de ECD para a ME e a EPP que receber aporte de capital na forma prevista nos arts. 61-A a 61-D da Lei Complementar nº 123/2006; ou

ii. a falta de escrituração do Livro Caixa ou a existência de escrituração do Livro Caixa que não permita a identificação da movimentação financeira, inclusive bancária, para a ME e a EPP que não receber o aporte de capital do investidor-anjo na forma prevista nos arts. 61-A a 61-D da Lei Complementar nº 123/2006;

h) se for constatado que durante o ano-calendário o valor das despesas pagas supera em 20% o valor de ingressos de recursos no mesmo período, excluído o ano de início de atividade;

i) se for constatado que durante o ano-calendário o valor das aquisições de mercadorias para comercialização ou industrialização, ressalvadas hipóteses justificadas de aumento de estoque, foi superior a 80% dos ingressos de recursos no mesmo período, excluído o ano de início de atividade;

j) se for constatado que a empresa, de forma reiterada, não emite documento fiscal de venda ou prestação de serviço, observado o disposto nos arts. 59 a 61 da Resolução CGSN nº 140/2018 e ressalvadas as prerrogativas do MEI nos termos da alínea "a" do inciso II do art. 106 da Resolução CGSN nº 140/2018; e

k) se for constatado que a empresa, de forma reiterada, deixa de incluir na folha de pagamento ou em documento de informações exigido pela legislação previdenciária, trabalhista ou tributária, informações sobre o segurado empregado, o trabalhador avulso ou o contribuinte individual que lhe presta serviço;

V. a partir do primeiro dia do mês seguinte ao da ocorrência, na hipótese de ausência ou irregularidade no cadastro fiscal federal, municipal ou, quando exigível, estadual; e

VI. a partir do ano-calendário subsequente ao da ciência do termo de exclusão, se a empresa estiver em débito com o Instituto

Nacional do Seguro Social (INSS), ou com as Fazendas Públicas Federal, Estadual ou Municipal, cuja exigibilidade não esteja suspensa.

30. OMISSÃO DE RECEITA

Aplicam-se à ME e à EPP optantes pelo Simples Nacional todas as presunções de omissão de receita existentes nas legislações de regência dos tributos incluídos no Simples Nacional (art. 91 da Resolução CGSN nº 104/2018).

A existência de tributação prévia por estimativa, estabelecida em legislação do ente federado não desobrigará:

    a) da apuração da base de cálculo real efetuada pelo contribuinte ou pelas administrações tributárias; e

    b) da emissão de documento fiscal previsto no art. 59 da Resolução CGSN nº 140/2018, ressalvadas as prerrogativas do MEI, nos termos do inciso II do art. 106 da referida resolução.

No caso em que a ME ou a EPP optante pelo Simples Nacional exerça atividades incluídas no campo de incidência do ICMS e do ISS e seja apurada omissão de receita de origem não identificável, a autuação será feita com utilização da maior das alíquotas relativas à faixa de receita bruta de enquadramento do contribuinte, dentre as tabelas aplicáveis às respectivas atividades.

31. MICROEMPREENDEDOR INDIVIDUAL (MEI)

Considera-se MEI o empresário individual a que se refere o art. 966 do Código Civil ou o empreendedor, optante pelo Simples Nacional, que tenha auferido receita bruta anual acumulada nos anos-calendário anteriores e em curso de até R$ 81.000,00 e que (art. 100 da Resolução CGSN nº 140/2018, redação dada pela Resolução CGSN nº 169/2022):

    I. exerça, de forma independente e exclusiva, apenas as ocupações constantes do Anexo XI da Resolução CGSN nº 140/2018, dentre as quais constarão:

        a. a comercialização e o processamento de produtos de natureza extrativista;

b. a industrialização, a comercialização e a prestação de serviços no âmbito rural.

II. possua um único estabelecimento;

III. não participe de outra empresa como titular, sócio ou administrador; e

IV. não seja constituída sob a forma de *startup*;

V. não contrate mais de um empregado, e

VI. não realize cessão ou locação de mão de obra.

No caso de transportador autônomo de cargas inscrito como MEI, que tenha como ocupação profissional exclusiva o transporte rodoviário de cargas nos termos da tabela B do Anexo XI da Resolução CGSN nº 140/2018, o limite da receita bruta anual será de R$ 251.600,00.

O MEI não pode guardar, cumulativamente, com o contratante do serviço, relação de pessoalidade, subordinação e habitualidade, sob pena de exclusão do Simples Nacional.

O MEI é modalidade de microempresa.

31.1. Início de atividade

No caso de início de atividade, o limite será de R$ 6.750,00 multiplicados pelo número de meses compreendidos entre o mês de início de atividade e o final do respectivo ano-calendário, considerada a fração de mês como mês completo.

Para o transportador autônomo de cargas, previsto no item anterior, o limite da receita bruta será de R$ 20.966,67 multiplicados pelo número de meses compreendidos entre o mês de início da atividade e o final do respectivo ano-calendário, considerada a fração de mês como mês completo.

31.2. Simei

O Sistema de Recolhimento em Valores Fixos Mensais dos Tributos abrangidos pelo Simples Nacional (Simei) é a forma pela qual o MEI pagará, por meio do DAS, independentemente da receita bruta por ele auferida no mês, observados os limites previstos no item 31 e no subitem 31.1, valor fixo mensal correspondente à soma das seguintes parcelas (art. 101 da Resolução CGSN nº 140/2018):

I. contribuição para a Seguridade Social relativa à pessoa do empresário, na qualidade de contribuinte individual, na forma prevista no § 2º do art. 21 da Lei nº 8.212/1991, correspondente a:

a) até a competência abril de 2011: 11% do limite mínimo mensal do salário de contribuição;

b) a partir da competência maio de 2011: 5% do limite mínimo mensal do salário de contribuição;

c) a partir da competência abril de 2022, para o transportador autônomo de cargas a que se refere o § 1º-A do art. 100: 12% do limite mínimo mensal do salário de contribuição.

II. R$ 1,00, a título de ICMS, caso seja contribuinte desse imposto;

III. R$ 5,00, a título de ISS, caso seja contribuinte desse imposto.

A definição da parcela a ser paga a título de ICMS ou de ISS e sua destinação serão determinadas de acordo com os dados registrados no CNPJ, observando-se:

a) o enquadramento previsto no Anexo XI da Resolução CGSN nº 140/2018;

b) os códigos CNAE e o endereço da empresa constantes do CNPJ na 1ª geração do DAS relativo ao mês de início do enquadramento no Simei ou ao 1º mês de cada ano-calendário.

A tabela constante do Anexo XI da Resolução CGSN nº 140/2018 aplica-se apenas no âmbito do Simei.

Na hipótese de alteração da relação de ocupações permitidas ao MEI contidas no Anexo XI da Resolução CGSN nº 140/2018, serão observadas as seguintes regras:

I. se determinada ocupação passar a ser permitida ao MEI, o contribuinte que a exerça poderá optar pelo SIMEI a partir do ano-calendário da produção dos efeitos da referida alteração, desde que não incorra em nenhuma das vedações previstas neste item;

II. se determinada ocupação deixar de ser permitida ao MEI, serão observadas as disposições do art. 115 da Resolução CGSN nº 140/2018.

31.2.1. Opção pelo Simei

A opção pelo Simei (art. 102 da Resolução CGSN nº 140/2018):

a) será irretratável para todo o ano-calendário;

b) para o empresário individual já inscrito no CNPJ, deverá ser realizada no mês de janeiro, até seu último dia útil, e produzirá efeitos a partir do primeiro dia do ano-calendário da opção, por meio de aplicativo disponibilizado no Portal do Simples Nacional.

Para o empresário individual em início de atividade, a realização da opção pelo Simples Nacional e enquadramento no Simei será simultânea à inscrição no CNPJ, observadas as condições previstas no subitem 31.2, quando utilizado o registro simplificado de que trata o § 1º do art. 4º da Lei Complementar nº 123/2006, caso em que não se aplica o disposto no art. 6º da Resolução CGSN nº 140/2018.

No momento da opção pelo Simei, o MEI deverá declarar:

I – que não se enquadra nas vedações para ingresso no Simei;

II – que se enquadra nos limites previstos no item 31 e no subitem 31.1.

Durante a vigência da opção pelo Simei, não se aplicam ao MEI:

a) valores fixos estabelecidos por Estado, Município ou pelo Distrito Federal;

b) as reduções previstas no art. 35 da Resolução CGSN nº 140/2018, ou qualquer dedução na base de cálculo;

c) isenções específicas para as ME e as EPP concedidas pelo Estado, Município ou pelo Distrito Federal que abranjam integralmente a faixa de receita bruta acumulada de até R$ 81.000,00;

d) retenções de ISS sobre os serviços prestados;

e) atribuições da qualidade de substituto tributário; e

f) reduções ou isenções de ICMS para produtos da cesta básica, estabelecidos por Estado ou pelo Distrito Federal, em lei específica destinada às ME ou EPP optantes pelo Simples Nacional, na forma prevista no art. 36 da Resolução CGSN nº 140/2018.

31.2.2. Documento de arrecadação (DAS)

Para o contribuinte optante pelo Simei, o Programa Gerador do DAS para o MEI (PGMEI) possibilitará a emissão simultânea dos DAS, para todos os meses do ano-calendário (art. 104 da Resolução CGSN nº 140/2018).

A impressão estará disponível a partir do início do ano-calendário ou do início de atividade do MEI.

O pagamento mensal deverá ser efetuado até o dia 20 do mês subsequente àquele em que houver sido auferida a receita bruta, observado o disposto no subitem 31.2.

31.2.3. Contratação de empregado

O MEI poderá contratar um único empregado que receba exclusivamente 1 salário-mínimo previsto em lei federal ou estadual ou o piso salarial da categoria profissional, definido em lei federal ou por convenção coletiva da categoria

O MEI:

a) deverá reter e recolher a contribuição previdenciária devida pelo segurado a seu serviço, na forma estabelecida pela lei, observados prazo e condições estabelecidos pela RFB;

b) ficará obrigado a prestar informações relativas ao segurado a seu serviço, e deve cumprir o disposto no inciso IV do art. 32 da Lei nº 8.212/1991;

c) estará sujeito ao recolhimento da CPP para a Seguridade Social, a cargo da pessoa jurídica, de que trata o art. 22 da Lei nº 8.212/1991, calculada à alíquota de 3% sobre o salário de contribuição.

31.3. Obrigações acessórias

O MEI (art. 106 da Resolução CGSN nº 140/2018):

I. deverá comprovar a receita bruta mediante apresentação do Relatório Mensal de Receitas Brutas de que trata o Anexo X da Resolução CGSN nº 140/2018, que deverá ser preenchido até o dia 20 do mês subsequente àquele em que houver sido auferida a receita bruta;

II. em relação ao documento fiscal previsto no art. 59 da Resolução CGSN nº 140/2018:

a) ficará dispensado da emissão:

i. nas operações com venda de mercadorias ou prestações de serviços para consumidor final pessoa física; e

ii. nas operações com mercadorias para destinatário inscrito no CNPJ, quando o destinatário emitir nota fiscal de entrada; e

b) ficará obrigado à sua emissão:

i. nas prestações de serviços para tomador inscrito no CNPJ; e

ii. nas operações com mercadorias para destinatário inscrito no CNPJ, quando o destinatário não emitir nota fiscal de entrada.

O MEI fica dispensado:

a) da escrituração dos livros fiscais e contábeis;

b) da Declaração Eletrônica de Serviços;

c) da emissão de documento fiscal eletrônico, quando se referir a operação ou prestação sujeita à incidência de ICMS, exceto se exigida pelo respectivo ente federado e disponibilizado sistema gratuito de emissão; e

d) da emissão de outro documento fiscal municipal relativo ao ISS quando, para a mesma operação ou prestação, tenha emitido a Nota Fiscal de Serviço eletrônica (NFS-e) de padrão nacional de que trata o art. 106-A da Resolução CGSN nº 140/2018.

Relativamente às operações não compreendidas no campo de incidência do ICMS, o MEI utilizará a NFS-e de padrão nacional, emitida por sistema informatizado disponível no Portal do Simples Nacional, por meio das seguintes versões (art. 106-A da Resolução CGSN nº 140/2018, redação dada pela Resolução CGSN nº 169/2022):

I - emissor de NFS-e web;

II - aplicativo para dispositivos móveis; e

III - serviço de comunicação do tipo Interface de Programação de Aplicativos (API).

É vedada a emissão, pelo MEI, da NFS-e em operações sujeitas apenas à incidência do ICMS.

Nas operações para tomador consumidor final pessoa física, a emissão da NFS-e é facultativa.

A simplificação da exigência referente ao cadastro fiscal estadual ou municipal do MEI não dispensa a emissão de documentos fiscais de compra, venda ou prestação de serviços, e é vedada, em qualquer hipótese, a imposição de custos pela autorização para emissão, inclusive na modalidade avulsa.

O MEI que não contratar empregado fica dispensado (art. 108 da Resolução CGSN nº 140/2018):

I - de prestar a informação prevista no inciso IV do art. 32 da Lei nº 8.212, de 1991, no que se refere à remuneração paga ou creditada decorrente do seu trabalho, salvo se presentes outras hipóteses de obrigatoriedade de prestação de informações, na forma estabelecida pela Receita Federal do Brasil;

II - de apresentar a Relação Anual de Informações Sociais – RAIS;

III - de declarar à Caixa Econômica Federal a ausência de fato gerador para fins de emissão da Certidão de Regularidade Fiscal perante o FGTS.

31.3.1. DASN-Simei

Na hipótese de o empresário individual ter optado pelo Simei no ano-calendário anterior, ele deverá apresentar, até o último dia de maio de cada ano, à RFB, a Declaração Anual Simplificada para o Microempreendedor Individual (DASN-Simei), que conterá apenas (art. 109 da Resolução CGSN nº 140/2018):

   a) a receita bruta total auferida relativa ao ano-calendário anterior;

   b) a receita bruta total auferida relativa ao ano-calendário anterior, referente às atividades sujeitas ao ICMS; e

   c) informação referente à contratação de empregado, quando houver.

Na hipótese de a inscrição do MEI ter sido baixada, a DASN-Simei relativa à situação especial deverá ser entregue:

I. até o último dia do mês de junho, quando o evento ocorrer no primeiro quadrimestre do ano-calendário; e

II. até o último dia do mês subsequente ao do evento, nos demais casos.

A DASN-Simei poderá ser retificada independentemente de prévia autorização da administração tributária, e a retificadora terá a mesma natureza da declaração originariamente apresentada.

O direito de o MEI retificar as informações prestadas na DAS-N-Simei extingue no prazo de 5 anos, contado a partir do 1º dia do exercício seguinte àquele ao qual se refere a declaração.

A DASN-Simei constitui confissão de dívida e instrumento hábil e suficiente para a exigência dos tributos que não tenham sido recolhidos, apurados com base nas informações nela prestadas.

31.3.2. Certificado digital para o MEI

O MEI fica dispensado de utilizar certificação digital para cumprimento de obrigações principais ou acessórias ou para recolhimento do FGTS (art. 110 da Resolução CGSN nº 140/2018).

Poderá ser exigida a utilização de códigos de acesso para cumprimento das referidas obrigações.

31.4. Desenquadramento

O desenquadramento do Simei será realizado de ofício pela autoridade administrativa ou mediante comunicação do contribuinte (art. 115 da Resolução CGSN nº 140/2018).

O desenquadramento do Simei não implica a exclusão do contribuinte do Simples Nacional.

31.4.1. De comunicação

O desenquadramento do Simei mediante comunicação do contribuinte à RFB, em aplicativo disponibilizado no Portal do Simples Nacional, se dará:

I. por opção do contribuinte, caso em que o desenquadramento produzirá efeitos:

a) a partir de 1º de janeiro do ano-calendário, se a comunicação for feita no mês de janeiro;

b) a partir de 1º de janeiro do ano-calendário subsequente, se a comunicação for feita nos demais meses; ou

c) a partir da data de abertura constante do CNPJ, caso a abertura e a comunicação sejam efetuadas no mesmo mês de janeiro;

II. obrigatoriamente, quando o contribuinte:

a) auferir receita que exceda, no ano-calendário, o limite de receita bruta previsto no *caput* ou nos §§ 1º e 1º-A do art. 100 da Resolução CGSN nº 140/2018, caso em que a comunicação deverá ser feita até o último dia útil do mês subsequente àquele em que o excesso se verificou, e o desenquadramento produzirá efeitos:

i. a partir de 1º de janeiro do ano-calendário subsequente àquele em que o excesso se verificou, desde que este não tenha sido superior a 20% do limite previsto no *caput* ou nos §§ 1º e 1º-A do art. 100 da Resolução CGSN nº 140/2018;

ii. retroativamente a 1º de janeiro do ano-calendário em que o excesso se verificou, se este foi superior a 20% do limite previsto no *caput* ou no inciso I do § 1º-A do art. 100 da Resolução CGSN nº 140/2018; e

iii. retroativamente ao início de atividade, se o excesso verificado tiver sido superior a 20% do limite previsto no § 1º ou no inciso II do § 1º-A do art. 100 da Resolução CGSN nº 140/2018;

b) deixar de atender a qualquer das condições previstas no art. 100 da Resolução CGSN nº 140/2018, caso em que a comunicação deverá ser feita até o último dia útil do mês subsequente àquele em que descumprida a condição, hipótese em que o desenquadramento produzirá efeitos a partir do mês subsequente ao da ocorrência do fato; ou

c) exercer ocupação que deixou de ser permitida ao MEI, caso em que a comunicação deverá ser feita até o último dia útil do mês em que verificado o impedimento, hipótese em que o desenquadramento ocorrerá a partir do 1º dia do mês de início da produção de efeitos das alterações do Anexo XI da Resolução CGSN nº 140/2018.

A alteração de dados no CNPJ informada pelo empresário à RFB equivalerá à comunicação obrigatória de desenquadramento da condição de MEI, nas seguintes hipóteses:
- a) se houver alteração para natureza jurídica distinta do empresário a que se refere o art. 966 do Código Civil;
- b) se for incluída no CNPJ atividade não constante do Anexo XI da Resolução CGSN nº 140/2018;
- c) se a alteração tiver por objeto abertura de filial.

31.4.2. De ofício

O desenquadramento de ofício se dará quando:
- a) for constatada falta da comunicação;
- b) for constatado que o empresário não atendia às condições para ingresso no Simei, previstas no art. 100 da Resolução CGSN nº 140/2018, ou que ele tenha prestado declaração inverídica no momento da opção pelo Simei, hipótese em que os efeitos do desenquadramento retroagirão à data de ingresso no regime.

31.5. Infrações e penalidades

A falta de comunicação pelo MEI, quando obrigatória, do desenquadramento do Simei sujeitará o contribuinte à multa no valor de R$ 50,00, insusceptível de redução (art. 117 da Resolução CGSN nº 140/2018).

O MEI que deixar de apresentar a DASN-Simei ou que a apresentar com incorreções ou omissões ou, ainda, que a apresentar fora do prazo fixado será intimado a apresentá-la ou a prestar esclarecimentos, conforme o caso, no prazo estipulado pela autoridade fiscal, e ficará sujeito à multa:
- a) de 2% ao mês-calendário ou fração, incidente sobre o montante dos tributos decorrentes das informações prestadas na DASN-Simei, ainda que integralmente pago, no caso de falta de entrega da declaração ou entrega após o prazo, limitada a 20%; ou
- b) de R$ 100,00 para cada grupo de 10 informações incorretas ou omitidas.

As multas serão reduzidas:

I. à metade, quando a declaração for apresentada após o prazo, mas antes de qualquer procedimento de ofício; ou

II. a 75%, se houver a apresentação da declaração no prazo fixado em intimação.

A multa mínima a ser aplicada será de R$ 50,00.

32. VALORES PAGOS A TITULAR OU SÓCIO

Consideram-se isentos do imposto sobre a renda na fonte e na declaração de ajuste do beneficiário os valores efetivamente pagos ou distribuídos ao titular ou sócio da ME ou da EPP optante pelo Simples Nacional, salvo os que corresponderem a pró-labore, aluguéis ou serviços prestados (art. 145 da Resolução CGSN nº 140/2018).

A referida isenção fica limitada ao valor resultante da aplicação dos percentuais de que trata o art. 15 da Lei nº 9.249/1995, sobre a receita bruta mensal, no caso de antecipação de fonte, ou sobre a receita bruta total anual, no caso de declaração de ajuste, subtraído do valor devido no âmbito do Simples Nacional no período, relativo ao IRPJ.

A limitação do parágrafo anterior não se aplica na hipótese de a ME ou a EPP manter escrituração contábil e evidenciar lucro superior àquele limite.

Estas regras se aplicam ao MEI.

33. TABELAS

ANEXO I

Alíquotas e Partilha do Simples Nacional – Comércio

Receita Bruta em 12 Meses (em R$)		Alíquota Nominal	Valor a Deduzir (em R$)
1ª Faixa	Até 180.000,00	4,00%	–
2ª Faixa	De 180.000,01 a 360.000,00	7,30%	5.940,00
3ª Faixa	De 360.000,01 a 720.000,00	9,50%	13.860,00
4ª Faixa	De 720.000,01 a 1.800.000,00	10,70%	22.500,00
5ª Faixa	De 1.800.000,01 a 3.600.000,00	14,30%	87.300,00
6ª Faixa	De 3.600.000,01 a 4.800.000,00	19,00%	378.000,00

Faixas	Percentual de Repartição dos Tributos					
	IRPJ	CSLL	Cofins	PIS/Pasep	CPP	ICMS (*)
1ª Faixa	5,50%	3,50%	12,74%	2,76%	41,50%	34,00%
2ª Faixa	5,50%	3,50%	12,74%	2,76%	41,50%	34,00%
3ª Faixa	5,50%	3,50%	12,74%	2,76%	42,00%	33,50%
4ª Faixa	5,50%	3,50%	12,74%	2,76%	42,00%	33,50%
5ª Faixa	5,50%	3,50%	12,74%	2,76%	42,00%	33,50%
6ª Faixa	13,50%	10,00%	28,27%	6,13%	42,10%	–

(*) Com relação ao ICMS, quando o valor do RBT12 for superior ao limite da 5ª faixa, para a parcela que não ultrapassar o sublimite, o percentual efetivo desse imposto será calculado conforme segue:

{[(RBT12 x 14,30%) – R$ 87.300,00]/RBT12} x 33,5%

ANEXO II

Alíquotas e Partilha do Simples Nacional - Indústria

Receita Bruta em 12 Meses (em R$)		Alíquota Nominal	Valor a Deduzir (em R$)
1ª Faixa	Até 180.000,00	4,50%	-
2ª Faixa	De 180.000,01 a 360.000,00	7,80%	5.940,00
3ª Faixa	De 360.000,01 a 720.000,00	10,00%	13.860,00
4ª Faixa	De 720.000,01 a 1.800.000,00	11,20%	22.500,00
5ª Faixa	De 1.800.000,01 a 3.600.000,00	14,70%	85.500,00
6ª Faixa	De 3.600.000,01 a 4.800.000,00	30,00%	720.000,00

Faixas	Percentual de Repartição dos Tributos						
	IRPJ	CSLL	Cofins	PIS/Pasep	CPP	IPI	ICMS
1ª Faixa	5,50%	3,50%	11,51%	2,49%	37,50%	7,50%	32,00%
2ª Faixa	5,50%	3,50%	11,51%	2,49%	37,50%	7,50%	32,00%
3ª Faixa	5,50%	3,50%	11,51%	2,49%	37,50%	7,50%	32,00%
4ª Faixa	5,50%	3,50%	11,51%	2,49%	37,50%	7,50%	32,00%
5ª Faixa	5,50%	3,50%	11,51%	2,49%	37,50%	7,50%	32,00%
6ª Faixa	8,50%	7,50%	20,96%	4,54%	23,50%	35,00%	-

Para atividade com incidência simultânea de IPI e ISS: (inciso VII do art. 25)

Com relação ao ISS, quando o percentual efetivo do ISS for superior a 5%, o resultado limitar-se-á a 5%, e a diferença será transferida para os tributos federais, de forma proporcional aos percentuais abaixo. Os percentuais redistribuídos serão acrescentados aos percentuais efetivos de cada tributo federal da respectiva faixa.

Quando o valor do RBT12 for superior ao limite da 5ª faixa, para a parcela que não exceder o sublimite, o percentual efetivo do ISS será calculado conforme segue:

$(\text{(RBT12} \times 21\%) - R\$ 125.640,00)/\text{RBT12}) \times 33,5\%$.

O percentual efetivo resultante também ficará limitado a 5%, e eventual diferença será redistribuída para os tributos federais na forma acima prevista, de acordo com os seguintes percentuais:

Redistribuição do ISS excedente	IRPJ	CSLL	Cofins	PIS/Pasep	CPP	IPI	Total
	8,09%	5,15%	16,93%	3,66%	55,14%	11,03%	100%

Capítulo – Simples Nacional

ANEXO III

Alíquotas e Partilha do Simples Nacional - Receitas de locação de bens móveis e de prestação de serviços descritos no inciso III do § 1º do art. 25, e serviços descritos no inciso V quando o fator "r" for igual ou superior a 28%

Receita Bruta em 12 Meses (em R$)		Alíquota Nominal	Valor a Deduzir (em R$)
1ª Faixa	Até 180.000,00	6,00%	–
2ª Faixa	De 180.000,01 a 360.000,00	11,20%	9.360,00
3ª Faixa	De 360.000,01 a 720.000,00	13,50%	17.640,00
4ª Faixa	De 720.000,01 a 1.800.000,00	16,00%	35.640,00
5ª Faixa	De 1.800.000,01 a 3.600.000,00	21,00%	125.640,00
6ª Faixa	De 3.600.000,01 a 4.800.000,00	33,00%	648.000,00

Faixas	Percentual de Repartição dos Tributos					
	IRPJ	CSLL	Cofins	PIS/Pasep	CPP	ISS (*)
1ª Faixa	4,00%	3,50%	12,82%	2,78%	43,40%	33,50%
2ª Faixa	4,00%	3,50%	14,05%	3,05%	43,40%	32,00%
3ª Faixa	4,00%	3,50%	13,64%	2,96%	43,40%	32,50%
4ª Faixa	4,00%	3,50%	13,64%	2,96%	43,40%	32,50%
5ª Faixa	4,00%	3,50%	12,82%	2,78%	43,40%	33,50% (*)
6ª Faixa	35,00%	15,00%	16,03%	3,47%	30,50%	–

(*) Quando o percentual efetivo do ISS for superior a 5%, o resultado limitar-se-á a 5%, e a diferença será transferida para os tributos federais, de forma proporcional aos percentuais abaixo. Os percentuais redistribuídos serão acrescentados aos percentuais efetivos de cada tributo federal da respectiva faixa.

Quando o valor do RBT12 for superior ao limite da 5ª faixa, para a parcela que não exceder o sublimite, o percentual efetivo do ISS será calculado conforme segue:

{(RBT12 x 21%) – R$ 125.640,00)/RBT12} x 33,5%.

Esse percentual também ficará limitado a 5%, e eventual diferença será redistribuída para os tributos federais na forma acima prevista, de acordo com os seguintes percentuais:

Redistribuição do ISS excedente	IRPJ	CSLL	COFINS	PIS/PASEP	CPP	TOTAL
	6,02%	5,26%	19,28%	4,18%	65,26%	100%

ANEXO IV

Alíquotas e Partilha do Simples Nacional - Receitas decorrentes da prestação de serviços relacionados no inciso IV do § 1º do art. 25

Receita Bruta em 12 Meses (em R$)		Alíquota Nominal	Valor a Deduzir (em R$)
1ª Faixa	Até 180.000,00	4,50%	-
2ª Faixa	De 180.000,01 a 360.000,00	9,00%	8.100,00
3ª Faixa	De 360.000,01 a 720.000,00	10,20%	12.420,00
4ª Faixa	De 720.000,01 a 1.800.000,00	14,00%	39.780,00
5ª Faixa	De 1.800.000,01 a 3.600.000,00	22,00%	183.780,00
6ª Faixa	De 3.600.000,01 a 4.800.000,00	33,00%	828.000,00

Faixas	Percentual de Repartição dos Tributos				
	IRPJ	CSLL	Cofins	PIS/Pasep	ISS (*)
1ª Faixa	18,80%	15,20%	17,67%	3,83%	44,50%
2ª Faixa	19,80%	15,20%	20,55%	4,45%	40,00%
3ª Faixa	20,80%	15,20%	19,73%	4,27%	40,00%
4ª Faixa	17,80%	19,20%	18,90%	4,10%	40,00%
5ª Faixa	18,80%	19,20%	18,08%	3,92%	40,00% (*)
6ª Faixa	53,50%	21,50%	20,55%	4,45%	-

(*) O percentual efetivo máximo devido ao ISS será de 5%, e a diferença será transferida, de forma proporcional, aos tributos federais da mesma faixa de receita bruta anual. Sendo assim, na 5ª faixa, quando a alíquota efetiva for superior a 12,5%, a repartição será:

Faixa	IRPJ	CSLL	Cofins	PIS/Pasep	ISS
5ª Faixa, com alíquota efetiva superior a 12,5%	(Alíquota efetiva – 5%) x 31,33%	(Alíquota efetiva – 5%) x 32,00%	(Alíquota efetiva – 5%) x 30,13%	(Alíquota efetiva – 5%) x 6,54%	Percentual de ISS fixo em 5%

(*) Quando o percentual efetivo do ISS for superior a 5%, o resultado limitar-se-á a 5%, e a diferença será transferida para os tributos federais, de forma proporcional aos percentuais abaixo. Os percentuais redistribuídos serão acrescentados aos percentuais efetivos de cada tributo federal da respectiva faixa.

Quando o valor do RBT12 for superior ao limite da 5ª faixa, para a parcela que não exceder o sublimite, o percentual efetivo do ISS será calculado conforme segue:

{[(RBT12 x 22%) – R$ 183.780,00]/RBT12} x 40%.

Esse percentual também ficará limitado a 5%, e eventual diferença será redistribuída para os tributos federais na forma acima prevista, de acordo com os seguintes percentuais:

Redistribuição do ISS excedente	IRPJ	CSLL	COFINS	PIS/PASEP	TOTAL
	31,33%	32%	30,13%	6,54%	100%

ANEXO V
Alíquotas e Partilha do Simples Nacional - Receitas de prestação de serviços descritos no inciso V do § 1º do art. 25, quando o fator "r" for inferior a 28%

Receita Bruta em 12 Meses (em R$)		Alíquota Nominal	Valor a Deduzir (em R$)
1ª Faixa	Até 180.000,00	15,50%	
2ª Faixa	De 180.000,01 a 360.000,00	18,00%	4.500,00
3ª Faixa	De 360.000,01 a 720.000,00	19,50%	9.900,00
4ª Faixa	De 720.000,01 a 1.800.000,00	20,50%	17.100,00
5ª Faixa	De 1.800.000,01 a 3.600.000,00	23,00%	62.100,00
6ª Faixa	De 3.600.000,01 a 4.800.000,00	30,50%	540.000,00

Faixas	Percentual de Repartição dos Tributos					
	IRPJ	CSLL	Cofins	PIS/Pasep	CPP	ISS (*)
1ª Faixa	25,00%	15,00%	14,10%	3,05%	28,85%	14,00%
2ª Faixa	23,00%	15,00%	14,10%	3,05%	27,85%	17,00%
3ª Faixa	24,00%	15,00%	14,92%	3,23%	23,85%	19,00%
4ª Faixa	21,00%	15,00%	15,74%	3,41%	23,85%	21,00%
5ª Faixa	23,00%	12,50%	14,10%	3,05%	23,85%	23,50%
6ª Faixa	35,00%	15,50%	16,44%	3,56%	29,50%	-

(*) Quando o percentual efetivo do ISS for superior a 5%, o resultado limitar-se-á a 5%, e a diferença será transferida para os tributos federais, de forma proporcional aos percentuais abaixo. Os percentuais redistribuídos serão acrescentados aos percentuais efetivos de cada tributo federal da respectiva faixa.
Quando o valor do RBT12 for superior ao limite da 5ª faixa, para a parcela que não exceder o sublimite, o percentual efetivo do ISS será calculado conforme segue:
[(RBT12 x 23%) – R$ 62.100,00)/RBT12] x 23,5%.
Esse percentual também ficará limitado a 5%, e eventual diferença será redistribuída para os tributos federais na forma acima prevista, de acordo com os seguintes percentuais:

Redistribuição do ISS excedente	IRPJ	CSLL	COFINS	PIS/PASEP	CPP	TOTAL
	30,07%	16,34%	18,43%	3,99%	31,17%	100%